# O PORTAL DA FILOSOFIA

# O PORTAL DA FILOSOFIA

*Uma breve leitura de obras fundamentais da filosofia*

**Volume 2**

Robert Zimmer

Tradução
Rita de Cássia Machado
Karina Jannini

*wmf* **martinsfontes**

SÃO PAULO 2014

*Esta obra foi publicada originalmente em alemão com o título*
*DAS NEUE PHILOSOPHENPORTAL Ein Schlüssel zu klassischen Werken.*
*Por Deutscher Taschenbuch Verlag, Munique.*


**1ª edição** *2014*

**Tradução**
*RITA DE CÁSSIA MACHADO*
*KARINA JANNINI*

**Acompanhamento editorial**
*Luzia Aparecida dos Santos*
**Revisões gráficas**
*Maria Regina Ribeiro Machado*
*Marisa Rosa Teixeira*
**Edição de arte**
*Katia Harumi Terasaka*
**Produção gráfica**
*Geraldo Alves*
**Paginação**
*Studio 3 Desenvolvimento Editorial*

**Dados Internacionais de Catalogação na Publicação (CIP)**
**(Câmara Brasileira do Livro, SP, Brasil)**

Zimmer, Robert
O portal da filosofia : uma breve leitura de obras fundamentais da filosofia, volume 2 / Robert Zimmer ; tradução Rita de Cássia Machado, Karina Jannini. – 1ª ed. – São Paulo : Editora WMF Martins Fontes, 2014.

Título original: Das Neue Philosophenportal : Ein Schlüssel zu Klassischen Werken
ISBN 978-85-7827-815-1

1. Filosofia I. Título.

14-01125 CDD-100

**Índices para catálogo sistemático:**
1. Filosofia 100


***Editora WMF Martins Fontes Ltda.***
*Rua Prof. Laerte Ramos de Carvalho, 133 01325.030 São Paulo SP Brasil*
*Tel. (11) 3293.8150 Fax (11) 3101.1042*
*e-mail: info@wmfmartinsfontes.com.br http://www.wmfmartinsfontes.com.br*

# SUMÁRIO

*Em memória de Charles Augustin Sainte-Beuve*

# O portal da filosofia volta a se abrir

A casa da filosofia está presente na história da nossa civilização como uma catedral imponente, que com certeza é notada pelas pessoas que por ela passam, mas pouco contemplada e menos ainda visitada. Reina certo acanhamento de adentrar no edifício, não apenas por ser ele assustadoramente grande e nem sempre fácil de ser percorrido, mas porque os guardiões dessa construção, os especialistas em filosofia, asseveram constantemente que apenas eles teriam a chave do portal e estariam em condições de encontrar o caminho certo através de seu interior.

Não se deve, no entanto, cair na armadilha dessa afirmação. Os arquitetos do edifício, os grandes filósofos, não deixaram nenhuma chave e construíram seu portal de modo que possa ser aberto por todos e a qualquer hora. E, apesar de opiniões contrárias, também não há um caminho determinado a ser seguido por quem se interessa por filosofia e deseja entrar no edifício. Toda grande obra filosófica nos conduz ao interior da filosofia e nos dá acesso às questões e aos problemas filosóficos mais importantes. As obras que estão mais próximas de nós no tempo não têm, a propósito, a pretensão de estar no centro da filosofia, como é o caso das obras clássicas da Grécia antiga, com as quais tem início a tradição filosófica ocidental.

Assim, quando o portal da filosofia volta a se abrir, todos podem entrar, sem hesitação: tanto aqueles que já deram uma volta pelo edifício e querem conhecê-lo ainda melhor, tomando outro caminho, como os que se aventuram a pisar nele pela primeira vez. Basta um olhar inicial para o interior do edifício para nos convencermos da inutilidade de certos comentários eruditos e de quão longe as próprias impressões e a própria razão podem levar alguém.

De tempos em tempos, a casa da filosofia é remodelada, e sempre surgem novos anexos. As obras aqui apresentadas, porém, são as que constituem o alicerce e os componentes que sustentam o edifício. Sem eles, viria abaixo a construção inteira, erguida ao longo de séculos. O leitor, portanto, não corre o risco de lidar com modismos ou com um exibicionismo pseudoerudito.

Os 18 ensaios aqui apresentados podem ser utilizados pelo leitor como um folheto que, com informações e sugestões selecionadas, o acompanha no passeio pela casa. Eles completam os textos do volume 1, mas não se baseiam neles. Cada ensaio, agora do total de 34 presentes nos dois volumes, pode ser lido de forma completamente independente. O leitor pode colocar o livro no bolso do casaco e consultá-lo quando considerar necessário ou, ainda, para ter uma visão geral das partes do edifício.

O autor agradece a Yvonne Petter-Zimmer, que avaliou a clareza e a inteligibilidade de todos os capítulos, e a Martin Morgenstern, que apontou incorreções factuais.

## O nascimento da primeira filosofia

ARISTÓTELES: *Metafísica* (entre 367 e 322 a.C.)

Onde encontramos a primeira filosofia? Entre os gregos ou talvez anteriormente, nas avançadas civilizações orientais ou, ainda, nas doutrinas da sabedoria da Índia e da China?

A provável resposta de um filósofo seria: encontramos a primeira filosofia onde as questões filosóficas fundamentais são formuladas, onde ela se relaciona com as verdades passadas, nas quais outras visões se baseiam. Essa primeira filosofia nada tem a ver com uma ordem cronológica, e sim com uma primazia no assunto. E ao filósofo grego Aristóteles devemos a expressão "primeira filosofia", até hoje corrente entre os especialistas.

Aristóteles foi quem, pela primeira vez, desenredou o emaranhado de questões e problemas filosóficos e o colocou em ordem. A ele remontam as distinções que hoje estabelecemos entre ética, filosofia política, lógica, filosofia natural e outras disciplinas filosóficas. Como a mais importante e a fundamental entre todas, Aristóteles considerou aquela por ele denominada "primeira filosofia". Nela estão contidos os princípios básicos e o plano de construção do que chamamos "mundo" ou "realidade". E "metafísica" foi também o nome sob o qual a "primeira filosofia" se tornou a disciplina principal.

Aristóteles ocupa-se do conceito mais universal da filosofia, o do "ser", e esclarece o que de fato temos em mente quando dizemos que alguma coisa "é" de um modo ou de outro. Uma vez que há diferentes tipos de "ser", segundo Aristóteles, é necessário distinguir os mais importantes e essenciais. Isso nos permite dar uma olhada na estrutura profunda da realidade. Ainda segundo Aristóteles, ela é mantida em movimento, a partir de um princípio superior, que ele chama de "Deus", uma criatura que, nas palavras do filósofo, é simultaneamente "vida e eternidade" e personifica a mais elevada forma de realidade. Tudo leva a esse Deus quando exploramos as últimas razões do "ser". A *Metafísica* de Aristóteles delineia um projeto de nossa realidade, sobre o qual representantes da filosofia ocidental se debruçaram ao longo de muitos séculos.

A vida de Aristóteles foi fortemente marcada pelo papel de mestre e preceptor. Ele nasceu em 384 a.C., na cidade de Estagira, hoje no norte da Grécia, mas na época território sob domínio da Macedônia. Os macedônios não eram vistos como "helênicos" pelos gregos do Sul, mas considerados "bárbaros", e suas ambições políticas eram temidas.

Os pais de Aristóteles não eram macedônios, mas de origem grega e falavam um dialeto jônico. O pai, Nicômaco, no entanto, mantinha estreitas relações com a corte da Macedônia, pois ocupava o cargo de médico particular do rei. As relações de sua família com a casa reinante também devem ter representado papel importante na vida de Aristóteles, que, ainda menino, tornou-se amigo de Filipe, filho do rei.

Após a morte prematura do pai, Aristóteles passou à guarda de parentes em Assos, na costa da Ásia Menor, defronte da Ilha de Lesbos. Aos 17 anos, ele finalmente deu aquele que seria o passo decisivo para seu futuro como filósofo: partiu para Atenas e ingressou na Academia do filósofo Platão, naquela época já o mais importante centro de formação de filósofos na Grécia. Lá, Aristóteles permaneceu por vinte anos, primeiro como aluno, mais tarde como professor. A *Metafísica* desenvolveu-se a partir de discussões mantidas na Academia.

O objetivo dessa escola filosófica, fundada por Platão em 387 a.C., era a constituição de uma elite, que assumiria uma liderança não apenas intelectual, mas também política. O fundamento para isso deveria ser uma formação científica, que, na filosofia, culminava na mais alta forma de conhecimento. Isso condizia com a convicção de Platão de que o conhecimento filosófico pode ser o único pré-requisito confiável para um domínio político justo.

A Academia Platônica assemelha-se mais a uma ordem religiosa do que à universidade de nossos dias. Seus membros seguiam uma rotina diária monástica, rigidamente controlada, e reverenciavam Platão como um guru. Quando Aristóteles nela ingressou, Platão encontrava-se em uma viagem de muitos anos pela Sicília. Nos anos seguintes, desenvolveu-se, então, uma estreita relação entre o mestre e seu aluno mais brilhante.

O jovem Aristóteles, que na Academia recebera o apelido de "o leitor", nela conheceu toda a teoria filosófica da época. Reinava entre os principais filósofos gregos o entendimento de que a realidade é fundamentalmente dominada por um modelo de razão universal, e de que o ser humano, por conta de sua própria faculdade racional, é capaz de reconhecer essa razão. Um dos pontos mais controversos surgiu com a questão sobre a proporção em que essa razão universal, que se concebia como uma unidade perpétua e imutável, se relacionava com as diversidades e as transformações do mundo, no qual tudo era submetido a um ritmo de vida e morte, prosperidade e decadência.

Entre os filósofos pré-socráticos, o tutor Anaxágoras exerceu, no século V a.C., uma extraordinária influência sobre Aristóteles. Semelhante à posterior concepção aristotélica de Deus, para ele a razão universal "nous", ou seja, o espírito puro, está por trás das transformações do mundo, mas, ao mesmo tempo, o governa.

A teoria de que Aristóteles se ocuparia intensamente ao longo de quase 20 anos foi a chamada "teoria das ideias" de Platão, que tinha suas principais raízes em dois outros pensadores pré-socráticos: Parmênides e Pitágoras. Para Parmênides, existia um enorme abismo entre o vir-a-ser e o perecer, de um lado, e a razão universal, de outro. Ao "ser" real e imutável, que em si próprio repousa, ele opôs o mundo das ilusões, que se apresenta à nossa percepção. Somente pela observação visionária do "ser" apreendemos o que é verdadeiramente real. Pitágoras e sua escola, por sua vez, tinham uma nítida predileção pela matemática, pois acreditavam que a estrutura profunda e racional da realidade é exprimível por meio de proporções numéricas.

De Parmênides, Platão adotou a ideia de que o homem deve se afastar completamente do mundo das transformações para atingir o verdadeiro "ser". Contudo, a este "ser" Platão atribuía uma estrutura mais complexa, que tornava possível produzir a relação entre o campo imutável da razão e aquele das coisas perceptivelmente mutáveis. Em oposição a essas coisas, segundo Platão, estava o mundo das formas ideais, imutáveis e eternas, que ele chamou de "ideias". Desse modo, em relação aos diversos cavalos presentes no mundo da percepção encontra-se a "ideia" imutável de "cavalo". Para cada "espécie", como "mesa", "cavalo" e "nuvem", há uma ideia, e nela estão, simultaneamente, a origem e o modelo das coisas. Somente na medida em que o cavalo concreto apresenta características da ideia de cavalo ou, como dizia Platão, "participa" da ideia de cavalo, é que podemos percebê-lo como "cavalo". A ideia é o arquétipo; e a coisa, a cópia. O mundo das ideias e o mundo das coisas estão um para o outro como o mundo à luz do sol e o mundo mergulhado nas sombras. O mundo das ideias não pode ser reconhecido por meio da percepção sensorial, mas apenas por uma visão intuitiva, reservada aos que possuem uma formação racional, ou seja, aos filósofos.

Portanto, também era tarefa da educação filosófica dentro da Academia exercitar o que seria a ascensão do mundo dos sentidos para o das ideias. Nisso, a matemática desempenhou importante papel. Por conduzir ao exercício da capacidade de abstração, foi considerada o vestíbulo da filosofia e, por conseguinte, do conhecimento da razão universal.

Aristóteles passou pela Academia em um período em que a obra de Platão já entrava em sua fase tardia e a teoria das ideias havia se tornado objeto de discussões críticas, e sabemos que ele, com suas objeções, desempenhou importante papel nesses debates. É muito provável que já nos anos iniciais de Academia tenham se originado os primeiros apontamentos que, mais tarde, foram elaborados e culminaram na *Metafísica*.

Um dos problemas era determinar se havia ideias não apenas para objetos sensorialmente perceptíveis, como "cavalo" e "mesa", mas também para conceitos abstratos, como "unidade". Relacionado a esse problema havia aquele de um ordenamento no mundo das ideias, ou seja, a questão das relações das ideias entre si. Haveria uma hierarquia no mundo das ideias? Com a "ideia do bem" representando a mais perfeita forma do "ser", o critério para a verdade e a justiça e o objetivo do conhecimento filosófico, Platão já afirmara a existência de uma ideia superior e lançara as bases para uma hierarquia das ideias. Muito complicado era, sobretudo, o problema da relação entre o mundo das coisas e o mundo das ideias, que Platão havia denominado "participação".

Aristóteles jamais negou que o conhecimento filosófico consiste em compreender a realidade com uma visão pura e racional, em que todas as considerações práticas são apagadas. Nesse sentido, em seu *Protreptikos* [Discurso exortativo], escrito por volta do ano 350 a.C. – ou seja, no meio de seu período na Academia –, ele define o objetivo da filosofia como "teoria", como puro conhecimento "teórico", que contém em si próprio sua finalidade. Desse ponto de vista, o homem se realiza como ser racional e, no sentido da visão das ideias presente na Academia Platônica, transforma-se em "sábio".

Aristóteles deixou a Academia após a morte de Platão, ocorrida no ano 347 a.C. É possível que, para isso, tenha contribuído o fato de não ter sido ele, e sim Espeusipo, sobrinho de Platão, o escolhido para comandar a Academia. Mais importante para sua decisão, no entanto, foi certamente a hostilidade dos atenienses, que o viam como um "macedônio", o que, naquele momento, não era considerado um bom atributo. Em 348 a.C., os macedônios haviam conquistado Olinto, cidade ligada a Atenas, e já ameaçavam também o sul da Grécia.

Em vista do clima envenenado de Atenas, Aristóteles partiu da cidade e retornou à Ásia Menor. Ele ainda considerava a si próprio um platônico, embora suas áreas de investigação já se diferenciassem daquelas da Academia: seu centro de interesse era a observação da natureza, e não os estudos matemáticos abstratos. O mundo das coisas sensorialmente perceptíveis tinha para ele uma importância maior do que para seu mestre Platão.

Por volta do ano 343 a.C., seu amigo de infância Filipe, então rei da Macedônia, o chamou para ocupar o cargo de preceptor de seu filho, que mais tarde se tornaria Alexandre, o Grande. Nessa tarefa, restava-lhe evidentemente tempo suficiente para conduzir suas pesquisas e fazer seu nome no mundo erudito da Grécia.

Sob a proteção da casa real da Macedônia, Aristóteles retornou a Atenas em 335 a.C., quando a cidade já havia caído sob o domínio macedônico, e lá fundou, com seu amigo e futuro sucessor Teofrasto, sua própria escola de filosofia. Depois de sua morte, em alusão aos deambulatórios (ou passeios cobertos) do edifício, ela entraria para a história da filosofia como "Perípato" (a partir do grego "peripatein" = "passear"). Como uma empresa concorrente da Academia, a escola peripatética ensinou e difundiu a partir de então a filosofia aristotélica.

No entanto, não foi permitido a Aristóteles encerrar sua vida nas cercanias do Perípato. Com a morte de Alexandre, em 323 a.C., e o afrouxamento do domínio macedônico, ressurgiu em Atenas o sentimento antimacedônico, e, como protegido da Macedônia, Aristóteles pôde rapidamente sentir que os ventos haviam mudado para ele. Foi acusado de minar a crença nos deuses, acusação que já havia sido feita algumas décadas antes contra Sócrates, mestre de Platão, e acabou por levá-lo à morte. Aristóteles não tinha interesse algum em compartilhar o destino de Sócrates e fugiu de Atenas com a observação de que não daria aos atenienses a oportunidade de, pela segunda vez, violarem a filosofia. Retirou-se para uma propriedade herdada de sua mãe na ilha de Eubeia, onde morreu em outubro de 322 a.C.

Como mestre no Perípato, Aristóteles continuou a trabalhar nos manuscritos que hoje estão presentes na *Metafísica* e naqueles que, até onde sabemos, nunca foram concluídos. Por seu estilo seco e sóbrio, percebe-se que foram criados para o ensino em que o professor sempre pode refletir sobre a tradição e repetir as principais teses em diferentes contextos. Diferentemente de Platão, cujas conferências proferidas na Academia se perderam, mas cujos textos para o público em geral foram preservados, já não possuímos nenhum dos populares livros de Aristóteles, "oficialmente" publicados. Por isso, é um tanto injusto enfatizar o caráter "poético" dos diálogos de Platão em oposição aos austeros escritos argumentativos de Aristóteles.

A *Metafísica* não é um livro uniforme, mas uma coletânea dos apontamentos de suas aulas. Somente no século I d.C., Andrônico de Rodes começou a compilar os manuscritos de Aristóteles, temporariamente dispersos. Na ocasião, não foram seguidas as regras da atual filologia científica; assim, sabemos que o livro XI (na Antiguidade, os capítulos eram frequentemente chamados de "livros") foi escrito por outro autor e incluído por engano na *Metafísica*. Andrônico é também responsável pelo título *Metafísica* (literalmente "depois" ou "atrás da física"), o que pode significar que a *Metafísica*, na ordem das obras de Aristóteles, foi posicionada atrás da *física* ou, ainda, que os temas nela tratados ultrapassam a física, isto é, a filosofia e a ciência naturais.

O leitor da *Metafísica* deve, portanto, iniciar cada capítulo como se estivesse em um novo curso, sem levar em conta o contexto de cada parte. Embora a obra exija grande concentração e uma leitura de frase por frase, a escrita de Aristóteles é sempre muito clara.

Nos primeiros capítulos, Aristóteles traça o programa da "primeira filosofia", que investiga os "princípios e as causas do ente enquanto ente". Ele discute métodos e objetivos dessa disciplina fundamental para, finalmente, a partir do capítulo 7, desenvolver sua versão dos "princípios e das causas do ente enquanto ente", ou seja, da ordem básica e racional da realidade.

Segundo Aristóteles, essa "primeira filosofia" diferencia-se de todas as outras ciências e disciplinas por investigar não um campo específico da realidade, e sim, como ele diz, "tò òn hê ón", o real ou ente desde que exista, isto é, seja real.

Na biologia, examinamos os processos do mundo das plantas e dos animais; na astronomia, o mundo dos planetas e das estrelas. Mas o que significa o "ser" das estrelas ou o "ser" das plantas? O que torna uma "estrela" uma estrela e uma "planta" uma planta? O que significa falar de "alguma coisa", portanto de um objeto que podemos diferenciar de outros objetos e sobre o qual podemos dizer que ele "é"? Em cada ciência, pressupomos tais significados com grande naturalidade. O mundo apresenta-se a nós como uma loja de departamentos muito bem sortida, em que as mercadorias são ordenadas e diferenciadas.

A "primeira filosofia" faz essas suposições e reflete por que classificamos a realidade dessa forma e não de outra. Precisamente por isso ela é uma disciplina fundamental, que nos conduz a tudo o que todos os outros filósofos que antecederam Aristóteles também tinham em mente: o ordenamento fundamental e racional do mundo, o conhecimento do modo como a realidade "funciona".

Que a razão humana seja capaz de reconhecer esse ordenamento fundamental, disso pouco duvidava Aristóteles, assim como seu mestre

Platão. Ele até mesmo tinha a opinião de que o homem, "por natureza", está destinado a adquirir tal conhecimento, ou seja, de que também a autorrealização humana consiste em se dedicar ao reconhecimento da ordem racional do mundo.

Diferentemente de Platão, em Aristóteles o caminho não passa pelas relações numéricas abstratas da matemática. Diante do mundo das coisas sensorialmente perceptíveis, ele assume uma posição muito diferente daquela adotada por seu mestre: para ele, não é a matemática o vestíbulo da filosofia, e sim a física e a biologia, ou seja, a visão dos processos presentes na natureza e do mundo sensorialmente perceptível que nos rodeia.

Quando indagamos por que uma coisa é desse modo e não de outro, deparamos com quatro diferentes causas, segundo Aristóteles: a causa material, a causa formal, a causa motriz e a causa final. Tomemos uma estátua como exemplo. A causa material está em seu material, portanto no mármore em que ela foi esculpida; a causa formal ou essencial está presente na forma da estátua. Trabalhar o mármore é a causa motriz ou eficiente, enquanto a ideia que o artista tem em mente ao longo do trabalho é a causa final.

Os filósofos profissionais utilizam os conceitos latinos "causa materialis", "causa formalis", "causa efficiens" e "causa finalis" para designar as quatro causas aristotélicas. Hoje, de modo geral, empregamos o conceito de "causa" apenas para a "causa efficiens", a causa eficiente. Quando cientistas e filósofos referem-se à "causalidade" ou a "processos causais", normalmente querem dizer que um evento produz outro, isto é, dá origem a outro conforme uma lei universal da natureza. As outras três causas de Aristóteles passaram completamente para segundo plano na história das ciências. No entanto, quando em Aristóteles se trata da análise do "ser", então duas outras causas, a saber, a causa formal e a final, são muito mais importantes, precisamente porque ambas estão vinculadas ao conceito de "substância".

Com o conceito de "substância", chegamos ao coração da *Metafísica*. Aristóteles ocupa-se dele detalhadamente nos capítulos 7 a 9, que também são chamados por especialistas de "tratado sobre a substância".

Segundo Aristóteles, quando afirmamos que um objeto "é", não queremos, de modo algum, dizer sempre a mesma coisa. Na frase "Pedro é, na realidade, Paulo", o "é" serve para estabelecer uma identificação. Na frase "É realmente como você diz", empregamos o "é" para confirmar a veracidade de um fato. Na frase "Alguma coisa é desfolhada", novamente o verbo "é" serve para atribuir características específicas a um objeto.

No centro das reflexões da *Metafísica*, está aquele "algo" ao qual são atribuídas características, embora ele próprio seja mais do que um feixe delas. Portanto, o modo como é usado o "é" que mais interessa a Aristóteles é aquele em que dizemos: "Esse algo grande e escuro em frente à minha janela é, de fato, uma árvore." Uma árvore não se transforma em uma árvore por ter folhas verdes ou um tronco espesso. As árvores também podem ter troncos delgados e estar desfolhadas. Devemos, portanto, distinguir as características mutáveis de um objeto e seu núcleo essencial. É exatamente esse núcleo essencial que, de fato, o "é" mira. Aristóteles o chamou de "substância", enquanto as propriedades mutáveis como "desfolhado" e "verde", ao contrário, foram denominadas por ele "acidentes".

Também podemos dizer: algo "é", no sentido próprio da palavra, se é uma substância. A substância caracteriza uma coisa independente, que existe separadamente de outras coisas e possui características mutáveis, mas se mantém sempre idêntica a si própria. Uma árvore continua a ser uma árvore, verdejante ou não. Apenas nos contos de fadas o príncipe é ora um homem, ora um sapo.

Segundo Aristóteles, falamos do "ente" com diversos significados, mas tendo sempre em mente a substância, aquele verdadeiro ente ao qual as outras formas do "é" estão em algum tipo de analogia. A substância também é exatamente aquele "algo" com o qual podemos relacionar os tipos possíveis do "é".

Mas o que é, de fato, esse elemento chamado por Aristóteles de "substância"? Que o leitor seja advertido: até hoje, a discussão a esse respeito não está encerrada. Dois aspectos do conceito podem ser diferenciados: um mais concreto e outro um pouco mais geral. A substância é, por um lado, a coisa concreta, a árvore que está defronte da minha janela, cuja idade eu conheço e, para mim, é sempre a mesma árvore, esteja ela desfolhada ou verdejante.

Ao mesmo tempo, "substância" também significa que a minha árvore concreta tem alguma coisa em comum com as outras árvores. "Substância", como Aristóteles expressou, é "tò tí ên eînai", a "quididade" de uma coisa. Isso é o que faz da árvore uma árvore e está expresso no conceito geral "árvore", que pode ser aplicado a todas as árvores. Quando falamos de "árvore", sem nos referirmos a uma árvore concreta, queremos dizer o tipo, o gênero "árvore". Para isso, os gregos empregavam o termo "eîdos", que é exatamente aquele utilizado por Platão para designar a "ideia". É também o conceito adotado por Aristóteles para "forma", para a figura que temos em mente quando imaginamos uma árvore.

É exatamente nesse ponto que a causa formal e a causa final entram novamente em cena. Para Aristóteles, os aspectos concreto e geral do conceito de substância se entrelaçam. A substância é, também, um filho terreno da concepção platônica de "ideia", uma vez que se refere não apenas à coisa concreta, mas igualmente à forma que todos os exemplares de determinada espécie têm em comum. O conceito que Aristóteles emprega para tratar de "substância" é o de "ousía", habitualmente traduzida por "essência" ou "essencialidade". Mas é também o conceito que ele utiliza para a causa formal, que por isso também é chamada "causa essencial". "Ousía", a "substância", manifesta-se na "forma", em "eîdos".

A substância é o verdadeiro ente, que permanece imutável e idêntico a si próprio, porém não mais encontrado em um mundo abstrato, afastado das coisas naturais, e sim nas coisas naturais propriamente ditas. Com isso, havia sido solucionado o problema debatido na Academia Platônica sobre a "participação" das coisas nas ideias.

A razão para Aristóteles identificar a essência de uma coisa com sua forma está em sua visão da natureza. A árvore é, então, apenas uma verdadeira árvore quando está adulta, portanto quando atingiu sua forma perfeita. Ainda não podemos tomar seriamente a semente de uma árvore como uma árvore. No máximo, dizemos que, um dia, ela se tornará uma árvore. Toda árvore concreta somente é reconhecida por meio de sua forma, que a identifica como árvore.

Isso ocorre da mesma forma com todas as outras coisas. A substância como essência de uma coisa revela-se na forma que se desenvolveu completamente. Cada uma dessas formas se desdobra segundo um modelo estabelecido, segundo um fim presente na coisa em si. Quando plantamos a semente de uma árvore, ela germina e se transforma em uma árvore, não em um cacto. Aristóteles tinha em mente, portanto, algo que hoje chamaríamos de "programação genética". Forma e finalidade estão intimamente ligadas. A forma como finalidade realizada é o que faz com que uma coisa seja o que é. No caso do homem, Aristóteles é até muito mais preciso: o homem somente se torna homem no verdadeiro sentido do termo quando realiza em si a finalidade do ser humano, a saber, a capacidade para o conhecimento teórico-racional. É, portanto, a razão que transforma o homem em homem.

Por conseguinte, a multiplicidade de formas é, simultaneamente, uma multiplicidade de finalidades realizadas. Para Aristóteles, o mundo é um reino de finalidades, um universo em que causas formais, ou seja, essenciais e finais, sempre fazem surgir substâncias, e no qual as coisas se desenvolvem segundo uma espécie de código genético. Derivada da palavra grega para "finalidade", "télos", a imagem de mundo aristotélica é, por isso, também denominada "teleológica".

Com sua interpretação teleológica do mundo, Aristóteles também tinha em mãos a chave para explicar o que, em Parmênides e Platão, fora deixado de lado como mundo das aparências e da ilusão: a saber, o mundo da mudança. Nosso mundo natural e perceptível é, na verdade, um mundo do vir-a-ser e do perecimento. Mas essas mudanças seguem uma lei ancorada na ordem racional do mundo: a lei que produz substâncias e, das formas planejadas e possíveis, sempre faz formas realizadas. Mudança é desenvolvimento, é passagem da possibilidade para a realidade ou, como diz Aristóteles, de "dýnamis" [potência] para "enérgeia" [ato]. É um mundo em que as substâncias são infinitamente geradas, e a forma sempre resulta da matéria.

Mas surge a questão: esse processo teve início em algum momento? O que veio antes, o ovo ou a galinha? A semente ou a árvore? Também Aristóteles fez essa pergunta e a ela respondeu no famoso livro XII da *Metafísica*, indagação para muitos considerada o núcleo da obra. Há algo que, desde tempos imemoriais, mantém o mundo em movimento e orienta a evolução das possibilidades em realidades, sem que ele próprio seja afetado por essa evolução. Esse algo é a realidade pura, uma causa que origina o movimento sem que ela própria seja movida. É o chamado "motor imóvel", com que Aristóteles denomina "Deus", mas também, seguindo Anaxágoras, "nous", isto é, a razão pura. Esse "motor imóvel" não é – eis uma característica de Aristóteles – uma causa eficiente. Ele não dá no mundo nenhum pontapé para colocá-lo em marcha. Ele é, pelo contrário, a causa final de toda evolução. É a supersubstância que é sempre real e para a qual correm todas as linhas da evolução.

Aqui deparamos com a razão universal em sua forma pura. O "motor imóvel" não é um deus pessoal nem um deus criador, mas a essência racional do mundo, pensamento atemporal, que pensa si mesmo. Como o ser de Parmênides ou a ideia de bem de Platão, ele é a primeira causa, imaterial, pura forma, uma unidade eterna e sempre idêntica a si própria. Aristóteles estava fascinado por esse deus não apenas teoricamente: para ele, a razão universal que gira ao redor de si própria também é "hedoné", portanto prazer e alegria, uma atividade que a si mesma satisfaz e, com isso, também é um modelo para uma vida humana plena.

A *Metafísica* de Aristóteles foi para a história da filosofia uma espécie de fermento. Depois de ter se perdido no Ocidente em meio aos tumultuosos anos iniciais da Idade Média, o conhecimento da filosofia aristotélica ultrapassou a mediação dos pensadores islâmicos na Alta Idade Média e se tornou uma força intelectual determinante, o fundamento da ciência e da filosofia. Tomás de Aquino fez de Aristóteles o mentor teórico de uma nova visão de mundo cristã e o chamou simplesmente de "o filósofo".

Mesmo quando a visão científica de mundo se separou de Aristóteles na Modernidade, os sinais de sua filosofia se mantiveram perceptíveis em todos os grandes sistemas da metafísica. A ideia de uma razão universal que tudo permeia foi retomada por Espinosa, e a ideia de uma evolução legítima da razão que se produz no mundo foi retomada por Hegel. Ainda no início do século XX, Nicolai Hartmann, crítico do pensamento teleológico, qualificou-a como uma das principais características de toda filosofia ocidental. Mas também na lógica moderna e na filosofia da linguagem encontram-se diversas distinções que remontam a Aristóteles.

A fascinação do primeiro grande sistemático da filosofia baseia-se na relação singular entre conhecimento enciclopédico, argumentação lógica severa e capacidade visionária. Embora hoje muitos duvidem que o objetivo de decifrar o projeto racional do mundo possa algum dia ser atingido, incontáveis descobertas foram feitas ao longo do caminho para o qual Aristóteles remeteu a filosofia.

**Edição:**

ARISTÓTELES: *Metaphysik.* Traduzido para o alemão por Hermann Bonitz (ed. Wellmann). Com base na revisão de Héctor Carvallo e Ernesto Grassi, reeditado por Ursula Wolf. Reinbeck-Hamburg, Rowohlts Klassiker, 1994. [Trad. bras. *Metafísica*, São Paulo, Loyola, 2002.]

## As vestes filosóficas do imperador

MARCO AURÉLIO: *Meditações* (entre 172 e 180)

Que os representantes da política e da filosofia, do mundo do poder e do mundo do espírito nem sempre são os melhores amigos, essa é uma experiência comum. Filósofos reclamam da falta de escrúpulos e de concepção dos poderosos; os políticos, ao contrário, demonstram total desprezo pelos conselhos excessivamente teóricos dos autoproclamados sabichões. Quando, por fim, políticos se metem em filosofia ou até mesmo escrevem um livro sobre o assunto, muitos reagem, frequentemente com desconfiança. Alguém aqui pretende revestir seu poder de um manto filosófico? Pretende cercar-se da aura dos eruditos universais para atrair o maior número possível de partidários e admiradores?

Nem sempre essa desconfiança é legítima. Menos ainda no caso das *Meditações*, do imperador romano, cujo nome completo era Marco Aurélio Antonino Augusto. Os imperadores não impressionaram seus súditos com livros, e sim com o sucesso militar e econômico. Porém, não eram os cidadãos romanos que Marco Aurélio tinha em mente ao escrever esse livro. O título original em grego, *Tà heis heautón* (literalmente, "A si mesmo"), indicava seu verdadeiro destinatário: Marco Aurélio escreveu o livro como autoafirmação e aconselhamento pessoal, pois sabia que tinha de ser correto não apenas em suas ações, como político, mas também em sua vida, como homem. "Qual é seu ofício?", pergunta-se Marco Aurélio no capítulo 11 de seu texto, e ele mesmo responde: "Ser bom. Mas como isso é possível, a não ser pelas teses, por um lado, acerca da natureza do universo e, por outro, sobre a constituição particular do homem?"

As *Meditações* são, na verdade, um conjunto de teses com o propósito de ser um "exercício para a vida"; um volume fino, constituído de parágrafos curtos e sentenças concisas. As frequentes repetições e variações de algumas poucas verdades básicas tornam mais fácil assinalar o caráter de um livro de meditação e de exercícios espirituais, o que ajudaria o autor a entender o homem e sua posição no cosmo e, a partir disso, tirar conclusões práticas para a vida. As *Meditações* são as vestes filosóficas do imperador Marco Aurélio, que ele usava não como ornamento, mas por necessidade vital. No espírito da antiga escola filosófica dos estoicos, as *Meditações* exortavam a uma vida de autocontrole, de cumprimento do dever e de serenidade, em oposição às adversidades incontroláveis do mundo – a uma vida em que satisfação individual e compromisso com a coletividade estivessem unidos de forma inextricável.

Exatamente porque as *Meditações* são resultado de um autêntico esforço de orientação, elas fizeram com que muitos se esquecessem de que seu autor fora um dos homens mais poderosos de seu tempo. Mas talvez o ideal do rei-filósofo, como o filósofo grego Platão havia propagado em sua principal obra, *A república*, tenha se realizado em Marco Aurélio de forma bastante particular.

Desde cedo, o jovem romano, filho de aristocratas, foi preparado para ocupar o mais alto cargo público. Seu bisavô, Ânio Vero, mudou-se da província de Bética, atual Andaluzia, na Espanha, para Roma, com o objetivo de viver próximo ao centro do poder e promover sua carreira. Seu filho de mesmo nome, avô de Marco Aurélio, demonstrou ser o manipulador mais bem-sucedido da família: tendo sido três vezes cônsul, conseguiu colocar a família no foco das atenções da corte imperial por meio dos casamentos bem planejados de seus filhos. Um deles se casou com Domícia Lucilla, parente de Adriano, o imperador em exercício. Em 121, aos 14 anos de idade, deu à luz seu primeiro filho, Catílio Severo. Somente mais tarde, quando adotado, receberia o nome de "Marco Aurélio", pelo qual é conhecido até hoje.

Marco Aurélio jamais frequentou uma escola pública ou universidade, tendo sido educado por professores particulares, bem pagos e contratados por seu avô. Em seus primeiros anos de vida, esses tutores eram, em geral, escravos ou os chamados "libertos", ou seja, ex-escravos aos quais se dera a liberdade, como mérito por seu trabalho. E foi por intermédio de um liberto, Diogneto, que Marco Aurélio teve o primeiro contato com a filosofia. Também era um liberto o grego Epicteto, representante da escola estoica que, com seu *Pequeno manual da moral* e *Discursos,* exerceu grande influência sobre Marco Aurélio.

A filosofia estimulou Marco Aurélio, como ele diz nas *Meditações*, a ambicionar um "catre com peles" e "o que for semelhante e estiver ligado ao estilo de vida grego". Como muitos romanos, ele identificava a filosofia com as tradições do pensamento grego. Todavia, na era romana, essas tradições assumiram um tom especial, de praticidade para a vida. A maioria das escolas filosóficas romano-helenísticas recomendava um modo de viver determinado pela razão e limitado às verdadeiras necessidades prementes. Um modelo era a figura de Sócrates, executado no ano 399 a.C., que não deixou nenhum escrito e havia sobressaído exclusivamente por sua personalidade e sua arte de dialogar. A escola filosófica dos cínicos, que se reportava a Sócrates, chegava a rejeitar toda teoria e compreendia a filosofia apenas como uma prática de vida autossuficiente e sem necessidades particulares. Os estoicos, por sua vez, como a escola mais influente do Império Romano, absorveram muitas das influências dos cínicos em sua doutrina.

Fascinado pelo mundo dos livros, desde pequeno o jovem Marco Aurélio soube, no entanto, que seria preparado para ocupar altos cargos políticos. O caminho a ser trilhado para o alto seria construído não apenas por conta de sua origem, mas também, sobretudo, pela prática habitual da adoção, presente no Império Romano.

A adoção do sucessor desejado era um instrumento político usado frequentemente por imperadores romanos, caso não tivessem seus próprios descendentes. Assim, o imperador Adriano adotou, pouco antes de sua morte, um tio de Marco Aurélio, Antonino Pio, com a condição de que ele, por sua vez, fizesse o mesmo com Marco Aurélio. Este já tinha atrás de si uma adoção, feita por seu avô, que passou a ocupar o lugar de seu pai, morto ainda jovem. Dessa forma, Antonino Pio tornou-se o novo imperador no ano 138, e Marco Aurélio, seu sucessor designado.

Como tal, Marco Aurélio tinha de se preparar para seu papel como futuro imperador. Mas, nos 23 anos em que esteve na expectativa de se tornar um soberano, restou-lhe tempo suficiente para leituras e aperfeiçoamento. A partir dos 18 anos, a retórica esteve inicialmente no centro de sua formação. Na Antiguidade, era considerada a ciência fundamental e transmitia não apenas as ferramentas estilísticas, mas também a formação literária geral. Os professores de Marco Aurélio foram dois renomados intelectuais: Cornélio Fronto e Herodes Ático. Particularmente Fronto, com quem o jovem Marco Aurélio havia estabelecido uma relação pessoal estreita, não se entusiasmou quando seu protegido finalmente se dedicou inteiramente à filosofia. Porém, Marco Aurélio queria adquirir não apenas as técnicas de cultura, mas também o conhecimento da verdadeira relação entre o homem e o mundo.

Supõe-se que sua verdadeira "conversão" à filosofia tenha ocorrido em 146, quando ele tinha 25 anos. Sob a orientação de seus novos tutores, o grego Apolônio da Calcedônia e os senadores romanos Júnio Rústico e Cláudio Máximo, Marco Aurélio conheceu, sobretudo, a filosofia dos estoicos, fundada pelo cipriota Zenão, no século IV a.C. Sua designação surgiu a partir do "Stoá Poikíle", ou "pórtico pintado", em Atenas, e tinha como regra básica "vida em harmonia". Para uma vida feliz e virtuosa, é necessário libertar-se das aspirações "não naturais" e viver em concordância com a natureza.

Os estoicos enfatizavam a diferença entre aquilo que está ao alcance do poder dos homens e o "inacessível", que permanece além da influência humana. Marco Aurélio encontrou a porta de entrada para a filosofia estoica por meio das leituras de Aríston de Quios, discípulo de Zenão, que estabeleceu os limites especialmente estreitos entre o acessível e o inacessível. Aríston considerava irrelevante tudo aquilo que está fora da atitude virtuosa e racional. Com isso, são insignificantes os acontecimentos externos, como uma doença ou a morte, mas também a fama e o sucesso. O homem deve aceitá-los como etapas normais no curso da vida, sem, no entanto, se deixar influenciar por eles.

Como a maioria das escolas filosóficas antigas, os estoicos propagavam o ideal da essência, da felicidade e da virtude, que se realizava em um estado de "paz interior", chamado por eles de "apátheia". A palavra grega "páthos" é parente próximo de "patológico" e significa um afeto inatural, doentio, que põe em risco a estabilidade psíquica. "Apátheia" significa "ausência de afetos", portanto um estado em que todas as paixões desestabilizadoras são neutralizadas, estado este que nada tem a ver com o entorpecimento dos sentimentos ou a mortificação radical dos impulsos sensoriais. Embora os estoicos, como quase todas as escolas filosóficas antigas, sustentassem uma ética "eudemonista", portanto uma ética da felicidade, inicialmente essa ética possuía uma feição austera, em parte inimiga do prazer: no centro, estava a supressão dos afetos.

Para atingir esse objetivo, é útil ao homem o exame da razoabilidade de sua ação. O lema de Sócrates, "virtude é conhecimento", era um tipo de programa ético de pesquisa, que, em termos de conteúdo, foi levado a cabo de forma bastante diversa pelas escolas filosóficas antigas. Ao contrário dos estoicos, os epicuristas, da escola do filósofo Epicuro, viam a virtude realizada na "hedoné", no "prazer" ou na "felicidade". O exame atento de suas ideias demonstra, no entanto, que eles também não desejavam nada além de uma vida racional, moderada e em conformidade com a natureza.

Do período dos filósofos tardios da "Stoa", que se manifestaram a partir do século II a.C., ganharam importância para Marco Aurélio especialmente Epicteto, que ele conhecera por meio de Júnio Rústico, e Panécio. Sobretudo no sírio Panécio, que vivia em Rodes e foi professor de Cícero, a diferença em relação a outras escolas filosóficas foi atenuada. Sua ética algo pragmática aceitava tanto os bens materiais quanto um "desejo natural" como meio de atingir a felicidade e, com isso, se aproximava das concepções epicuristas.

Marco Aurélio sucedeu ao tio no ano 161, assumindo o trono imperial. Sua ascensão ao poder coincidiu com um corte na história do gigantesco Império Romano: chegava ao fim um longo período de estabilidade e de paz. Daquele momento em diante, cada imperador deveria lidar permanentemente com ofensivas aos seus domínios. Isso fez com que Marco Aurélio passasse a maior parte de seu reinado em campanha, sobretudo a leste e ao norte do Império – na região da atual Turquia, na Síria e ao longo do Danúbio.

Nas noites dessas expedições militares nasceram as *Meditações*. Foi quando Marco Aurélio de fato levou um estilo de vida "grego": morou em barracas, dormiu em catres, superou sofrimentos físicos e a exaustão. O segundo livro da obra contém a seguinte referência: "Escrito à margem do Hron, na terra dos quados", enquanto no terceiro está registrado: "Escrito em Carnuntum."

Entre os anos 171 e 173, as operações militares contra os quados, estabelecidos em uma região próxima à atual Eslováquia, levaram Marco Aurélio ao vale do Hron, um afluente esquerdo do rio Danúbio. Também em Carnuntum, junto ao Danúbio, hoje a cidade de Petronell (entre Viena e Bratislava), Marco Aurélio costumava erguer acampamentos nesses anos.

O início dos apontamentos para as *Meditações* pode, portanto, ser fixado entre os anos 170 e 175. Quando os escritos tomaram a forma atual é algo que não sabemos precisar. Em todo caso, o atual primeiro capítulo, em que Marco Aurélio agradece minuciosamente a todos que exerceram uma influência positiva sobre ele, foi colocado posteriormente no início do texto. Por conseguinte, o primeiro capítulo original é o segundo capítulo de hoje.

Seguindo a tradição estoica, os apontamentos das *Meditações* giram em torno de três grandes temas: a postura do homem em relação ao cosmo, perante os outros homens e, finalmente, para consigo.

Na cultura ocidental, sob a influência cristã, é habitual conferir ao homem uma posição singular na natureza: como "ápice da criação", como "imagem de Deus" ou simplesmente como um ser único, que se diferencia dos demais por meio da razão, da consciência e da linguagem. A concepção cristã do homem começou a se tornar perceptível também durante o governo de Marco Aurélio – embora permanecesse uma opinião minoritária. O retrato que o próprio Marco Aurélio desenhou da relação do homem com o mundo, ao contrário, se assemelha mais a uma pintura clássica chinesa, em que o homem ocupa um lugar mais modesto e parece estar harmonicamente inserido na natureza. Para Marco Aurélio, a razão não é privilégio do homem. Em sua visão otimista, o mundo é determinado por uma razão universal dominadora, cósmica e eterna.

Essa razão universal também é considerada quando Marco Aurélio fala da "natureza" ou, de quando em quando, de "Deus". A concepção que Marco Aurélio tem de Deus é panteísta, ou seja, Deus não está fora do mundo, mas é, ao contrário, idêntico ao "lógos", à razão cósmica de mundo que nele atua e tudo abrange. O cosmo não é, portanto, mera "matéria" nem uma coleção de pequenas partículas de matéria. Embora seja apresentado como matéria, é uma substância viva, que respira e está sempre em desenvolvimento; por isso, Marco Aurélio o chamou de "organismo vivo".

A Terra como planeta, segundo a concepção estoica, é sempre destruída por "catástrofes", para então se renovar, mas o cosmo é eterno. Por isso, também não existe, como no cristianismo, a ideia de um tempo que, em algum momento, se complete ou se encerre. Para Marco Aurélio, o tempo é infinito – nenhum período no passado ou no futuro é especialmente maravilhoso. O tempo é um grande espaço em que todos os lugares têm o mesmo significado.

Como a maioria dos estoicos, Marco Aurélio defendia o determinismo – a concepção de que tudo no cosmo acontece, necessariamente, segundo a lei de causa e efeito. Ao mesmo tempo, esse determinismo é um fatalismo – a crença de que todos os acontecimentos são predeterminados pelo destino. Quando o discurso nas *Meditações* trata do cosmo como "tendo sido determinado pela Providência", ele faz referência às leis naturais eternas, às quais tudo está submetido.

Na razão universal, a natureza também está ligada ao universo do homem. Marco Aurélio não conhece a separação, habitual nos dias de hoje, entre natureza, de um lado, e cultura e sociedade, de outro. Também o universo político e cultural, segundo ele, tem participação na razão universal. Marco Aurélio é um dos primeiros "cosmopolitas" de que se tem notícia: o cosmo é visto por ele como uma grande pólis, uma comunidade onde todos os homens, com base na igualdade, são ligados uns aos outros. O universo para ele é "como uma cidade". A razão política e moral, portanto o modo como a coexistência humana deveria ser moldada, é basicamente a mesma razão que também governa a natureza. Agir por obrigação ou agir naturalmente – para Marco Aurélio, ambos também são duas faces da mesma moeda.

Os recursos para um comportamento correto, seguidor de seus deveres e virtuoso estão na natureza humana. Marco Aurélio fala em muitas passagens da tripartição dessa natureza em corpo, alma e mente, ou também em carne, sopro animador – a expressão grega "pneuma" –, e razão. Trata-se sempre da mesma questão. Adota-se uma gradação, que vai das necessidades físicas até a capacidade de raciocínio, passando pelos movimentos da alma. Tal tripartição tem uma longa tradição na filosofia grega e pode ser encontrada vários séculos antes, em Platão. A capacidade de raciocínio, portanto, a razão, também é considerada uma capacidade de condução, que dirigiria e controlaria os demais sentimentos humanos. A razão é, também, aquilo que liga o homem à razão cósmica de mundo.

Para o homem, trata-se então de harmonizar sua razão individual com a razão cósmica ou, como na linguagem da moderna comunicação por computadores, conectar-se à razão universal. Isso acontece quando o homem desenvolve determinada atitude perante o universo: não posso modificar as coisas nem os acontecimentos, mas posso alterar a luz sob a qual os contemplo. A felicidade está, para Marco Aurélio, apenas nessa atitude, e não na aquisição de bens externos.

As *Meditações* tentam indicar o caminho para essa atitude correta e, com isso, o acesso à razão universal nas mais diversas situações da vida e do cotidiano. O § 9 do livro II resume em uma frase a aspiração do homem: "Há sempre que se pensar o que é a natureza do universo e o que é a minha própria natureza, como esta se relaciona com aquela, que porção ela é e de que todo faz parte; além disso, há que se considerar que ninguém pode impedir-te de fazer e dizer o que estiver de acordo com a natureza da qual és parte." O homem deve aprender a enxergar a si próprio como parte integrante de uma natureza que tudo abrange e, depois, transmitir tanto sua ação quanto seus julgamentos sobre as coisas e os acontecimentos.

Com isso, uma tripla perspectiva é postulada: 1) o olhar correto das coisas, uma vez que as vejo sob uma luz "natural", ou seja, como parte da evolução inalterável das causas e dos efeitos; 2) o comportamento correto em relação aos outros homens; e 3) a libertação de meus julgamentos de falsas suposições e avaliações. Cada uma dessas perspectivas almejadas serve para libertar o homem de seus afetos "patológicos" e conduzi-lo à felicidade. No livro XII das *Meditações*, essa tripla tarefa é novamente condensada: "O que salva nossa vida é observar a fundo cada coisa, o que ela é em si, qual sua matéria, sua causa; fazer o que é justo e dizer a verdade com sinceridade." Uma observação realista do mundo, justiça e verdade são os três fins, ao redor dos quais sempre orbitam as reflexões presentes nas *Meditações*.

Essa tripla perspectiva, que Marco Aurélio adotou de Epicteto, também corresponde à divisão estoica da filosofia em física, ética e lógica. A física está relacionada à nossa visão da natureza e do mundo e corresponde à nossa atual filosofia natural e metafísica. A ética ocupa-se dos relacionamentos interpessoais. Quanto à lógica, os estoicos entendiam-na não apenas como aquilo que hoje conhecemos por "lógica formal", mas também como a epistemologia e, principalmente, como tudo o que se relacionasse às manifestações verbais sobre o mundo, portanto também a retórica e a arte da argumentação. Se o homem quiser harmonizar sua razão individual com a razão universal, ele terá de concatenar seus interesses físicos, éticos e lógicos.

Já o início do livro II apresenta um exemplo de como isso pode ocorrer na vida cotidiana. O autor imagina encontrar-se, nesse dia, com um "homem desavergonhado, malicioso, invejoso, intratável". Evitar esse homem ou partir para um conflito com ele não é o estilo dos estoicos. Marco Aurélio supõe, pelo contrário, que esse homem lhe é semelhante no que se refere ao espírito e à sua porção divina. Como as doutrinas da meditação oriental, ele acredita que os homens estão não apenas conectados entre si, mas também, graças à relação com a razão, são basicamente um só. O olhar físico lhe mostra que o outro, como ele próprio, é parte da mesma natureza. E o que pertence ao mesmo grupo e faz parte do mesmo todo não pode se prejudicar. A ideia de lhe causar um dano só entra em jogo com meu julgamento, com minha suposição equivocada a respeito desse homem. Se eu eliminar de meu vocabulário o julgamento "fui lesado", não *serei* lesado. É tarefa da lógica transformar minhas falsas suposições em convicções reais, pois mudei o ângulo de minhas avaliações. Está fora de meu alcance decidir quem vou encontrar em determinado dia, mas certamente posso escolher a forma como encaro e enfrento essa pessoa.

A conclusão ética diz, então, que devo me voltar para o outro, pois "a ação de um contra o outro... é antinatural". Apenas agora, com o olhar apropriado e com a atitude moralmente correta, conectei minha própria razão à razão universal.

Outro exemplo frequentemente apresentado por Marco Aurélio é a nossa relação com a morte. Os estoicos não conheciam um além-mundo, a ressurreição nem a imortalidade do indivíduo. Na morte, separam-se o corpo e a alma – o corpo se decompõe rapidamente; a alma vive ainda um pouco mais e, finalmente, também se desvanece. Para Marco Aurélio, a morte não oferece motivo para dramatização. Não é, ao contrário do que representa para o cristianismo, o ponto de separação entre o caminho para o céu, o inferno ou o purgatório. Ela simplesmente significa que o homem se desfaz no elemento de que ele inicialmente se originou, retornando ao seio da natureza. O que sou em vida – parte de um acontecimento normal e eterno – é como permaneço também após a morte.

Marco Aurélio defende a serenidade em relação à morte e, ao mesmo tempo, a atenção em relação à vida. No transcorrer eterno do tempo, a todo homem é atribuído um período limitado, que ele não conhece, mas de que deve dispor. Em vez de voltar-se para o passado ou para o futuro, o homem deveria tirar proveito do tempo real, ou seja, do presente. Da perspectiva cósmica, nossa vida é, de qualquer forma, apenas uma minúscula partícula do mundo como um todo. O que há de terrível, pergunta Marco Aurélio ao final do livro, quando a natureza, que nos trouxe até aqui, nos manda embora? Em um universo particularmente racional, não há dramas existenciais. "Portanto, segue feliz o teu caminho", diz a última frase, "pois também está feliz aquele que te mandou partir."

O próprio Marco Aurélio jamais divulgou seu manuscrito, que, contudo, foi guardado para a posteridade e impresso pela primeira vez somente em 1559, em Zurique. Para a história da filosofia, as *Meditações* tiveram, até aqui, grande importância como um dos poucos escritos da escola estoica, completamente preservados e que estão disponíveis. Nos tempos modernos, as concepções aqui formuladas de razão universal reaparecem, entre outros, no panteísmo de Espinosa ou na metafísica de Hegel.

As *Meditações*, entretanto, não tiveram tanta aceitação no meio acadêmico quanto entre aqueles que veem a filosofia em estreita relação com a arte de viver. Como breviário filosófico clássico, elas se tornaram, por séculos, companheiras de viagem de pessoas que queriam orientar suas vidas com a ajuda da filosofia, sem ter de se envolver com sutilezas escolásticas. Não por acaso, faziam parte desse grupo estadistas e políticos, que se identificavam parcial ou totalmente com o papel de um filósofo no trono. Frederico II, da Prússia, era um fervoroso leitor das *Meditações*, assim como o antigo chanceler alemão, Helmut Schmidt. Pois, ao contrário de todos os céticos, que querem manter a Filosofia encerrada entre quatro paredes, as *Meditações* demonstram que uma vida pública pode não apenas ocupar-se de reflexões filosóficas, mas também se deixar conduzir por elas.

**Edição:**

Marco Aurélio: *Selbstbetrachtungen.* Prefácio e tradução para o alemão de Wilhelm Capelle. Stuttgart, Kröner, 1973. [Trad. bras. *Meditações*, São Paulo, Iluminuras, 1995.]

## O canto dos cisnes da sabedoria antiga

Boécio: *A consolação da filosofia* (*c.* 524)

Será que ocupar-se de filosofia influencia mais nossa vida do que, digamos, nosso interesse por informática ou culinária vegetariana? Quando consideramos a maior parte dos filósofos profissionais, somos obrigados a responder negativamente a essa pergunta. A maioria frequenta a escola e a universidade, dedica-se a seu objeto de estudo com a mesma distância e a mesma rotina de biólogos marinhos ou consultores financeiros; depois do trabalho, conversa sobre futebol com os amigos ou apara a grama do jardim. Sua rotina e sua postura em relação à vida geralmente não se diferenciam daquelas de homens que nada têm a ver com a filosofia.

O exemplo de Anício Mânlio Torquato Severino Boécio, filósofo da Antiguidade tardia, nos mostra, entretanto, quão estreita pode ser a relação que um homem mantém entre a filosofia e sua vida. Boécio escreveu seu livro mais famoso, *Philosophiae Consolationis* ou *A consolação da filosofia*, no momento em que estava na prisão e sabia que a morte era iminente. Nessa situação, em que já não havia tempo a perder e aquilo que era importante se diferenciava do que era insignificante, dedicou-se à filosofia e fez dela sua companheira, conselheira e interlocutora.

Com isso, evocou diversas causas que definiram a filosofia ao longo de mil anos, mas, sobretudo, refletiu sobre sua tarefa inicial: tornar o homem sábio e lhe oferecer orientações para a vida. *A consolação da filosofia* não é o exercício teórico de um estudioso, que, com ela, supera uma ociosidade forçada para rememorar a tradição. É, ao contrário, a prática filosófica em seu sentido original: a tentativa, em vista da morte, de combinar imediatamente o conteúdo do pensamento com a tarefa de superar os desafios da vida.

Isso ocorreu em 529, em Atenas, poucos anos antes do fechamento da instituição mais famosa da filosofia antiga, a Academia fundada por Platão. Os historiadores da filosofia determinam essa data como o fim da filosofia antiga e o início da medieval. *A consolação da filosofia* é, dessa forma, o canto dos cisnes da antiga sabedoria, um necrológio de uma grande tradição do pensamento e, ao mesmo tempo, um testamento filosófico para a posteridade. Para seu autor, a obra contém, sobretudo, a mensagem de que a filosofia é o que se mantém e dá sustentação às transformações imponderáveis da vida.

Oriundo da antiga nobreza romana, Boécio experimentou dolorosamente essa mudança em sua própria vida. Ele, que havia usado suas capacidades, sua sorte e seus favores para chegar aos mais altos cargos públicos, encerrou sua vida condenado à morte, como um inimigo público. A exemplo de muitos de seus contemporâneos, também ele foi apanhado pelo furacão de um período histórico turbulento.

Já no final do século IV, o Império Romano havia se dividido entre uma porção ocidental e outra oriental. O nascimento de Boécio, em 480, acontece no declínio do Império Romano do Ocidente, cujo último imperador, Rômulo Augusto, fora capturado e deposto em 476 por Odoacro, líder do exército germânico, quando este conquistou a Itália. No tempo de Boécio, Roma era uma cidade cujo apogeu já fazia parte da história e, nesse ínterim, havia perdido sua função de capital para Constantinopla, no Oriente, e para Ravenna, no Ocidente. Em 493, os ostrogodos, vindos do norte dos Bálcãs, finalmente conquistaram a Itália, onde se estabeleceram, por algumas décadas, como os novos soberanos. Sob o domínio do rei ostrogodo Teodorico, aconteceram a ascensão e a queda de Boécio.

Boécio cresceu na fé cristã, que era a religião oficial do Império Romano desde 391. No entanto, o mundo intelectual das literaturas romana e grega determinou muito mais sua formação, e desde a juventude ele já se dedicava à filosofia. Conforme uma longa tradição da nobreza romana, Boécio foi estudar em Atenas, antiga capital da filosofia grega clássica, e embora a cidade tivesse perdido seu *status* de centro político havia permanecido como um dos centros culturais mais importantes.

Durante seus estudos, Boécio conheceu as quatro escolas filosóficas mais influentes da Antiguidade, que tiveram origem em Atenas: a Academia de Platão, a escola peripatética, fundada por Aristóteles (do termo grego "perípatos": "deambulatório" ou "passeio coberto"), os estoicos e a escola epicurista, que recebeu esse nome a partir de Epicuro, seu fundador. As doutrinas das quatro escolas, disseminadas por filósofos como Cícero e Sêneca entre amplas camadas da população letrada, assumiram uma característica notadamente prática e tiveram seus contrastes aplanados. Em comum, havia, por exemplo, a demanda por uma vida racional, que mantivesse as paixões sob controle e fosse capaz de diferenciar as necessidades essenciais das não essenciais. Platônicos, peripatéticos e estoicos dividiam, além disso, a convicção de que uma ordem racional está na base do universo, à qual o homem teria se adaptado por meio de uma vida apropriada.

O grande interesse de Boécio por história natural revela a influência da tradição de Aristóteles. No entanto, ele se sentia, acima de tudo, pertencente à escola platônica, que naquela época era caracterizada pelo chamado "neoplatonismo". O retorno ao filósofo Plotino (204-269) tinha características marcadamente místicas e religiosas. Como o próprio Platão, Plotino partiu de um mundo materialmente inferior e espiritualmente superior, que para ele culminava no "Uno", no qual se concentrava toda a realidade. Quanto mais espirituais são as coisas, mais permeadas pelo Uno e mais verdadeiras elas são; quanto mais materiais, menos verdadeiras. O conhecimento do Uno segue um caminho gradual, que tem início com as coisas sensorialmente perceptíveis e avança até uma intuição visionária, que já não pode ser descrita com o auxílio da linguagem.

O Uno, no entanto, possui não apenas um significado epistemológico e metafísico. Ele é, simultaneamente, princípio espiritual do mundo e essência do bem moral. Disso surgiu o entendimento do mal, característico dos neoplatônicos: o mal se torna uma ausência de realidade, um distanciamento do Uno. Ele não tem seu próprio conteúdo de realidade.

Não foi difícil para Boécio combinar seu cristianismo com concepções neoplatônicas. Também o Deus cristão era compreendido como a síntese do bem e a forma mais elevada da realidade. A desvalorização do mundo material em relação ao mundo espiritual já havia sido adotada pelo cristianismo, desde Santo Agostinho, no período de desenvolvimento do cristianismo.

Para Boécio, a filosofia era, em primeiro lugar, objeto de estudo e pesquisa. Em um mundo que se tornava progressivamente dominado por invasores germânicos, ele se propôs a difundir o máximo possível da tradição filosófica antiga para a posteridade. Desse modo, planejou traduzir as obras completas de Platão e Aristóteles para o latim. Quanto desse trabalho ele conseguiu realizar é algo que ignoramos. Pelo menos sabemos que ele traduziu a maioria dos trabalhos de Aristóteles sobre a lógica e os comentários de Porfírio, aluno de Plotino, relacionados a esses escritos. Também comentários sobre Cícero e alguns tratados cristãos foram preservados.

Esse trabalho de formação e divulgação da filosofia foi impressionante, sobretudo porque Boécio o conduziu paralelamente a suas funções políticas. Como a maioria dos romanos, ele via sua missão não na forma de viver dos eruditos, e sim na de cidadãos engajados em prol da coletividade. Estabeleceu a base social para isso mantendo boas relações com Teodorico, rei ostrogodo, e entrando para uma família romana influente depois de se casar. Já aos 30 anos havia se tornado cônsul. Doze anos mais tarde, quando seus dois filhos receberam o consulado, Boécio havia atingido o apogeu de sua carreira social. Também gozava de grande prestígio junto ao rei ostrogodo e ascendeu ao cargo de primeiro-ministro da Corte.

Porém, em um clima político muito instável, marcado pela benevolência do rei e por incontáveis intrigas, Boécio não pôde se sustentar por muito tempo. Teodorico via com desconfiança a aristocracia romana. Precisava dela como companheira de luta em sua política direcionada contra o Império Romano do Oriente, mas temia que, pelas costas, as elites romanas do Ocidente e do Oriente estivessem unidas contra ele. Além disso, havia as diferenças religiosas, que se inflamavam com a questão ardentemente discutida na época: deveria Cristo ser compreendido apenas como homem, somente como Deus ou como ambos, simultaneamente? Os ostrogodos professavam o chamado "arianismo", em que Cristo era visto apenas como homem e não como Deus. Os cristãos do Império Romano do Ocidente, por outro lado, acreditavam na natureza dual de Cristo: Deus e homem. Já no Império Romano do Oriente reinava o monofisismo, que via Cristo somente como Deus. Essas questões, que hoje dificilmente movem as pessoas, naquela época eram um tema altamente explosivo, não apenas do ponto de vista religioso, mas também político. Na tradição do antigo Império Romano, o direito de interpretação do cristianismo estava associado ao direito de domínio.

Ao que parece, Teodorico começou a nutrir suspeitas de que Boécio havia feito um acordo com o Império do Oriente, e quando membros da nobreza romana fizeram intrigas contra Boécio e o incriminaram com uma carta forjada Teodorico viu chegar a oportunidade de fazê-lo cair. A recriminação oficial era não apenas de alta traição, mas também de magia, uma acusação particularmente pesada porque significava um delito contra a religião oficial, que era o cristianismo.

De acordo com as informações de que dispomos, entendemos que todas as acusações contra Boécio eram falsas. E dificilmente seria para ele um consolo saber que, com essas denúncias, estaria em companhia de um grande filósofo: muitos séculos antes, também Sócrates havia sido acusado de servir a falsos deuses. Como ele, Boécio foi vítima de um processo político: em 524, o Senado romano condenou-o à morte. Suas tentativas de se justificar foram infrutíferas. Ele foi inicialmente detido e levado provavelmente para Pavia, onde viveu em uma espécie de prisão domiciliar.

No ano que ainda lhe restava até sua execução, Boécio voltou-se novamente para a filosofia. Embora tivesse se ocupado dela durante toda a vida, agora sua visão sobre ela havia se transformado: a filosofia já não era um tema a ser ensinado, mas algo a ser vivido. Para o cristão Boécio, não foi a fé, mas a tradição do pensamento antigo o meio para lidar com o destino que o havia apanhado e para reconciliar-se por completo com sua vida.

*A consolação da filosofia* é o resultado desse encontro existencial de Boécio com a filosofia. É um livro que se inspira na tradição da filosofia antiga não apenas através de seu conteúdo, mas também através de sua forma. Em longas passagens, ele é escrito como um diálogo, forma literária que, muitos séculos antes, havia sido desenvolvida com maestria por Platão. Mas ele também contém versos intercalados, explicativos e ilustrativos, que retomam a tradição da poesia didática, cujo representante mais conhecido na literatura romana foi o epicurista Lucrécio.

O diálogo descrito no livro ocorre em um cenário onírico. Lamentando seu destino, o autor prostrado vê a si próprio rodeado de musas, as deusas das belas-artes. Mas elas são expulsas por uma figura feminina que, segundo Boécio, embora idosa, é "de cor viva e com uma força juvenil incansável", de forma que não aparenta "de modo algum pertencer à nossa época". É a própria filosofia que surge em forma de pessoa e, ao longo do livro, confronta o autor como mestra e interlocutora.

Fica evidente, portanto, que é a filosofia, e não a poesia, que pode nos ajudar em tempos de extrema necessidade. Com o artifício literário de apresentá-la como pessoa, Boécio tornou mais visível ao leitor a conversa filosófica que mantinha consigo próprio, permitindo que ela fosse mais facilmente vivenciada. Com a filosofia, o lado da razão, que possui os meios para reanimar o espírito humano, defronta-se com o homem apanhado pelo destino e desorientado.

Sócrates e Platão já haviam comparado a filosofia a um médico. Assim como este restabelece a saúde do corpo, a filosofia pode recuperar a saúde da alma. No livro, ela age por etapas, como também faz o médico. Ela se volta inicialmente para os sintomas e tenta aplacar a dor imediata por meio de medicamentos leves. Em primeiro lugar, Boécio teria aprendido a observar seu destino sob uma nova perspectiva. Teve de alterar sua postura em relação ao mundo e a avaliação que fazia dos acontecimentos e das coisas. Segundo uma doutrina conhecida dos estoicos e de outras escolas filosóficas da Antiguidade tardia, não são os acontecimentos que causam o sofrimento humano, e sim o modo como o homem os encara.

Mas esse é apenas o primeiro passo. A partir do terceiro capítulo, a filosofia recorre àquilo que ela chama de "o mais potente remédio". Agora não se trata de aliviar a dor. O tratamento já não se concentra nos sintomas, mas na raiz da doença. O homem deve entender o que é a verdadeira felicidade e mudar o rumo de sua vida.

Para Boécio, como para toda a Antiguidade, o bem e o verdadeiro estavam intimamente ligados. Não existia para ele a separação, que hoje nos é comum, entre as questões da filosofia teórica e as da filosofia prática. Por isso, ele só poderia alcançar a felicidade se compreendesse as leis do universo e avançasse na direção de seus princípios últimos. Apropriadamente, são abordados entre os capítulos 3 e 5 não apenas temas da ética, da vida correta e racional, mas também temas complexos da metafísica. De acordo com a mensagem do livro, apenas quando o homem tiver conhecido os princípios últimos da realidade é que ele estará em posição de viver em concordância com a ordem do mundo.

Com a progressiva abstração de seus temas, Boécio segue uma importante teoria da filosofia platônica e, principalmente, da neoplatônica, ou seja, de que o caminho do homem para o conhecimento se concretiza em fases que vão da percepção imediata do mundo ao máximo princípio divino, onde tudo se origina. Como Sócrates e Platão, também Boécio acreditava que o conhecimento das coisas superiores já dormita no homem e pode ser despertado pela arte da argumentação filosófica. Para a tomada de consciência desse conhecimento, ele utiliza uma imagem que Platão, em sua principal obra, *A república*, empregou em sua famosa "alegoria da caverna". O homem deveria, segundo Boécio no livro IV, "erguer seus olhos acostumados à escuridão para a luz da verdade manifesta". A obtenção do conhecimento filosófico assemelha-se à saída do reino das sombras para a luz do sol.

Embora a tradição da filosofia platônica tenha influenciado fortemente os argumentos de Boécio, ele permanece, como muitos filósofos romanos, um eclético, ou seja, alguém que mistura as influências de diferentes escolas filosóficas. Nestas estão incluídas, ao lado da filosofia aristotélica, também a filosofia de vida dos estoicos e a dos epicuristas, ainda que no livro I Boécio tenha se referido aos últimos de forma depreciativa, como "plebe estoica e epicurista". Traços das escolas filosóficas da Antiguidade tardia são encontrados especialmente nos dois primeiros capítulos, nos quais a "filosofia" o exorta a não se deixar impressionar pela felicidade e pelo sucesso terrenos. A fortuna, poder que influencia nossas vidas e em latim pode significar tanto "felicidade" quanto "destino", é inconstante; já a razão, por outro lado, é constante.

A "filosofia" recorda ao lamentoso Boécio que, graças aos seus longos anos de estudos filosóficos, ele tinha verdadeiramente em mãos todos os recursos para dominar a situação que vivia naquele momento. Uma olhada no destino dos filósofos, como o de Sócrates, condenado à morte pelos atenienses, e no de Sêneca, forçado por Nero a cometer suicídio, pode ter tornado claro a Boécio o verdadeiro caráter da fortuna. Em *A consolação da filosofia*, encontramos a comparação conhecida até hoje entre a fortuna e uma roda que gira e coloca o homem no alto, mas também pode derrubá-lo. Sobre o destino e, com ele, sobre a felicidade terrena, o homem não tem nenhum poder: um bom destino não é mérito, e um destino ruim não é culpa de ninguém.

Com a convicção de que todo homem aspira à felicidade, *A consolação da filosofia* recorre à ética de Aristóteles. Também para ele, a verdadeira felicidade estava ligada à natureza racional humana, e aquele que deseja atingi-la deve, portanto, estar consciente de sua verdadeira natureza. Segundo a opinião da mestra filosofia, na falta de conhecimento da própria natureza, ou seja, na falta de conhecimento de si próprio, também está a causa da situação deplorável de seu protegido. A alienação em relação à própria natureza, portanto a renúncia à certeza racional, leva à aspiração por falsos valores e bens. Nesse sentido, a terapia reside no autoconhecimento e em uma reorientação dos próprios valores.

Como o homem é um ser racional, para ele a felicidade pode estar apenas em um bem em que a razão se concretiza e se satisfaz. É preciso que seja um bem espiritual que corresponda à natureza espiritual da razão; que seja uma felicidade duradoura que não se submeta às vicissitudes da vida; e que seja algo completo, no sentido de não despertar ganância por mais do que já se tem ou por outra coisa. Não é o caso de nossos habituais bens terrenos, como poder, riqueza e fama. Ao contrário, eles despertam nossa ambição e nos levam, finalmente, ao abatimento. Não é o que nos proporciona uma felicidade perfeita e permanente, mas o inverso: é exatamente aquilo que normalmente chamamos infelicidade o que nos auxilia a chegar à introspecção e ao autoconhecimento, aplanando, assim, o caminho para a verdadeira e duradoura felicidade.

Essa felicidade, que não necessita de estímulo nem tem consequências, que basta a si mesma e é absoluta, simples e indivisa, não está em nada mais senão naquilo que, na verdade, se busca alcançar. A isso Boécio dá o nome de "Deus". Na tradição neoplatônica, trata-se do "bem" e do "Uno", do bem supremo, da felicidade suprema e, ao mesmo tempo, da forma máxima da realidade.

Boécio se refere a esse Deus como o "criador do céu e da terra" e, com isso, faz surgir representações que vinculamos ao Deus cristão. Mas seu Deus não cria o mundo a partir do nada. Como a quase totalidade dos filósofos da Antiguidade, também Boécio acredita que o universo é eterno e que nada pode surgir do "nada". Seu Deus, como está no livro, "nunca é movido, mas move o universo" e o conduz "a partir do arquétipo". Com base no "motor imóvel" presente na *Metafísica* de Aristóteles, na ideia do bem da filosofia platônica e no "Uno" de Plotino, para Boécio, Deus não é pessoal, mas um princípio universal que o mundo cria, na medida em que ele, como arquétipo e objetivo de toda realidade, mantém o universo inteiro em movimento e lhe concede uma espécie de "energia da realidade". Por meio de sua razão, o homem é capaz de se ajustar a essa ação divina e de se harmonizar com ela. Nisso consiste a realização de sua felicidade. Pode-se dizer que é uma felicidade que reside na contemplação da regularidade universal eterna. Como Plotino e os neoplatônicos, Boécio crê que o homem também se torna divino ao participar de tal ação divina.

Com a identificação de "felicidade" e "Deus", fica evidente a ligação entre ética e metafísica; portanto, questões éticas e metafísicas também estão estreitamente entrelaçadas no transcorrer do diálogo entre Boécio e a filosofia. Essas questões giram em torno do problema de como conciliar esse Deus perfeito com nossa experiência de mundo, tema de que até hoje se ocupam as religiões monoteístas, como o judaísmo, o cristianismo e o islamismo. A ele pertence o chamado problema da "teodiceia" (do grego "theós" = "Deus" e "díke" = "justiça, direito"): como a ideia de um Deus bondoso e onipotente pode ser compatível com a realidade do mal no mundo. Deus deveria, na verdade, evitar o mal. Se Ele pode fazê-lo, mas não quer, não é um bom Deus. Se quer, mas não pode, então não é todo-poderoso.

O livro oferece aqui uma solução tipicamente neoplatônica: o mal, no sentido estrito da palavra, não tem uma realidade própria. Real, em seu verdadeiro sentido, é apenas aquilo que está imbuído de Deus. Para Boécio, há, portanto, dois diferentes tipos de ser: o verdadeiro, que está em harmonia com a razão universal; e um tipo negativo, que consiste na eliminação de Deus como a verdadeira realidade. O mal, que, como tudo, almeja a realidade divina, perdeu-se nos caminhos e desviou-se da razão universal. Ele não existe em sentido "verdadeiro", pois, como escreve Boécio no livro IV, aquilo que "renega o bem" deixa de existir. O mal nada mais é senão um tipo negativo de ser, um "não ser". Desse modo, o livro IV chega a uma concepção inicialmente estranha, mas coerente na argumentação, de que "tudo o que é manifesto também é bom".

Tudo no mundo estaria, portanto, previsto e ordenado? Teria o homem caído em uma rede, há muito tempo lançada por Deus? Com isso, tem-se o problema da Providência divina e do determinismo, ou seja, a concepção de que tudo o que acontece está sujeito à lei de causa e efeito e, por isso, não existe um livre-arbítrio do homem que possa romper essa cadeia estabelecida. Mas, então, segundo a objeção de Boécio, como podemos ser moralmente responsáveis por nossos atos? Em outra contestação, o filósofo pergunta por que tantos patifes se dão tão bem e tantas pessoas moralmente boas se dão tão mal em um mundo que Deus criou para que tudo se desse da melhor forma?

A resposta da "filosofia" consiste, novamente, em distinguir dois diferentes tipos de realidade: aquela de Deus e a dos homens. Em outras palavras: Deus está em outro nível. Ele não vive no tempo, mas na eternidade. Para ele, em rigor, não existe nenhuma "Providência", pois a separação entre passado, presente e futuro é nula para Ele. Deus nada "prevê" porque para Ele não existe antecipação, mas apenas um tempo presente, em que tudo acontece simultaneamente. O saber divino não pode ser a "causa" dos acontecimentos, pois Deus está fora da sucessão temporal de causa e efeito. Por isso, a Providência divina não exclui o livre-arbítrio do homem. Somente nós, homens, para quem a realidade se apresenta como uma sucessão temporal e, portanto, é sempre tangível apenas de forma fragmentada, temos a impressão de que o saber divino foi unido à determinação dos acontecimentos. Nossa ideia de conhecimento prévio sempre acompanha, necessariamente, a dimensão temporal e, com ela, a relação com o futuro.

Essa versão da chamada "teoria dos dois mundos", segundo a qual o conhecimento humano é determinado pelas perspectivas do tempo e do espaço e o "mundo das coisas em si" permanece oculto para nós, manteve-se até a *Crítica da razão pura*, de Kant, no século XVIII.

De acordo com Boécio, o fato de a razão humana não reconhecer os nexos que, aos olhos divinos, são evidentes também vale para compreender a circunstância de que, aparentemente, pessoas más se dão bem e pessoas boas se dão mal. Não entendemos isso porque não enxergamos tudo, como faz Deus. Ao contrário dele, permanecem ocultas à razão humana quais ações do homem dentro do grande todo têm, verdadeiramente, significado moral. Resta ao homem, em certo sentido, apenas o suspiro: quem sabe para que serve isso? Segundo Boécio ao final da obra, ele precisa acreditar na justiça de Deus e, ao mesmo tempo, reconhecer que não pode atingir a perspectiva divina: "Aquele que nos observa do alto, que perdura eternamente e tem a presciência de todas as coisas é Deus, que, com a eternidade sempre presente de seu olhar, concorda com a qualidade futura de nossas ações, distribuindo aos bons as recompensas e aos maus os castigos."

Boécio morreu em 525. A sentença de morte foi executada, e ele foi estrangulado na prisão. Não sabemos em que proporção seu diálogo com a filosofia o ajudou a se reconciliar com a vida e a se preparar para a morte. De qualquer forma, como quase nenhuma outra obra filosófica da Antiguidade, *A consolação da filosofia* se destacou na Alta Idade Média como uma luz que irradia de uma época submersa. Ela marca o fim de uma era do pensamento, além de ter sido uma ponte entre o pensamento romano-helenístico e o medieval. Para todos os grandes filósofos da Idade Média, Boécio permaneceu como uma leitura obrigatória.

Os problemas lançados por Boécio, como a compatibilidade entre a legítima predestinação e a liberdade da vontade humana, influenciaram a discussão ainda por um longo tempo. Essas questões foram retomadas, sobretudo, por pensadores como o cardeal Nicolau de Cusa, na Baixa Idade Média, ou o iluminista Immanuel Kant, que tratavam de demonstrar os limites e as contradições do conhecimento humano.

Todavia, *A consolação da filosofia* deve seu efeito até os dias de hoje especialmente à convicção de que é a vida, e não a escrivaninha, a emergência da filosofia.

**Edição:**

BOÉCIO: *Trost der Philosophie.* Traduzido para o alemão por Ernst Gegenschatz e Olof Gigon. Com um breve posfácio de Kurt Flasch. Munique, Deutscher Taschenbuch Verlag, 2005. [Trad. bras. *A consolação da filosofia*, São Paulo, WMF Martins Fontes, 2ª ed., 2012.]

## A fantástica catedral da escolástica medieval

TOMÁS DE AQUINO: *Suma teológica* (1266-1273)

Qual é a relação entre o filósofo grego Aristóteles e a Igreja católica? Aparentemente, quase nenhuma. Embora Aristóteles também acredite na existência de um deus, este não criou o mundo a partir do nada nem possui um filho que seja simultaneamente Deus e homem e tenha redimido a humanidade. Acima de tudo, ele não mantém nenhum tipo de relação pessoal com o homem. O deus de Aristóteles é um "motor imóvel", causa e objetivo de toda a realidade. Como um princípio cosmológico, é uma construção bastante racional, um típico deus filosófico. Tivesse Aristóteles conhecido a religião cristã, provavelmente teria torcido o nariz para uma religião popular primitiva, em que prevalecem representações míticas sobre uma interpretação racional do mundo.

Considerado por muitos o filósofo mais importante da Idade Média, Tomás de Aquino vê essa questão, no entanto, de uma forma bem diferente. Para ele, Aristóteles, a quem chamava simplesmente de "o filósofo", foi o filósofo cristão *avant la lettre*, ou seja, um filósofo que, de forma racional, expressou importantes noções do cristianismo antes que este se apresentasse de forma completa na revelação do Novo Testamento.

Como era hábito entre as grandes obras da Idade Média, também o volumoso e principal trabalho de Tomás de Aquino, a *Suma teológica*, é simultaneamente filosofia e teologia. Naquela época, não havia uma filosofia independente de diretrizes religiosas. A confiança que Tomás depositava na racionalidade, na razão humana, não era, de modo algum, evidente. Os primeiros filósofos cristãos, como Agostinho, sempre haviam indicado os caminhos equivocados da razão e afirmado que a via para chegar a Deus passaria somente pela fé e pela graça divina.

Entre todas as tentativas de reabilitar a razão e torná-la sustentação para a fé, a obra de Tomás de Aquino é reconhecidamente o trabalho de maior efeito. Auxiliado pela interpretação aristotélica do mundo, ele ergueu um edifício intelectual que supera todas as outras estruturas filosóficas de sua época. É a fantástica catedral da escolástica, a filosofia da Alta Idade Média (do latim "doctores scholastici" = os "mestres das escolas monacais"). Trata-se de uma obra gigantesca, complexa e surpreendente, em que os pensamentos grego e cristão se fundem, constituindo uma unidade. Com a *Suma teológica*, Tomás de Aquino não somente forneceu à teologia uma base racional, auxiliando-a a se estabelecer como disciplina própria no cânone das ciências; ao reabilitar a razão, ele também deu à filosofia aquele impulso que lhe permitiu voltar a ser um lugar autônomo na orientação do mundo.

Como os arquitetos das grandes igrejas medievais, Tomás foi do mesmo modo um trabalhador tão competente quanto aplicado e persistente, que não se deixou desviar de seu objetivo. Nascido em 1225 no castelo de Roccasecca, próximo a Nápoles, como sétimo filho de um conde, viria a ocupar, mais tarde, de acordo com sua classe, uma posição próspera e ilustre. Aos 5 anos, foi internado no mosteiro dos beneditinos em Monte Cassino, onde viveu até 1239, e, ainda no mesmo ano, foi enviado a Nápoles para estudar. O desejo de sua família era de que Tomás se tornasse, um dia, abade daquele mosteiro.

Fundada no século VI, a Ordem dos Beneditinos era considerada parte integrante da sociedade feudal no século XIII. Em contrapartida, as ainda jovens Ordens Mendicantes queriam ser um contrapeso à crescente secularização da Igreja. A elas pertenciam os dominicanos, que se dedicavam especialmente a atividades de ensino e formação. Contrariando os desejos expressos de sua família, Tomás de Aquino decidiu, em 1244, ingressar nessa Ordem, que se tornou sua pátria espiritual.

Quando os dominicanos quiseram enviar seu novo membro a Paris para realizar seus estudos, ocorreu uma cena no trajeto para a cidade que poderia fazer parte de qualquer filme de aventuras. Na Toscana, Tomás de Aquino foi sequestrado por seus irmãos, colocado sobre um cavalo e despachado para casa, onde a família o manteve preso por um ano e não poupou esforços para dissuadi-lo de seu plano de levar uma vida como frade mendicante.

No entanto, Tomás não estava disposto a se submeter aos interesses de sua família. Ele retornou a seus irmãos de Ordem e foi a Paris, como havia planejado inicialmente. No Convento de Saint Jacques, que era uma casa de estudos na universidade parisiense, ele teve a sorte de conhecer um dos professores de filosofia mais importantes da época, o alemão Alberto de Lauingen. Esse filósofo, que entrou para a história da filosofia como "Albertus Magnus", ou seja, "Alberto, o Grande", era conhecido entre seus contemporâneos como "Doctor universalis" ("doutor universal"). Em 1248, quando foi encarregado pela Ordem de erguer na cidade de Colônia um centro de estudos universitários, levou consigo para a Alemanha seu aluno Tomás de Aquino.

Tomás se tornou o aluno-mestre de Alberto. De seus colegas, o aluno italiano, um tanto atarracado e reservado, recebeu o apelido de "boi mudo", cognome que, no entanto, durou apenas até o momento em que passou a ser conhecido por "Doctor angelicus", ou seja, "doutor angélico", entre os eruditos. Sua capacidade de apoiar a doutrina cristã em argumentos filosóficos tornou-se lendária.

Esses argumentos foram produzidos, sobretudo, a partir da filosofia de Aristóteles, que, até o século XIII, era conhecido na Europa Ocidental apenas como um especialista em lógica, mas, a partir desse momento, teve outros escritos analisados. Nessa análise, Alberto Magno e a Ordem Dominicana tiveram papel decisivo.

Na Alta Idade Média, foi predominante uma interpretação neoplatônica do cristianismo, que havia sido divulgada com a obra de Boécio, filósofo da Antiguidade tardia, mas também por Aurélio Agostinho, o filósofo cristão mais influente antes de Tomás de Aquino. O neoplatonismo nascido na Antiguidade tardia e consolidado por Plotino mediante um profundo abismo entre o verdadeiro mundo espiritual, reconhecido somente pela razão, e o mundo material, sensorialmente perceptível. No topo da pirâmide da realidade estava o "Uno", um deus espiritual, ultraterreno e apreensível apenas por um olhar visionário. E, para atingir o Uno, era necessário superar o mundo material e deixá-lo para trás.

A tradição neoplatônico-agostiniana da filosofia cristã desvalorizava não apenas a sensibilidade em relação ao espírito, mas também a razão em relação à crença. O fosso entre o mundo do conhecimento humano e o da realidade de Deus era tão grande que não podia ser vencido pela razão do homem.

Aristóteles, ao contrário, havia considerado a natureza, o mundo tangível, o ponto de partida para atingir os princípios últimos da realidade e, finalmente, Deus, o "motor imóvel". Na visão de mundo teleológica (do grego "télos" = "objetivo, finalidade") de Aristóteles, todas as coisas eram parte de uma ordem orientada para uma meta, que convergia para Deus como objetivo e fim últimos. Portanto, com a investigação da natureza e o recurso da razão, era possível chegar a Deus. Para Aristóteles, Deus era o resultado lógico de uma observação racional do mundo.

Filósofos islâmicos e judeus aplanaram o caminho para que Aristóteles fosse amplamente acolhido no Ocidente. Na região árabe, todos os escritos aristotélicos eram conhecidos desde meados do século X. Um dos divulgadores islâmicos de Aristóteles no início do século XI foi Ibn Sina, proveniente de Bucara (hoje, no Uzbequistão), que recebeu no Ocidente o nome de "Avicena". Para ele, assim como para Aristóteles, Deus era um ser puramente espiritual, que não se submetia a transformações. Em contraste à doutrina do Alcorão, ele defendia até mesmo a concepção aristotélica de que o mundo não tem início no tempo. Bastante influente foi sua concepção – não atestada por Aristóteles –, de que o homem não possui uma razão individual, existindo uma razão suprapessoal, da qual todo ser humano possui uma fração.

Essa ideia viria a ser representada, cerca de um século mais tarde, no trabalho de Ibn Ruschd, conhecido no Ocidente como "Averróis", com suas interpretações de Aristóteles, que lhe renderam o apelido de "o comentador". Ao contrário do neoplatonismo, no entanto, Ibn Ruschd valorizou consideravelmente essa razão. Como seu discípulo, o filósofo judeu Moisés Maimônides, igualmente originário de Córdoba, na Espanha islâmica, ele também pretendia dar uma interpretação racional a uma tradição religiosa revestida de uma linguagem metafórica.

Em meados do século XIII, os escritos de Aristóteles foram, pela primeira vez, traduzidos para o latim por Guilherme de Moerbeke, chegando, definitivamente, à Europa Ocidental. Daí em diante, a discussão estabeleceu a escolástica entre os pensamentos neoplatônico-agostiniano e aristotélico. Alberto conheceu os mediadores islâmicos e judeus de Aristóteles e foi fundamental para a difusão do pensamento aristotélico. Por seu intermédio, Aristóteles se tornou a autoridade filosófica mais importante da Ordem dos Dominicanos.

A Igreja lutou, inicialmente, contra essas novas influências, pois a filosofia de Aristóteles estava em desacordo com as principais crenças. Assim, a doutrina da eternidade do mundo era incompatível com a do mundo como criação divina. Além disso, a tese de uma razão de valor suprapessoal, defendida por intérpretes islâmicos, causou problemas. Como poderia, então, existir uma salvação individual da alma? A Igreja insistia na imortalidade da alma e no livre-arbítrio de cada indivíduo.

Por essa razão, em 1215, o papa proibiu o ensino da filosofia aristotélica nas universidades. Os dominicanos tiveram que lutar por décadas contra as autoridades eclesiásticas para conseguir incluir a teoria de Aristóteles no currículo universitário oficial. Alberto e seu aluno Tomás participaram ativamente desse processo. No século XIII, a filosofia de Aristóteles finalmente foi aceita nos cursos da Universidade de Paris. A base para essa mudança foi a tradução latina, e nem mesmo Tomás leu Aristóteles no original grego.

Depois de obter o primeiro grau acadêmico, o de bacharel, Tomás se separou de seu professor, em 1252, e retornou a Paris para concluir seus estudos com um mestrado em teologia, considerada a principal disciplina na Idade Média. Em Paris, teve a oportunidade de, pela primeira vez, lecionar de maneira autônoma, experiência que também influenciou a forma de seus escritos. Muitos desses trabalhos foram redigidos como análises teológicas ou instruções de argumentação para o clero. Neles, foi encenada uma discussão imaginária e foram formuladas teses como resposta às objeções antecipadas. Um de seus primeiros e mais conhecidos escritos, *O ente e a essência*, tem o objetivo de familiarizar seus colegas de estudos com a doutrina de Aristóteles. Ele surgiu em 1255, ano em que Tomás obteve seu título de bacharel, em Paris.

Tomás permaneceu até o fim da vida como professor a serviço de sua Ordem, que lhe confiava constantemente novas tarefas. Em 1259, foi enviado de volta à Itália, onde trabalhou para a cúria papal em diversos locais, como Viterbo, Roma e Orvieto. Por volta de 1264, Tomás concluiu sua primeira grande obra: a *Suma contra os gentios*. Dar o título "Suma" a uma obra teológica era comum para a literatura da época e significava que ali havia o resumo sistemático de um plano de curso. A *Suma contra os gentios* deveria fornecer argumentos aos monges dominicanos para que pudessem defender sua posição teológica contra dissidentes.

O projeto de uma combinação dos pensamentos aristotélico e cristão teve, no entanto, dois lados: não só o cristianismo acolheu o pensamento de Aristóteles, como a filosofia aristotélica teve de se ajustar às normas cristãs. Tratava-se, portanto, de se dissociar daquelas interpretações de Aristóteles que eram incompatíveis com os ensinamentos cristãos. Nesse contexto, surgiram dois pequenos textos, em 1269 e 1270, respectivamente: em *A unidade do intelecto contra os averroístas*, Tomás mira a doutrina de uma razão suprapessoal, defendida por Avicena e Averróis. No segundo texto, *Da eternidade do mundo*, ele se opõe a Aristóteles, mantendo-se fiel à doutrina cristã, segundo a qual a existência de Deus é anterior aos tempos. Embora Aristóteles tenha se tornado uma grande autoridade filosófica, as doutrinas fundamentais da Igreja permaneceram irrenunciáveis para Tomás, entre elas a que afirma que Deus havia criado o mundo a partir do nada e dotado o indivíduo de sua própria vontade, de uma razão e de uma alma individuais.

Provavelmente no ano de 1266, portanto ainda durante sua estada na Itália, Tomás teria começado a trabalhar em sua segunda grande suma, a *Suma teológica*. Diferentemente da *Suma contra os gentios*, ela não foi concebida para a discussão com os não cristãos, mas deveria dotar os ensinamentos da Ordem de uma nova base teórica. A relação entre Deus, o mundo e o indivíduo seria redefinida com o auxílio da filosofia de Aristóteles. A *Suma teológica* pretendia delinear uma nova metafísica e uma nova ética sobre uma base cristã.

A primeira parte de sua obra-prima, em cujo centro está Deus, foi concluída quando Tomás ainda estava na Itália. Entre os anos de 1268 e 1272, quando voltou a lecionar em Paris, surgiu a segunda parte, dedicada ao homem, de uma obra tripartida. Entre 1272 e sua morte, em 1274, Tomás regressou à sua casa, no sul da Itália, onde ainda pôde iniciar a terceira parte, jamais concluída, que trata do filho de Deus encarnado. Dizem que, em 6 de dezembro de 1273, Tomás teve uma experiência mística que o abalou profundamente e o deixou com dúvidas sobre o valor de toda a sua obra. Depois disso, ele nunca mais voltou a escrever.

Que a *Suma teológica* tenha permanecido um fragmento é algo que não altera o verdadeiro gigantismo de sua construção filosófico-teológica. A edição alemã completa, compreendendo os 12 volumes, apresenta um enorme desafio a cada leitor, de forma que são poucos os especialistas que a leram em sua totalidade. Para os filósofos, as duas primeiras partes da obra sempre foram as mais importantes. Nelas é esboçada uma ordem mundial que engloba Deus e o homem e é acessível em sua estrutura racional e no curso regular da razão humana.

Como Aristóteles, Tomás parte da observação do curso regular da natureza e adota os conceitos do filósofo grego para explicar o surgimento e o fenecimento no mundo. Também para ele o universo é teleológico, ou seja, corretamente ordenado para uma finalidade. É um mundo em que, a partir da matéria amorfa, do reino das possibilidades, sempre se desenvolvem formas que haviam sido dispostas na matéria como "finalidade" e dela resultaram regularmente. Da matéria surge a forma, da possibilidade surge a realidade. As formas constituem a essência, a "substância" de uma coisa. Em oposição a ela estão os "acidentes", as características variáveis da coisa. Aqui, como Aristóteles, Tomás chega à conclusão de que, ao observarmos a funcionalidade do mundo, inevitavelmente deparamos com Deus como origem e objetivo de toda regularidade. Entre o mundo e Deus não há fosso intransponível, mas pontes construídas pela razão.

Também a razão e a fé se aproximam muito mais uma da outra nos escritos de Tomás. As duas não são opostas, conduzindo, antes, à mesma direção. Pode-se imaginar a relação entre elas como a que se estabelece entre dois atletas em uma corrida de revezamento: a razão disputa a primeira parte do percurso, até que lhe falte o ar. Então, entrega o bastão à fé. Somente esta é capaz de terminar a prova, ou seja, chegar ao conhecimento verdadeiro e completo de Deus. A "luz natural da razão", como diz Tomás, determina os limites de atuação da filosofia. A teologia, que nela se baseia, pode, por outro lado, se apoiar na "luz de uma ciência superior".

Um exemplo é a questão da criação ou da eternidade do mundo. Aristóteles havia afirmado, em sua obra *Física*, que "do nada, nada vem", portanto, sempre deve ter existido alguma coisa, a partir da qual se formou o mundo. Como todo filósofo da Antiguidade, Aristóteles acreditava na eternidade do mundo. O ensinamento da Igreja de que o mundo teve um início no tempo e de que Deus criou o Universo a partir do nada ultrapassa não apenas Aristóteles, mas completamente a faculdade da razão.

As crenças são sustentadas por Tomás, sempre que possível, por meio de argumentos racionais. Assim, em sua opinião, a aceitação de uma matéria primária sempre existente contradiz a ideia de Deus. Tudo o que existe deve ter sua origem em Deus. Ou seja, não pode existir nenhuma matéria primária que não tenha sido criada por Ele, ou seja, que tenha existido antes da criação. Logo, a existência não é eterna, mas teve um início no tempo.

Tal como em Aristóteles, esse mundo criado tem uma estrutura gradual que segue uma hierarquia. Na tradição da filosofia grega clássica, Tomás considera o mundo espiritual, em oposição ao material, superior e mais valioso, embora ambos estejam unidos por uma transição gradual. Na parte inferior encontra-se a natureza inorgânica, seguida pelo mundo orgânico dos animais. O indivíduo composto de corpo e alma é a charneira para um mundo puramente espiritual. Acima dele estão os anjos, de cuja existência, em conformidade com o pensamento geral medieval, Tomás naturalmente parte. Como uma essência imaterial, eles são imortais e, na ordem dos seres, estão mais próximos de Deus do que o homem. Os anjos não são naturalmente predispostos à maldade como o homem, mas, como no caso de Lúcifer, podem se tornar maus se não respeitarem a subordinação em relação a Deus. Assim como o motor imóvel de Aristóteles, Ele é a origem e o destino do mundo no topo da pirâmide da realidade.

No entanto, segundo Tomás, a "existência" de seres puramente espirituais, como os anjos, não significa exatamente o mesmo que dizer:

"Aquela árvore existe." Quando afirmamos que os seres espirituais existem, empregamos o conceito apenas de modo análogo. Temos uma ideia a esse respeito, mas ela não é precisa.

Por isso, Tomás demonstra certa cautela ao tratar da "existência" de Deus. Como verdade de fé, ela é indiscutível. Mas se torna difícil transferir para Deus nossa compreensão cotidiana da "existência". Sobre isso, ele censurava Anselmo de Cantuária, o primeiro grande filósofo da escolástica, que havia criado, dois séculos antes, o chamado "argumento ontológico" a favor da existência de Deus. Anselmo havia reconhecido na definição de Deus a garantia de que Ele também existia. Como dizem os filósofos profissionais, ele derivou sua "existência" a partir do "ser" de Deus (em grego "ón" = "ente"). Segundo Anselmo, a existência de Deus faz parte de sua própria definição, uma vez que Ele é perfeito, e da perfeição faz parte, necessariamente, a existência. Tomás objeta que "de Deus nada sabemos", portanto nada podemos dizer sobre Seus atributos. Em outras palavras: uma definição suficiente e segura de Deus está além de nossa capacidade.

Para chegar a Deus com o auxílio da razão, não devemos, segundo Tomás, seguir a via da análise conceitual, mas tomar o caminho do mundo e de suas regularidades. Mais precisamente: há, para ele, cinco vias que levam a Deus.

Tomemos o segundo caminho, que, posteriormente, voltou a ser empregado por outros pensadores. É uma forma do chamado argumento "cosmológico" em favor da existência de Deus: Ele é um pré-requisito necessário para o cosmo, para o mundo tal como nos é dado com suas regularidades. Do fato de que todo acontecimento deve ser compreendido como resultado de uma causa, Tomás concluiu que deve existir uma causa primeira, que pôs em marcha todo o processo. Caso contrário, deveríamos estender a série de causas até o infinito, o que levaria, inevitavelmente, à tese da eternidade do mundo. Portanto, a partir da observação da relação causal de todos os acontecimentos, chegamos a Deus como a causa primeira de todos eles. Tomás segue sempre o mesmo modelo: ele observa as conexões no mundo e conclui que Deus é o criador, é a ligação e o ponto de partida dessas conexões. Da limitação e da finitude do mundo, ele infere a necessidade de Deus como o infinito e a ausência de limites.

Para a escolástica, as evidências da existência de Deus eram expressão da autoconsciência, que a razão, em oposição à fé, havia alcançado. Segundo Tomás, no entanto, não se podia compreender Deus plenamente dessa maneira. Em todo o Seu mistério, Ele permanece acessível apenas à fé. Assim, o reconhecimento da Trindade, ou seja, o reconhecimento de Deus como uma pessoa que, em si, reúne o Pai, o Filho e o Espírito Santo, escapa à luz natural da razão, tal qual a encarnação de Cristo e a salvação do homem pela morte na cruz e pela ressurreição.

Em Tomás, contudo, o indivíduo dotado de razão aproximou-se mais de Deus do que na tradição neoplatônico-agostiniana. Ele tem seu lugar fixo na ordem dos seres e nela pode reconhecer, por toda parte, os traços de Deus. Fundamental para a ligação entre o homem e Deus é a chamada "alma espiritual", com a qual Tomás faz referência ao conceito de "psique" da filosofia grega. A alma espiritual é mais do que aquilo que hoje compreendemos por "alma". Ela é a energia vital e decisiva, a junção de todos os impulsos espirituais, anímicos e emocionais. Em Platão, a alma abrangia razão, vontade e paixão. Em Tomás, ela também encerra uma função cognitiva e senciente e outra vegetativa. Diferentemente da nossa atual compreensão, a razão também é uma parte da alma. Todo homem é dotado de uma alma própria e individual, pois somente por meio dela a imortalidade é possível. Também a tese da imortalidade da alma foi tomada de empréstimo por Tomás da filosofia grega. Platão já a havia defendido em seu diálogo *Fédon.*

Ao contrário de Platão e, mais tarde, do filósofo francês René Descartes, Tomás não defendia a concepção de que alma e corpo, espírito e matéria estão em oposição no indivíduo, como dois estranhos que partiram, cada um, de um mundo diferente. Para ele, corpo e alma constituem uma unidade física e espiritual, que somente é desfeita pela morte.

Como os gregos, Tomás também supõe que a alma esteja em um estado bem-ordenado quando a parte cognitiva, isto é, a razão, tem o domínio e o controle das demais partes da alma. Essa razão é, como a alma, individualmente marcada, e não, como em Averróis, parte de uma razão suprapessoal. Ela determina em que direção a vontade deve seguir.

O tema do livre-arbítrio quase não ocupou espaço na filosofia grega, mas é de grande importância para o cristianismo, pois a salvação humana depende da escolha intencional do homem em favor de Deus; do contrário, conceitos como "pecado" e "culpa" não podem ser explicados. Por isso, Tomás também insiste que Deus criou o homem livre, portanto com a capacidade de se decidir até mesmo contra Ele.

Para aqueles que, de forma consciente, se decidem contra Deus, e mesmo depois de repetidos esclarecimentos não abjuram essa escolha, Tomás exige a pena de morte. Em sua opinião, essa é uma corrupção da alma, um crime muito pior do que um dano físico. A ideia de tolerância religiosa, que tem prevalecido no Ocidente desde o Iluminismo, lhe era completamente estranha, assim como era para a Igreja.

Tomás retoma a tese de Aristóteles de que todos os homens aspiram à felicidade. Os filósofos neoplatônicos da Antiguidade tardia, como Plotino e Boécio, haviam identificado essa felicidade como um deus transcendente. Tomás retoma as duas tradições: a felicidade, naturalmente almejada por todos os homens, está na devoção ao Deus cristão.

Dois caminhos estão abertos para que o homem estabeleça uma relação com Deus: um secular e outro religioso, que se complementam. Por isso, a vida mundana e a religiosa não representam papéis antagônicos. O homem deve trilhar os dois caminhos, desenvolver tanto as virtudes terrenas quanto as religiosas, embora somente por meio da vida religiosa ele consiga, definitivamente, compreender Deus.

A via secular leva às quatro virtudes cardinais de Platão, adotadas por Tomás. São elas a temperança, a justiça, a fortaleza e a prudência. Elas devem ser complementadas ao longo da via religiosa pelas virtudes "teologais": fé, amor e esperança. A relação com os outros homens ocupa o ponto central da virtude terrena, enquanto na religiosa esse espaço é ocupado pela relação com Deus. As primeiras descrevem o campo da inteligência; as últimas, o da sabedoria. A prudência também representa, para Tomás, uma postura eticamente preciosa, não sendo rejeitada como um desvio da fé. Para ele, a sabedoria baseia-se na prudência. O ideal de vida da ética greco-romana torna-se então, em nova apresentação religiosa, o verdadeiro estilo de vida cristã.

A questão de como uma vida feliz se manifesta foi respondida pela Antiguidade por meio de duas variantes distintas e antagônicas: a vida ativa, chamada de "vita activa"; e a vida isolada, voltada para a contemplação, a "vita contemplativa". Também aqui Tomás orienta-se pelos clássicos gregos Platão e Aristóteles, que defenderam a contemplação filosófica como a forma de vida suprema. Somente na vida contemplativa (também chamada por Tomás de "vida de observação") a sabedoria pode se desenvolver e, com ela, a relação com Deus, pois apenas aqui a parte mais importante do homem, a espiritual, é conduzida ao seu destino. No pensamento de Tomás, a contemplação puramente racional é substituída pela religiosa.

Na *Suma teológica*, os traços do pensamento antigo, presentes em toda a obra, são mais claros do que os do Novo Testamento. O pensamento de Tomás de Aquino já está muito distante dos fervorosos cristãos primitivos que, com seu Cristo crucificado, lutaram contra a filosofia racional helenística: seu retrato de Cristo foi pintado sobre o contorno do sábio antigo, e seu Deus adotou a razão cósmica da filosofia grega clássica.

Tomás morreu em 7 de março de 1274, a caminho do Concílio de Lyon, e foi canonizado pelo papa quase cinquenta anos depois, em 1323. Enquanto muitas outras obras filosóficas clássicas caíram em desgraça, em decorrência da ortodoxia da Igreja, e foram inseridas no índex de livros proibidos, a *Suma teológica* tomou o caminho exatamente oposto. No século XVI, Tomás foi elevado à posição de doutor da Igreja, e, em 1879, o "tomismo" foi declarado a "filosofia oficial" da Igreja católica pelo papa Leão XIII.

Durante a Idade Média, a *Suma teológica* foi o ápice da escolástica. Ela forneceu a visão de mundo para a *Divina comédia*, de Dante, e o modelo para a renovação da escolástica pelo espanhol Francisco Suarez, no século XVI. Mas mesmo no século XX os "neotomistas", como Jacques Maritain e Josef Pieper, tentaram desenvolver uma filosofia de inspiração religiosa, seguindo Tomás de Aquino. *Ser finito e ser eterno*, principal obra da filósofa Edith Stein, morta em Auschwitz, é um dos resultados mais importantes desses esforços na Idade Moderna.

Entretanto, a *Suma teológica* não é, de modo algum, mero testemunho de uma tentativa sempre renovada de dar às convicções religiosas uma aparência filosófica. Ela pertence, pelo contrário, ao grupo das grandes obras, com as quais a razão começa a se apossar de princípios religiosos para, finalmente, deles se emancipar no Iluminismo do século XVIII. Temas como a demonstrabilidade da existência de Deus, a imortalidade da alma e o livre-arbítrio foram objeto de estudo de pensadores como Descartes, Espinosa, Leibniz e Kant.

Por causa de sua concepção estética e técnica, as catedrais da Idade Média também desfrutam o apreço daqueles para os quais a fé cristã, que as havia inspirado, perdeu sua força ideológica obrigatória. O templo filosófico de Tomás de Aquino, em que a razão deixou tantos sinais, também permaneceu um local para caçadores de tesouros filosóficos.

**Edição:**

Tomás de Aquino: *Summe der Theologie*, 3 volumes. Compilação com introdução e notas de Josef Bernhart. Stuttgart, Kröner, 1985. [Trad. bras. *Suma teológica*, São Paulo, Loyola, 2ª ed., 2009.]

## Olhar para além dos limites do pensamento

NICOLAU DE CUSA: *Da douta ignorância* (1440)

Pessoas que são levadas ao limite da experiência muitas vezes lutam para descrever com meios de expressão que nos sejam compreensíveis o que se abre por trás dessa fronteira. O que elas têm a nos dizer assume, com frequência, uma forma paradoxal ou mesmo negativa. O pintor russo Kazimir Malevich deparou com a busca pela forma perfeita na "monocromia", com a eliminação de qualquer variedade de cores, e criou um "quadrado branco sobre fundo branco". Do mesmo modo, a música do compositor estoniano Arvo Pärt se distancia do audível e se aproxima do silêncio. Nos ensinamentos da sabedoria oriental, de Lao-tsé a Buda, o "vazio" e o "nada" representam a forma máxima do conhecimento. Mas não se trata aqui de uma tentativa de reduzir nossa capacidade de percepção e de cognição. Ao contrário: com o olhar voltado para o amorfo, o vazio ou o nada, abrem-se frequentemente ao nosso conhecimento áreas completamente novas, desconhecidas.

Também na filosofia, que há muito tempo reivindicou para si a representação da máxima forma de conhecimento, sempre encontramos pensadores que se apresentam com teses provocadoras de que o verdadeiro conhecimento fundamenta-se na consciência do não saber. O mais famoso deles foi Sócrates, uma das grandes figuras da filosofia grega clássica, que se tornou célebre com a frase: "Só sei que nada sei." – "E mesmo isso pouco sei!", acrescentou, no século XX, Karl Popper, filósofo e admirador de Sócrates.

No entanto, estava reservado ao cardeal alemão Nicolau de Cusa provocar furor com uma obra sobre o não saber na história da filosofia. Como era costume na tradição da filosofia medieval, ele colocou o tema "Deus" e sua relação com o mundo e os homens no centro do livro. Mas já no título de sua obra principal, *De docta ignorantia* [*Da douta ignorância*], Nikolaus Cusanus, como era seu nome latinizado, indica a resposta aparentemente paradoxal que ele dá à questão sobre um possível conhecimento de Deus.

Para ele, Deus está sempre além da estrutura que a razão humana pode erguer. O conhecimento de Deus é, na verdade, um saber do não conhecimento. Conforme escreve Nicolau no primeiro capítulo do seu livro: "O homem será tanto mais sábio quanto mais ignorante se souber." A "douta ignorância" desloca a percepção de Deus para uma distância inatingível, mas a visão por trás dos limites do pensamento amplia, ao mesmo tempo, o horizonte do nosso olhar em relação ao mundo. De modo diferente de outros filósofos da escolástica medieval, para Nicolau o mundo já não é um cosmo compreensível. Como uma cópia de Deus, ele próprio é ilimitado e oferece possibilidades infinitas à aspiração humana de conhecimento. Assim, a "douta ignorância" estabelece a relação entre Deus, o mundo e o homem em uma base completamente nova.

Uma nova visão de mundo avançava por toda parte no século XV europeu. O Renascimento e o Humanismo já haviam se estabelecido um século antes na Itália, o país mais desenvolvido da Europa na época. A orientação para o mundo da experiência e o estudo de fontes antigas deveriam fundar novamente o conhecimento. Ao norte dos Alpes, no entanto, essa grande transformação cultural começou a ter efeito apenas muito lentamente. Mas não foi apenas por essa razão que Nicolau teve de percorrer um longo caminho. De origem provinciana alemã, não era natural para ele tomar parte nos grandes movimentos de formação e reforma de sua época.

Nicolau pôde estudar graças ao pai, Johann Kryffts, que, na pequena aldeia de Cusa, entre Trier e Koblenz, às margens do Mosel, havia conseguido uma prosperidade considerável como comerciante. "Kriffts" significava "caranguejo", imagem que, mais tarde, seria usada pelo filho famoso em seu brasão. Johann Kryffts possuía navio próprio, com o qual podia transportar mercadorias pelos rios – na época, a mais importante via de transporte – até a Holanda ou, subindo o Reno, até a

Basileia. Graças ao patrimônio do pai, ao completar 15 anos, Nicolau, que nascera em 1401, pôde ser enviado à recém-criada Universidade de Heidelberg.

Em Heidelberg, lecionava-se, ainda, com o espírito da escolástica, e a doutrina cristã era interpretada com base na filosofia de Aristóteles. Deus era a causa primeira de todos os acontecimentos e, ao mesmo tempo, propósito último e supremo, pelo qual se orientava a ordem do mundo. Ele estava no topo de uma hierarquia em que todas as coisas, fizessem parte da natureza ou da sociedade, ocupavam uma posição predeterminada. Nessa ordem do mundo, construída à semelhança do feudalismo, Deus era para o mundo o que o príncipe reinante era para a comunidade. Uma vez que Deus foi pensado como puro espírito, e o mundo, como cosmo limitado, aquele que, no curso da pesquisa empírica, quis ampliar o conhecimento de mundo gozou de pouco prestígio. Quem desejasse saber algo do mundo não deveria observar, mas ler as Sagradas Escrituras.

Quando Nicolau se transferiu para a Universidade de Pádua, um ano mais tarde, lá encontrou uma atmosfera completamente diferente. Havia chegado a um dos principais centros intelectuais da nova era, cujos membros se dedicavam a novas descobertas em todas as áreas do conhecimento. Quando se tratava de textos, pesquisavam-se as fontes. Se o tema fosse a natureza, então se realizavam experiências. Astrônomos observavam novos corpos celestes; médicos pesquisavam a anatomia humana; arquitetos, a estática das construções antigas; e os economistas, o desenvolvimento da economia monetária. A matemática, sobretudo, avançou e se tornou uma ciência fundamental em uma época em que começava a se firmar a convicção de que todo o conhecimento do mundo se apoiava na medição e no cálculo. As modernas ciências naturais e empíricas, fundamentadas na matemática, já haviam nascido ali.

Também na postura em relação às hierarquias da Igreja e do Estado prevalecia uma mente aberta. Cem anos antes da Reforma, a justificação da autoridade papal e secular já fora calorosamente discutida. No século XIV, um filho da terra, Marsílio de Pádua, já havia defendido a tese revolucionária de que todos os cidadãos são iguais perante a lei e de que no consentimento destes deveria se basear o domínio político.

Por suas teses, Marsílio foi punido com a excomunhão, mas sua filosofia se manteve influente em uma época em que se discutia ferozmente uma reforma da Igreja e a relação entre os poderes espiritual e secular.

Em Pádua, Nicolau adquiriu uma formação abrangente e recebeu estímulos que influenciariam todo o seu pensamento futuro. Seus conhecimentos matemáticos, em especial, lhe forneceram uma linguagem racional e, ao mesmo tempo, simbolicamente apropriada, que lhe permitiu expressar seus questionamentos filosóficos. Na verdade, para ele não havia dúvida, como sempre, de que a verdadeira filosofia estivesse a serviço da teologia e de que era preciso alicerçar a fé cristã em argumentos racionais. Mas sua inclinação para as fontes antigas e sua abertura aos novos desenvolvimentos científicos fizeram com que ele se tornasse um pensador do Renascimento.

Em Pádua, Nicolau construiu uma rede de relações sociais que foi extremamente proveitosa para sua carreira futura. De particular importância foi a sua amizade com Giuliano Cesarini, originário de uma antiga família nobre romana e já docente em Pádua quando Nicolau iniciou seus estudos naquela universidade. Cardeal já aos 28 anos e poucos anos mais velho do que Nicolau, Cesarini tornou-se um dos principais diplomatas da Cúria e, simultaneamente, mentor do jovem alemão. O cardinalato, que Nicolau alcançaria em idade mais avançada, era semelhante ao principado e envolvia inúmeras tarefas políticas e administrativas, mas também a influência correspondente. Cesarini foi para Nicolau um inspirador na filosofia e um promotor de sua carreira.

Essa carreira teve lugar dentro da Igreja, pois, em um mundo caracterizado pelo feudalismo, o progresso de um plebeu era extremamente limitado. Nicolau foi ordenado padre e, aos 22 anos, doutorou-se em direito canônico, o que, na época, representava a preparação ideal para uma ascensão na hierarquia eclesiástica. Disputas legais entre governantes seculares e espirituais, assim como conflitos dentro da organização da Igreja, estavam na ordem do dia.

Depois dos estudos, a vida de Nicolau de Cusa, que já não tinha descanso, era fisicamente extenuante e implicava mudanças constantes de lugar, passou a ser integralmente dedicada ao poder espiritual. Seus escritos filosóficos surgiram nos poucos intervalos que ele tinha. Inicialmente, retornou à Alemanha e assumiu um cargo junto ao suserano local, o bispo de Trier.

Como representante de seu bispo, ele também participou de um dos mais importantes eventos político-eclesiásticos do início do século XV, o Concílio da Basileia, que teve início em 1431 e foi encerrado apenas em 1449. Nele se realizou o debate entre os representantes conservadores, que desejavam fortalecer o poder do papa, e os representantes da ala reformista, os chamados "conciliaristas", que defendiam uma democratização da Igreja. Nessa ocasião, o jovem padre alemão conseguiu dar uma guinada como intelectual. A serviço dos conciliaristas, ele escreveu, em 1433, sua primeira grande obra sobre a unidade dentro da Igreja católica, *De concordantia catholica.*

O problema da "unidade" deslocava-se, cada vez mais, para o ponto central do pensamento de Nicolau. Era um problema político-eclesiástico, porém tinha raízes em uma questão filosófica: haveria uma verdade em que poderiam ser resolvidas as contradições nas quais sempre estavam envolvidas afirmações sobre Deus e o mundo?

Passou a vida investigando com coerência essa questão e, em 1437, mudou de frente político-eclesiástica. Com seu amigo Giuliano Cesarini, Nicolau passou para o lado do papa, uma mudança que beneficiou sua carreira, mas prejudicou substancialmente sua credibilidade entre os membros do Concílio. A esse respeito, especula-se, até hoje, se o dinheiro papal influenciou sua decisão. Em todo caso, um resultado dessa mudança foi, a pedido do papa, a inclusão de Nicolau na delegação que, em julho de 1437, navegou até Constantinopla para buscar o imperador bizantino e sua comitiva, que seriam levados para a Itália, com o propósito de reunir as igrejas ocidental e oriental.

A viagem para Constantinopla possibilitou a Nicolau uma pausa criativa de vários meses, em que – inspirado por conversas e discussões – teve a ideia fundamental para sua principal obra, *Da douta ignorância.* No centro, novamente a "unidade" era o tema. A unidade como superação da multiplicidade era uma antiga questão filosófica, especialmente na tradição da filosofia platônica, que posteriormente foi desenvolvida em uma forma de mística filosófica no neoplatonismo do final da Antiguidade. O mundo das "ideias" de Platão era um mundo de formas ideais imutáveis, que, como uma verdadeira realidade, se opunha ao mundo da percepção sensorial, sempre variável e inconstante. Ele culminava na "ideia do bem" como a síntese do verdadeiro, do bom e do belo.

A partir disso, Plotino, fundador do neoplatonismo, desenvolveu seu supremo princípio da realidade "do Uno", entendido como origem e destino espiritual e imutável de todo o real. Para ele, o Uno não é compreensível por meio da linguagem e da razão, mas apenas por uma visão mística. No final da Antiguidade e no início da Idade Média, seguidores do neoplatonismo, como Boécio ou um místico cuja identidade até hoje é desconhecida, mas que se autodenominava Dionísio Areopagita, identificavam esse Uno com o Deus cristão. Na Alta Idade Média, embora prevalecessem os esforços para a reconciliação da fé com a razão, também continuava a existir o deus místico como princípio de unidade além de todo conhecimento racional. Nicolau foi influenciado, sobretudo, pelo filósofo judeu Moisés Maimônides, a quem se referiu como "Rabi Salomão" em suas obras, e por Meister Eckhart, monge dominicano condenado pela Igreja.

Essas influências de um neoplatonismo místico tornaram-se ainda mais fortes depois do encontro de Nicolau com Pléton, filósofo bizantino. Pléton fazia parte da comitiva do imperador bizantino, que acompanhou a delegação papal na viagem de Constantinopla para a Itália, entre novembro de 1437 e fevereiro de 1438. Pléton considerava as diferentes confissões cristãs variantes populares de uma verdade única e indivisível, que Platão havia formulado com sua ideia suprema do bem, e Plotino, com seu conceito de Uno.

Seria possível tornar essa unidade compreensível à mente humana, ainda que, nesse caso, a razão e a linguagem atingissem um limite? Em uma carta para Giuliano Cesarini, tempos depois, Nicolau relata que a ideia da "douta ignorância" lhe surgiu durante o "retorno da Grécia, no caminho do mar", naquela viagem em que ele encontrou Pléton. Nela se constituíram seus pensamentos fundamentais, a saber, de que nosso conhecimento racional se move em uma rede de opostos excludentes e contradições lógicas: se algo existe, então não é possível que, simultaneamente, não exista, e se alguma coisa é angular ela não pode ser, ao mesmo tempo, redonda. Se quisermos nos aproximar de Deus, deveremos, no entanto, superar esses opostos. Deus é unidade no sentido de uma "coincidência", uma junção ou simultaneidade de opostos em um nível mais elevado. O conhecimento dessa unidade, porém, está ligado à renúncia ao "conhecimento" em seu sentido habitual: é um saber do não saber.

A obra que então tomava forma tratava exatamente de aproximar da ideia de unidade essa relação entre saber e não saber e a possibilidade do conhecimento racional. Pode-se especular que Nicolau tenha feito as primeiras anotações a bordo do navio, mas ainda foram necessários quase dois anos até que, como ele escreveria mais tarde em seu livro, a "grandiosa doutrina do não saber" fosse formulada.

A rotina diária a serviço da Cúria ocupava a maior parte de seu tempo. Depois da assinatura do documento de reunificação das igrejas oriental e ocidental, em 1439, no Concílio de União, ocorrido em Florença, Nicolau foi enviado novamente pela Cúria à Alemanha, com o objetivo de atrair os príncipes para o lado papal. Comprovadas são, entre outras, estadas em Mainz, Frankfurt, Lahnstein e Koblenz. Somente no início de 1440 ele chegou a se retirar por algumas semanas em sua cidade natal, Cusa, onde, em 12 de fevereiro e depois de um esforço concentrado, concluiu o manuscrito de seu livro. Este é dedicado a Giuliano Cesarini, seu principal amigo, mentor e parceiro de discussões: "Ao reverendíssimo pai e senhor Giuliano, benquisto por Deus, ilustre cardeal da Santa Sé Apostólica, venerável mestre."

O título, *De docta ignorantia*, sinaliza: trata-se de um livro sobre um tipo especial de "ignorantia". É a ignorância sobre Deus como unidade de todos os opostos no mundo. Ao mesmo tempo que conhecemos a razão dessa ignorância e temos clareza sobre os limites de nossa capacidade de percepção, ela se torna uma ignorância consciente e "douta", uma ignorância que está ligada a um novo conhecimento.

*Da douta ignorância* é composto de três volumes: o primeiro e mais lido trata de Deus como a unidade "em que os opostos coincidem". O segundo volume se dedica ao universo; e o terceiro, ao papel de Jesus Cristo como a ligação entre Deus, o mundo e o homem. Em resumo: o primeiro volume enfatiza uma abordagem metafísica, o segundo, a cosmológica e o terceiro, a teológica.

Quando o discurso e a argumentação racional acerca da unidade suprema encontram limites, é preciso recorrer às formas simbólicas ou metafóricas de expressão. Com esse propósito, Nicolau se serve da linguagem familiar da matemática. Seguindo um pensamento que remonta aos primórdios da filosofia grega dos pitagóricos, ele supõe que, entre o mundo que é acessível para nós e o mundo oculto de Deus, exista um vínculo que pode ser esclarecido na forma de relações matemáticas. Como muitos de seus contemporâneos no Renascimento, Nicolau é fascinado pelas realizações originadas do conhecimento matemático; portanto, está convencido de que, "por causa de sua inabalável certeza", os símbolos matemáticos são adequados para estabelecer a ligação entre o visível e o invisível e entre este mundo e o transcendente.

Já pelo modo como Nicolau formula seu tema, percebem-se claramente os empréstimos tomados à matemática, pois ele utiliza a linguagem da quantificação, da grandeza e da mensuração. Tanto nas referências a Deus quanto naquelas ao universo e a Jesus Cristo, trata-se sempre de uma forma de "máximo", de "absoluto". Deus é um máximo em relação a tudo o que existe; o universo é um máximo em relação a cada coisa no mundo; e também Jesus Cristo, como Deus e, ao mesmo tempo, como homem, é um tipo especial de máximo. As perguntas que precisam ser respondidas são, portanto: que tipo especial de máximo é Deus? Que máximo é o mundo? E Jesus Cristo?

Segundo Nicolau, Deus é "simplesmente e absolutamente" o maior e ultrapassa todas as proporções. A tentativa de consolidá-lo como uma grandeza extrema, seja no topo, seja no fim de uma escala numérica, sempre encontra limites. Isso acontece porque o chamado "número máximo", desde que quantificável, pode ser sempre ultrapassado quando se acrescenta outro número finito, por exemplo o número um. Pode-se realizar operação semelhante quando se busca o máximo na outra direção, ou seja, o chamado "número mínimo", pois também este, desde que perceptível, pode se tornar sempre um número menor por meio da subtração.

O símbolo de Deus como máximo é um número que, na verdade, não é real, pois não podemos utilizá-lo em uma operação matemática normal: é o infinito. E o infinito permanece sempre infinito, ainda que adicionemos a ele um número finito. Não há um infinito mais um. Como o infinito é uma grandeza para a qual converge a sequência numérica, sem nunca atingi-la, Deus é o máximo para o qual converge tudo o que existe no mundo, sem compreendê-lo. Deus é a medida de todas as coisas e não pode ser medido, pois, segundo Nicolau, "medida e medido, por mais semelhantes que sejam, permanecem sempre diferentes". Pode-se apenas indicá-lo simbolicamente.

Os símbolos geométricos que representam Deus são a esfera e o círculo. Este está em uma relação com os polígonos semelhante à de Deus com o mundo compreensível. O círculo é a realização jamais atingida do polígono infinito, independentemente de quantos lados acrescentemos a ele. Da mesma forma, podemos expandir indefinidamente nosso conhecimento do mundo, sem nunca chegarmos ao conhecimento de Deus. Metaforicamente falando, ao refletir sobre o polígono, o homem não consegue sair do lugar. Ele compreende a verdade apenas de forma aproximada. Segundo formula Nicolau, só compreendemos "na maneira da não compreensão".

Mesmo quando falamos de Deus como "unidade", devemos nos esquecer de nosso entendimento normal do termo. Nenhum exemplo concreto de unidade pode expressar o que Deus realmente é. A racionalidade humana vê oposição em termos como "unidade" e "diversidade". Mas Deus pertence a uma esfera da realidade em que todas as diferenças e todos os opostos coincidem e já não possuem um significado linguisticamente compreensível. Ele está sempre além daquilo que nosso entendimento pode apreender. É uma unidade incompreensível a partir da unidade e da diversidade, do ser e do não ser. Segundo Nicolau, "embora a 'unidade' pareça se aproximar bastante do nome do supremo, ela está infinitamente distante do verdadeiro nome do supremo, que é o supremo em si".

Deus é "tudo o que pode ser", formulação com a qual Nicolau sempre se aproxima do panteísmo, uma concepção filosófica em que Deus e o mundo são identificados um com o outro. No entanto, nesse sentido, o Deus cusano é abrangente, pois também encerra em uma unidade o que à nossa racionalidade parece paradoxal e inconciliável. Todos os predicados que a Ele podemos conferir se aplicam e, simultaneamente, não se aplicam. Linguagem e lógica se esgotam quando querem qualificar Deus. Nicolau recusa uma teologia que desconsidera esse fato e reivindica a capacidade de poder explicar o que é Deus e nomear suas qualidades. Tal teologia "afirmativa" pode, apenas, ser um recurso provisório para chegar à verdadeira, a saber, à teologia "negativa", que ensina a "santa ignorância" e a "inefabilidade" de Deus.

A teologia negativa é uma teologia das negações. Ela coloca em dúvida tudo o que dizemos sobre Deus. Se realmente queremos entender alguma coisa de Deus, temos de ultrapassar a esfera do conhecimento racional. Para tanto, Nicolau vê uma possibilidade em um conhecimento místico e intuitivo, que ele descreve com o auxílio das metáforas da escuridão e da luminosidade, que têm uma longa tradição na história da filosofia mística e podem ser encontradas já em Platão. Segundo ele, é um conhecimento "em que a verdade exata resplandece na escuridão de nossa ignorância, na forma de incompreensão". O não saber racional é, portanto, superado por uma "iluminação" irracional.

A cosmologia de Nicolau, isto é, sua teoria do universo, foi para a teologia de seu tempo tão provocadora quanto sua teoria de um Deus racionalmente incognoscível. O mundo como uma reprodução de Deus perdeu sua limitação e também se tornou infinito. Em nossa tentativa de compreendê-lo como "mensurável", nunca conseguimos chegar a um fim. Dele não há um conhecimento "conclusivo", somente aproximações. No entanto, Nicolau diferenciou a infinitude do mundo da infinitude de Deus: trata-se de uma infinitude relativa ou limitada. Enquanto Deus é imensurável e incontável e, por isso, absolutamente infinito, a infinitude do mundo é limitada pelo fato de que não podemos ter uma visão de conjunto da quantidade das coisas nele presentes. A infinitude absoluta de Deus se reflete, de forma simbólica, na infinitude relativa do mundo.

Também o universo é um tipo de máximo, mas um máximo limitado pela multiplicidade, pelas numerosas coisas individuais que constituem o mundo. Não há um universo como unidade independente das muitas coisas. As espécies e os gêneros, com os quais dividimos o mundo das coisas, tampouco formam uma unidade entre elas. Cada coisa é um indivíduo, cada cavalo é diferente de qualquer outro cavalo. A discussão, intensamente debatida na Idade Média, se devemos priorizar o universal ou o individual em nossa visão de realidade foi decidida por Nicolau em favor do individual. Com isso, ele abriu os olhos para a diversidade do mundo e enfatizou a importância da observação e da pesquisa empírica. O caminho dessa pesquisa foi pavimentado pelo próprio Deus: segundo Nicolau, "na criação do mundo, Deus fez uso da aritmética, da geometria, da música e da astronomia, artes a que também recorremos quando investigamos as relações proporcionais das coisas, dos elementos e dos movimentos". Em outras palavras: Deus entregou ao homem a matemática, a música e a astronomia para que ele pudesse compreender o plano divino de construção do universo.

Foi somente a partir de uma argumentação filosófica que Nicolau chegou a conclusões que anteciparam o conhecimento das futuras ciências naturais: para ele, o universo já não tinha um centro geográfico. O verdadeiro centro do universo seria o Deus presente em toda parte. Também já não existiria uma periferia do mundo. A Terra seria um planeta em movimento, situado em algum lugar do universo. Com isso, no entanto, ela não perderia seu caráter divino nem sua nobreza, pois "sua forma é nobre e esférica", lembrando a perfeição divina. Na verdade, a Terra não é perfeitamente esférica, assim como seu movimento não é totalmente circular. É um universo que, em toda parte, remete a Deus e, ao mesmo tempo, contém em si possibilidades ilimitadas. Dessa forma, Nicolau considerava possível a existência de habitantes em outros planetas e em outras regiões do universo.

Em todas as reflexões filosóficas e revolucionárias de Nicolau sobre Deus e o universo, não se deve esquecer que ele foi um teólogo, cujas convicções estavam firmemente baseadas na doutrina da Igreja. Se no terceiro livro de *Da douta ignorância* ele faz ponderações sobre o papel de Jesus Cristo na relação entre Deus e o homem, isso tem, sobretudo, fundamentos teológicos: era preciso consolidar a tese de que Jesus, enquanto filho de Deus, era ao mesmo tempo Deus e homem.

Na linguagem de *Da douta ignorância,* isso significava que Jesus Cristo teria de ser, simultaneamente, um máximo absoluto e um máximo limitado. Nicolau sabia muito bem que essa era uma figura de pensamento bastante difícil. Segundo sua argumentação, se imaginarmos um máximo no interior de determinada espécie, por exemplo, a de cavalos, então esse cavalo teria de possuir, com perfeição, todas as características da espécie. Com isso, continuaria a fazer parte do mundo, ou seja, teria uma grandeza limitada, mas também teria algo da unidade absoluta, que existe apenas em Deus. Imaginemos, agora, uma coisa presente no mundo e que seja o máximo de todas as coisas possíveis; portanto, que abranja, com perfeição, todas as características de todas as coisas. Segundo Nicolau, isso somente poderia ser um exemplar da espécie mais perfeita, ou seja, um ser humano. Pois o ser humano é como um microcosmo do mundo, que abrange tanto a matéria quanto o espírito, a sensibilidade e a razão. Esse homem perfeito, que é a medida de todas as coisas para os homens, seria, em seu caráter absoluto, simultaneamente filho do homem e filho de Deus. Dessa forma, a humanidade encontra em Jesus Cristo sua verdadeira unidade, fundamentada em Deus.

No fim do livro, Nicolau altera o foco novamente para o tema de que se ocupou, enquanto político da Igreja, durante toda a vida: a unidade da Igreja. Ela encontra sua justificativa inicialmente na "união da natureza em Cristo". Não sem um olhar oblíquo para o Concílio de União das igrejas ocidental e oriental, e cem anos antes de uma nova divisão da Igreja, por meio da Reforma, ela postulava: "Mas a união da Igreja é a maior união eclesiástica."

Como os artistas e pensadores modernos do negativo, do vazio e do amorfo, Nicolau de Cusa foi, no fundo, um inovador e um vanguardista que, inicialmente, perturbou seus contemporâneos. Mas tanto seu conceito de Deus quanto sua visão de mundo deixaram marcas profundas na história da filosofia. A tese da infinitude do mundo e da impossibilidade de pensar Deus foi incorporada à obra de Giordano Bruno, que morreu na fogueira por ela. Por si só, o fato de as contradições em que se envolve a razão humana não poderem ser solucionadas é novamente encontrado na chamada "doutrina das antinomias", presente na *Crítica da razão pura*, de Immanuel Kant. Ao contrário de Nicolau, porém, Kant prescindiu de obter, a partir dela, uma concepção de Deus.

O Deus de Nicolau de Cusa também teve uma carreira notável no idealismo alemão. A "interação entre unidade e diversidade" tornou-se a figura de pensamento decisiva na dialética de Hegel. Do Deus da teologia cusana, Hegel desenvolveu a lei da evolução com que a razão de mundo se impõe na história da humanidade.

Mas frutífero foi, sobretudo, o projeto de estabelecer os limites da capacidade cognitiva humana no centro da discussão filosófica. O reconhecimento da ignorância, ou seja, a modéstia intelectual, não torna o mundo inacessível para o homem; ao contrário, permite-lhe sua apropriação criativa: eis a herança da obra *Da douta ignorância*, que se estende até os dias atuais.

**Edição:**

NICOLAI DE CUSA: *De docta ignorantia. Die belehrte Unwissenheit.* Latim-alemão. 3 volumes. Livros I e II traduzidos e editados por Paul Wilpert. Livro III traduzido e editado por Hans Gerhard Senger. Hamburgo, Meiner, 1964-1977. [Trad. bras. *A douta ignorância*, Porto Alegre, EDIPUCRS, 2002.]

## O Estado como homem forte

THOMAS HOBBES: *Leviatã* (1651)

Cidadãos de países ocidentais zelam, com atenção, por suas liberdades individuais e reagem com uma atitude defensiva e de desconfiança quando o Estado tenta ampliar sua autoridade e intervir nessas liberdades. No entanto, em outras partes do mundo em que reinam o direito dos mais fortes, a corrupção e a criminalidade, os cidadãos esperam do Estado que sua presença se torne mais visível, que ele promova a segurança jurídica e os proteja contra a arbitrariedade e a violência.

Mas também na Europa Ocidental houve momentos de guerra civil e anarquia, em que as pessoas nada mais ansiavam do que uma paz imposta por um Estado forte. O século XVII, em que viveu o filósofo inglês Thomas Hobbes, foi um desses períodos. Nessa época, a das chamadas "guerras religiosas", quase não existiu país que não tivesse sido abalado por sangrentos conflitos políticos e confessionais.

Em 1610, a França assistiu ao assassinato de Henrique IV, rei que havia levado ao país uma paz confessional provisória. Entre 1618 e 1648, a Alemanha foi palco da Guerra dos Trinta Anos, tendo sido devastada por exércitos de mercenários de toda a Europa. Na Inglaterra, agravou-se o conflito entre dissidentes protestantes e anglicanos, entre o Parlamento e o rei, culminando em uma guerra civil em 1642, que levou Cromwell ao poder e à execução do rei Carlos I, da dinastia dos Stuart.

A experiência de rebeliões, guerras civis e constantes mudanças nas relações de poder deixou marcas profundas na principal obra de filosofia política de Thomas Hobbes, *Leviatã*. Como Platão, em *A república*, ele quis delinear uma ordem política em que a paz e a estabilidade estivessem asseguradas. Por isso, defendia que todos os cidadãos e todos os grupos na sociedade se submetessem, incondicionalmente, ao poder do Estado. Para Hobbes, somente o Estado, como homem forte, tinha condições de proteger o cidadão contra a arbitrariedade. Como o monstro marinho Leviatã, que aparece no Antigo Testamento, no fim do Livro de Jó, o Estado deve se mostrar como um poder, perante o qual todos devem se curvar: "Na Terra não há coisa que se lhe possa comparar; ele é uma criatura sem pavor. Olha a todos nos olhos; é o rei de todos os altivos animais." No entanto, o que faz desse livro uma das obras fundamentais da filosofia política da modernidade é o modo pelo qual Hobbes imaginou a constituição desse Estado, ou seja, sua base e sua formação.

Em seu livro *O príncipe*, publicado em 1532, o italiano Nicolau Maquiavel havia descrito a política como um ofício desempenhado com o objetivo de manter o poder e, com isso, colocou em questão a visão habitual na Idade Média de que Estado e política encontravam sua justificação no domínio de Deus sobre o mundo. Embora Hobbes também tente alimentar teologicamente sua teoria com inúmeras referências à Bíblia, na verdade, ele realiza definitivamente a separação entre filosofia política e teologia: para ele, não apenas a política, mas também o Estado é inteiramente obra do homem, ou seja, resultado de um contrato, um acordo entre os cidadãos. Portanto, Hobbes foi, ao mesmo tempo, o fundador da chamada "teoria do contrato", cuja influência se estende até o presente.

Apesar dos perigos que aqueles tempos de insegurança acarretavam também para ele, Hobbes conseguiu se movimentar entre as guerras de trincheira dos partidos inimigos e permanecer ileso, sem renegar suas convicções políticas. Nascido em 1588, ano em que a esquadra inglesa derrotou a Armada espanhola, morreu em 1679, aos 91 anos, idade que, para seu tempo, era considerada quase bíblica. Nessa época, os Stuart já haviam retornado ao trono da Inglaterra, reconquistado muito antes. Como filho de um clérigo de uma aldeia no oeste inglês, Hobbes pertencia àquela camada social que não tivera acesso a altos cargos, mas para a qual estavam abertos os institutos de formação e disponíveis contatos que podiam chegar à corte. Não foi por acaso que dela surgiram muitos intelectuais.

Também Hobbes, que já muito jovem havia brilhado com seus conhecimentos de latim e grego, pôde estudar em Oxford. Mais tarde, ele iria se referir com desprezo a esse estudo, que, no início do século XVII, ainda não havia sido afetado pelas recentes descobertas da ciência natural. Segundo Hobbes, ele servia, principalmente, para formar pastores leais ao Estado. Por ter concluído os estudos aos 20 anos, Hobbes não teve o reconhecimento de grande parte dos filósofos. Foram necessárias ainda algumas décadas para que ele se distinguisse com seus próprios escritos.

Hobbes passou grande parte de sua vida como preceptor em famílias nobres, posição que, por um lado, lhe deixava tempo suficiente para seus próprios estudos e, por outro, enquanto acompanhante de seus pupilos, lhe proporcionava viagens de formação. Os jovens aristocratas ingleses realizavam, uma vez na vida, o chamado "grand tour", que os conduzia, geralmente, pela França, pela Itália e pela Suíça e, com frequência, durava vários anos. Hobbes participou de três deles, com diferentes pupilos, entre os anos de 1610 e 1613, entre 1628 e 1630 e, por fim, entre 1634 e 1636. Nessas viagens, ele teria recebido os impulsos decisivos para seu pensamento.

Na primeira delas, em 1610, Hobbes testemunhou o assassinato de Henrique IV. A partir desse momento, ele desenvolveu a convicção de que a execução do governante, isto é, do soberano, era sinônimo da recusa de uma ordem legal. O poder incontestável do soberano, portanto, permaneceu um dos pilares de sua teoria política.

Em seu segundo giro europeu, deparou, em 1630, em Paris, com *Os elementos*, de Euclides, em que teoremas de matemática, mas especialmente de geometria, são construídos a partir de uma base de axiomas. Como muitos filósofos do século XVII, entre eles Descartes e Espinosa, Hobbes ficou fascinado com o sistema lógico da geometria e passou a considerá-los um modelo para a filosofia.

Durante sua terceira viagem, ele finalmente conheceu os renomados filósofos e cientistas contemporâneos, com os quais nem sempre compartilhava os mesmos pontos de vista, mas concordava quanto ao fato de que rejeitavam a explicação da natureza dada pela escolástica medieval, que se baseava em Aristóteles e segundo a qual a natureza é um reino de finalidades e forças ocultas. Em Paris, conheceu René Descartes, fundador do racionalismo moderno, e Pierre Gassendi, filósofo naturalista. Gassendi havia renovado a teoria representada pelos gregos Demócrito e Epicuro, segundo a qual todos os eventos da natureza podem ser explicados pelas propriedades e pelos movimentos dos elementos básicos, os átomos.

Porém, o encontro mais significativo para Hobbes se deu em 1636, em Florença, quando conheceu Galileu Galilei, o principal pioneiro da nova concepção científica de mundo. Galilei entendia a natureza como uma relação que seguia as leis da mecânica e podia ser descrita com o auxílio da matemática euclidiana, portanto tudo o que acontece teria uma causa "natural" e obedeceria às leis da pressão e do choque, da ação e da reação. Todo movimento estaria sujeito à "lei da inércia", segundo a qual um corpo permanece em repouso ou em movimento uniforme até que forças externas ajam sobre ele. Essa interpretação mecanicista da natureza sempre esteve em conflito com a Igreja, pois a ela foi atribuída a propaganda de uma visão de mundo em que Deus já não aparecia.

Para Hobbes, a mecânica de Galilei foi a base de seu próprio pensamento filosófico. Quando finalmente regressou à Inglaterra, estava convencido de que a nova mecânica da natureza deveria ser transferida para a sociedade e a política. Tinha em mente uma mecânica do mundo social, em que as relações sociais entre as pessoas seriam percebidas como um movimento regular de corpos. Isso significava que também o Estado estaria sujeito a essas leis de movimento e seria compreendido como uma espécie de corpo. Portanto, não é por acaso que Hobbes fala de um "body politic", um "corpo político".

A filosofia política de Hobbes tem seu início com um pequeno trabalho, que, inspirado na obra *Os elementos*, de Euclides, leva o título *Elements of Law, Natural and Politic*, ou, em português, *Os elementos da lei natural e política*. Já nessa obra ele estabelece uma distinção entre dois estados do homem na sociedade: uma "posição do homem na mera natureza", que ele identifica com o caos e a anarquia, e um estado politicamente organizado, em que o poder absoluto está nas mãos do soberano. Uma das intenções do autor era alertar para as consequências de uma rebelião. Os *Elementos* não atingiram um grande público, mas foram reproduzidos em uma espécie de prensa particular e, em 1640, quando a discussão acerca dos poderes do rei veio à tona no Parlamento inglês, também foram distribuídos aos seus membros.

No mesmo ano, quando a balança do poder começou a pender cada vez mais para o lado dos puritanos, Hobbes, monarquista declarado, decidiu deixar o país. Além disso, ele temia que, por conta de suas concepções de filosofia natural, fosse acusado de ateísmo, o que poderia ser fatal. Por cerca de uma década, viveu em Paris, cidade que havia conhecido durante suas viagens e onde possuía alguns contatos. Ali surgiram suas duas principais obras de filosofia política: *De Cive* [*Do cidadão*], escrita em latim, e *Leviathan* [*Leviatã*], redigida em inglês. Ambas são não apenas exemplos do almejado "mecanismo político", mas também comentários indiretos sobre os acontecimentos da guerra civil inglesa. Hobbes queria justificar, de uma nova forma, a necessidade de uma condição regulada pela lei e de um poder soberano absoluto.

*Do cidadão* foi planejado, na verdade, como terceira e última parte de uma obra maior, que, por sua vez, se inspiraria em Euclides e deveria ter o título *Elementa Philosophiae* [*Elementos da filosofia*]. Mas, por causa dos eventos políticos urgentes, *Do cidadão* foi publicado em 1642, antes das duas outras partes, *Do corpo* e *Do homem*, que foram publicadas somente em 1655 e 1658, respectivamente.

Na obra, foram definitivamente colocados os fundamentos da filosofia política de Hobbes. A "posição do homem na mera natureza" tornou-se, então, "estado de natureza", uma condição que antecede o Estado, em que cada um depende de si próprio e deve proteger seus interesses. Com a famosa frase "homo homini lupus" – "o homem é o lobo do homem" –, Hobbes não apenas descreve a situação do homem no estado de natureza, mas também revela sua concepção do homem. Ao contrário da filosofia antiga e cristã, ele compreende o homem não como um ser social, mas como um indivíduo, em primeiro lugar. Assim como Gassendi considera a natureza uma composição de átomos, Hobbes entende o mundo social como uma composição de indivíduos. As leis de autopreservação os obrigam a passar do estado de natureza para um "estado social", estabelecendo um acordo contratual entre si.

Somente isso garante paz e proteção a todos os cidadãos. O preço a ser pago é a submissão ao poder do soberano.

Em *Do cidadão*, Hobbes não faz segredo de que, ao se referir ao soberano, tem em mente o governante de uma monarquia absolutista. Essa foi, possivelmente, uma das razões pelas quais a obra foi recebida com simpatia pela corte inglesa, e seu autor passou a gozar das boas graças do rei. Quando a família real partiu para o exílio em Paris, Hobbes foi até mesmo contratado como professor do futuro rei Carlos II. No entanto, a acusação de ateísmo o acompanhou até a França, e as intrigas da corte envolvendo seu nome não cessaram, prejudicando sua reputação perante o rei. Talvez por isso ele tenha começado a se acostumar com a ideia de retornar à Inglaterra.

Em 1649, ano da execução do rei inglês Carlos I e da tomada do "Rump Parliament" [Parlamento expurgado] pelos puritanos, Hobbes começa a escrever o *Leviatã*. Nessa obra seriam reformuladas, em um contexto mais amplo, as teses concebidas em *Do cidadão*. Quando o livro foi publicado, em abril de 1651, o período de exílio de Hobbes estava chegando ao fim. Seu olhar já estava voltado para o público leitor nacional. Enquanto *Do cidadão* havia sido impresso com uma tiragem muito baixa e atingido apenas os poucos leitores que sabiam latim, Hobbes havia deliberadamente escrito *Leviatã* em inglês e publicado a obra em Londres para, dessa forma, dirigir-se a um grande público. O futuro rei inglês, em Paris, também recebeu um exemplar; porém, ao contrário do que havia acontecido com *Do cidadão*, a recepção de *Leviatã* não foi boa. A partir de outubro de 1651, Hobbes deixa de ser acolhido pela corte; em fevereiro de 1652, decide retornar à Inglaterra.

O *Leviatã* é composto de quatro partes extensas. Na primeira, "Do homem", Hobbes antecipa as reflexões que irá expor minuciosamente em suas obras posteriores, *Do corpo* e *Do homem*: ela contém uma epistemologia sensualista, isto é, uma teoria em que sensações, concepções e percepções humanas são atribuídas a impressões sensoriais. Com base nisso, representa uma doutrina materialista do homem, na qual ele é definido como parte de um ambiente que pode ser material ou fisicamente descrito. E, para Hobbes, também as características morais e sociais podem ser descritas por meio de conceitos físicos.

A segunda parte, geralmente considerada a principal do livro, trata do "Estado", isto é, da forma pela qual uma ordem política justa pode ser racionalmente justificada. Na terceira parte, "Do Estado cristão", Hobbes tenta comprovar a concordância entre sua nova filosofia política e a doutrina cristã. Por fim, a quarta parte, com seu título aparentemente religioso, "Do reino das trevas", interpreta o reino bíblico de Satanás como o reino de ilusões e ignorância. Hobbes confronta-se, aqui, com todas as interpretações e posições que ele considera equívocos teológicos e filosóficos. A forma heterodoxa e racional de interpretação bíblica que Hobbes desenvolve nas partes três e quatro lhe rendeu a fama de pai da crítica histórica da Bíblia, tal qual ela foi exposta, depois dele, por Espinosa e, sobretudo, durante o Iluminismo.

Hobbes conduz o leitor por um universo totalmente dominado pelas leis de movimento da mecânica e no qual já não há forças ocultas – portanto obscuras e misteriosas – nem finalidades predeterminadas. Mesmo a sensação é, para Hobbes, um "movimento provocado nos órgãos e nas partes internas do corpo". Seu universo é feito de corpos físicos, psíquicos, sociais e políticos.

Assim, o quadro que Hobbes apresenta do mundo social e político é também fundamentalmente diverso daquele da tradição aristotélico-cristã. Para ele, o homem não está determinado a agir para a concretização do bem, tampouco foi feito para a comunidade. No estado de natureza, cada homem é um lutador solitário, que se movimenta tal qual uma partícula isolada em um espaço aberto e depende dele próprio. Cada um deve impor aos demais seus interesses e suas necessidades vitais. O homem, no estado de natureza, não é um bom samaritano, mas uma criatura egoísta que persegue sua autopreservação à custa dos demais: reina uma "guerra de todos contra todos".

É um estado de anarquia absoluta, em que o mais forte se impõe, e não há proteção nem segurança do direito para ninguém. A consequência é um clima de permanente insegurança e medo. Mas é também um estado de liberdade e igualdade, no sentido de que, por natureza, todos são iguais e igualmente livres para fazer valer a liberdade de ação em suas vidas.

No estado de natureza predomina o "direito natural". Ao contrário do que entendemos hoje por esse conceito, em Hobbes ele não descreve direitos legítimos básicos, como o de integridade da pessoa, mas significa simplesmente "a liberdade que todo homem possui de fazer uso à discrição de seu próprio poder, a fim de preservar sua própria natureza, ou seja, sua própria vida".

A descrição que Hobbes faz do estado de natureza foi seguramente inspirada pelas condições anárquicas e destituídas de direitos, observadas durante a guerra civil inglesa. Assim como em Maquiavel, a imagem do homem de Hobbes alimenta-se de experiências concretas. No entanto, não se trata de uma descrição de um estado, mas de um modelo que auxilia a compreender o fundamento sobre o qual se ergue uma sociedade organizada com base no Estado e no direito.

O que move o ser humano a deixar a condição de devorar e ser devorado e a ter um comportamento social e de acordo com a lei é a visão da necessidade. É o reconhecimento de que a autopreservação somente é possível, em última análise, em comunhão com os outros.

Para proporcionar às pessoas uma convivência pacífica, cada indivíduo deve estar pronto para renunciar às atitudes egoístas, deixar de se impor e, ainda, levar em consideração os interesses alheios. Toda uma série de "leis naturais" mostra os meios para que se possa escapar do dilema da anarquia. Essas leis definem determinadas atitudes morais, como "justiça", "moderação" e "piedade", mas também formulam regras sociais de inteligência, que resultam do bom-senso.

As duas primeiras, de uma grande série de leis naturais, indicam a direção que acabará por levar do estado de natureza a um "Estado": em primeiro lugar, exigem dos homens que se esforcem pela paz; em segundo, que, no interesse da paz, reivindiquem somente os direitos que estejam dispostos a conceder um ao outro. Em resumo, as leis naturais exigem uma distribuição simétrica, ou seja, mutuamente igualitária, de direitos e deveres, e que um acordo contratual a estabeleça.

Pela observância das leis naturais, os homens entram em sintonia com uma paz duradoura – mas isso ainda não é suficiente para que se alcance esse estado de paz. Hobbes conhecia muito bem o ser humano para que pudesse confiar nele. Para verdadeiramente garantir a paz na sociedade, é necessário um poder superior, que tenha condições e autoridade para impor essa paz pela força, se preciso for.

Essa conclusão foi formulada por Hobbes em uma de suas mais famosas frases: "Covenants, without the Sword, are but Words" – "Pactos sem Espadas são apenas Palavras", presente no capítulo 17 do *Leviatã*.

Para estabelecer um poder que possa impor a paz também pela espada é necessário um "contrato social", válido para todos. Trata-se de um contrato entre livres e iguais, em prol de um terceiro: o soberano. Para ele, são transferidos todos os direitos daqueles que firmaram o contrato. O soberano, por sua vez, assume a proteção dos cidadãos contra ataques violentos, mas igualmente o sustento material básico da população. Em Hobbes, já são visíveis, portanto, os primeiros sinais de um Estado social: o soberano também assume a responsabilidade pelos pobres.

A novidade revolucionária na construção do contrato social é imediatamente visível: já não há distinção natural de classes entre os homens nem o predomínio "da graça de Deus". O Estado resulta, antes, da vontade de cidadãos livres e iguais. Assim, foi aberta uma grande porta para a teoria da soberania popular, tal como havia sido desenvolvida no Iluminismo.

Porém, ao contrário dos iluministas tardios, Hobbes insistia na plenitude de poderes do soberano, e o soberano é o ponto central da filosofia política do *Leviatã*. Somente pelo poder nele concentrado para a aplicação do direito é que as leis naturais são válidas. Direito, poder e Estado: surgem com o soberano e são idênticos a ele. Para Hobbes, a vontade coletiva de que o contrato seja firmado está reunida no soberano. Como a "multidão unida em uma só pessoa", ele personifica o Estado. Segundo Hobbes, "é ao surgimento daquele grande *Leviatã*, ou melhor, (...) daquele *Deus mortal*, que devemos, abaixo do *Deus imortal*, nossa paz e nossa segurança".

O famoso frontispício, realizado pelo gravador Wenceslaus Holler e reproduzido em diversas edições do *Leviatã*, deu forma à concepção hobbesiana de soberano. No centro, encontra-se a imagem de um indivíduo coroado, que, por sua vez, é ele próprio composto de outros indivíduos. O soberano é a pessoa superior, que trouxe unidade ao grupo de indivíduos. Como "Deus mortal", é dotado de autoridade política ilimitada. Assim, detém não apenas as insígnias do poder terreno, mas também as do poder espiritual: à sua direita, uma espada; à sua esquerda, o báculo episcopal. Para a Igreja como instituição, isso significa a subordinação à dominação do Estado.

A teoria hobbesiana de que o soberano é instalado por meio de um contrato social possui um aspecto democrático e outro totalitário. Enquanto a natureza de um Estado fundado com base em um contrato estabelecido entre iguais e livres fornece um modelo de constituição para um estado de direito, a construção de um Estado dominado pela figura do soberano é caracterizada por um governo absoluto e totalitário. O poder do soberano, segundo Hobbes, é ilimitado e não é controlado por nenhuma instituição. Para ele, não existe uma divisão de poderes entre governante, Parlamento e jurisdição, como se verá mais tarde em Locke e Montesquieu. O soberano é o senhor da guerra e da paz, da vida e da morte. Ele não pode ser deposto. No entanto, cessa o dever de obediência dos súditos quando o soberano já não puder cumprir seu dever de proteger os cidadãos.

Se Hobbes caracteriza o soberano também figurativamente como uma "pessoa", então a questão sobre a figura concreta que ele toma como a personificação do Estado ainda não é respondida. Além do regime monárquico nas mãos de uma única pessoa, Hobbes discute a possibilidade de que uma "assembleia" assuma essa função, envolva ela todos os cidadãos ou parte deles. Mas sua preferência é pela monarquia absoluta, e ele a justifica ao afirmar que apenas nesse modelo de governo os interesses públicos e privados coincidem completamente.

Como "Deus mortal", o soberano é representante e ajudante do Deus imortal. Mas, curiosamente, esse Deus imortal está ausente do universo político de Hobbes. Apenas mais tarde Hobbes acrescentou uma explicação teológica ao poder político que deriva "da natureza". Não apenas seus contemporâneos suspeitavam de que a forma racional com que Hobbes se ocupava das questões religiosas havia deixado pouco espaço para a verdade de uma religião baseada na Revelação. Para ele, as conclusões lógicas certamente tinham prioridade em relação às autoridades obscuras. "Pois aquele que deduz corretamente com as palavras que entende nunca pode incorrer em erro", escreve Hobbes no capítulo 46. Por conseguinte, ele chama de "pseudofilosofia" "aquela que alguém conhece pela revelação sobrenatural, pois não a alcançou pela conclusão".

John Aubrey, famoso biógrafo e amigo do autor, acreditava que Hobbes havia escrito o *Leviatã* "sem nenhuma intenção de prejudicar Sua Majestade ou de bajular Oliver [Cromwell] (...), e sim com o objetivo de facilitar seu regresso". Porém, a suspeita de ateísmo foi muito além de sua morte. Em 1683, a Universidade de Oxford condenou o livro, tratando-o como uma obra herege. Em alusão à sua terra natal, alguém o apelidou de "the monster of Malmesbury" [o monstro de Malmesbury]. Nenhum dos partidos políticos na Inglaterra se identificou com um pensamento em que tanto a origem divina do domínio político quanto a restrição do poder régio não desempenhavam nenhum papel através do Parlamento. O público inglês era bastante cauteloso em relação ao livro. Apenas em 1881 foi possível a publicação da segunda edição.

O livro teve um efeito muito mais duradouro na história da filosofia. A teoria do contrato se tornou o modelo básico para a filosofia política do Iluminismo e foi aperfeiçoada por Espinosa, Locke, Rousseau e Kant, entre outros. Aliás, deve-se a Rousseau a ideia que mais se aproxima daquela do soberano de Hobbes, ou seja, a de uma "volonté générale", uma "vontade geral" que representa a vontade de todos e, por essa razão, não pode sofrer nenhuma resistência.

Tanto a tendência democrática quanto a totalitária do *Leviatã* exerceram influência até o século XX. Carl Schmitt, filósofo do direito, adotou a teoria de Hobbes de que a validade das leis está vinculada ao poder de um soberano, justificando, assim, a ideologia do líder e a revogação do estado de direito pelos nazistas. Por sua vez, com o auxílio da figura do contrato social, o filósofo norte-americano John Rawls desenvolveu uma teoria da democracia e a justificativa para um modelo de Estado social, em que todas as decisões também se ajustam às necessidades dos socialmente mais fracos.

Por tudo isso, Hobbes permanece como aquele que retirou do Estado a consagração metafísica e o representou como ele objetivamente o considerava: um instrumento efetivo do homem para organizar uma convivência pacífica em uma sociedade.

**Edição:**

Thomas Hobbes: *Leviathan.* Traduzido do inglês para o alemão por Jutta Schlösser. Com introdução e edição de Hermann Klenner. Hamburgo, Meiner, 1996. [Trad. bras. *Leviatã*, São Paulo, Martins Fontes, 2ª ed., 2008.]

## O livro sobre Deus e o mundo

BARUCH DE ESPINOSA: *A ética* (1677)

Deus desempenhou um papel importante não apenas nas religiões, mas também na filosofia, até mesmo quando Friedrich Nietzsche, o grande herege entre os filósofos do século XIX, talvez de forma um pouco precipitada, anunciou: "Deus está morto!" Porém, na maioria dos casos, a concepção filosófica de Deus se diferencia consideravelmente da religiosa. Já para um dos pais da filosofia ocidental, o grego Aristóteles, Deus nada mais era do que um princípio cosmológico muito abstrato: o "motor imóvel", pelo qual todos os acontecimentos no mundo se orientavam. Mas, mesmo depois da introdução do cristianismo na filosofia, o Deus racional dos filósofos tinha pouca semelhança com o Deus pessoal, a quem os fiéis costumam se dirigir.

Uma das concepções racionais mais influentes de Deus nos foi legada pelo filósofo holandês Baruch de Espinosa, em um livro que ostenta um título um tanto confuso: *A ética*. Nesse caso, a ética, portanto a filosofia moral, é apenas um tema entre outros. Trata-se, antes, de uma obra clássica da metafísica, de uma doutrina acerca dos primeiros fundamentos da realidade. *A ética* é um livro sobre Deus e o mundo. Melhor dizendo: trata-se de um livro sobre Deus *no* mundo e sobre o mundo em Deus. Apenas com base na relação entre o mundo e Deus a questão da vida e da ação corretas é discutida.

O Deus de Espinosa não reside fora do mundo – em algum céu ou em alguma transcendência. Como o título de uma das primeiras canções dos Beatles, ele está "here, there and everywhere". "Tudo o que é", escreve Espinosa, "é em Deus, e nada pode ser sem Deus, nem ser concebido sem Ele." O Deus de Espinosa é sinônimo de essência do mundo.

Ele não se manifesta por meio de livros sagrados, mas se dá a conhecer à razão humana. O mundo com suas leis imutáveis, portanto o "livro da natureza", contém para Espinosa a revelação de Deus.

Esse Deus "imanente", intrínseco ao mundo, desencadeou grandes discussões. Para muitos, foi alterada profundamente não apenas a ideia de Deus, mas também a de mundo, pois, da mesma forma que Deus se tornou mundano, o mundo passou a ser divino. A verdadeira revolução que *A ética* de Espinosa provocou no pensamento da posteridade foi uma revolução da "concepção do mundo", em seu sentido literal: o mundo assumiu as características de Deus, tornando-se eterno, infinito e milagroso. A devoção e a veneração, até então voltadas para Deus, transferiram-se para o mundo. Ainda assim, há um consenso de que esse livro se encontra longe de estar esgotado. *A ética* de Espinosa é como uma esfera de vidro polido, cujas cores se alteram conforme a luz sob a qual é observada.

Assim como sua obra permanece aberta a diversas formas de reflexão, também a pessoa de Baruch de Espinosa guarda, até hoje, muitos mistérios. O pensador, que nasceu em 1632 no bairro judeu de Amsterdam, permaneceu um *outsider*. Até sua morte prematura, em 1677, levou uma vida pacata e isolada, mas, mesmo assim, sempre se viu em meio a conflitos com as autoridades de sua época. Bento de Espinosa, como indica seu nome português de batismo, era descendente de judeus sefarditas que, originariamente expulsos da Espanha, encontraram seu caminho para a Holanda, passando por Portugal e França, no fim do século XVI. O jovem país acolheu os cidadãos perseguidos no momento em que ele próprio ainda estava em meio à guerra de independência contra a Espanha.

O pai de Espinosa, um conceituado comerciante judeu, ocupou postos importantes em sua comunidade e educou seus filhos de acordo com a ortodoxia judaica. Além das línguas familiares à juventude – português, espanhol e holandês –, o jovem Espinosa aprendeu hebraico na escola de leis da comunidade, adquiriu um conhecimento bíblico abrangente e, a partir dos 13 anos, aguçou seu espírito pelo estudo do Talmude. Mais tarde, vieram o domínio do latim e os conhecimentos de francês, italiano e alemão.

No entanto, já muito cedo, aos 18 anos, tornou-se evidente que o caminho espiritual do jovem Espinosa não resultaria na ortodoxia judaica. Ele teve contato com um grupo de comerciantes e intelectuais protestantes, livres-pensadores, os chamados "colegiantes", e, com essa convivência, começou a se afastar da tradição acadêmica judaica e a adquirir uma formação laica abrangente. Desse modo, familiarizou-se com a nova concepção do mundo de Copérnico, Kepler e Galilei, segundo a qual todos os processos no mundo possuem causas naturais e obedecem a leis da natureza. Como muitos de seus contemporâneos, Espinosa considerava a matemática a verdadeira ciência-chave. Associou os conceitos de Deus à ideia de uma ordem racional do mundo, matematicamente explicável, e, com isso, abandonou os fundamentos da fé judaica.

Quando seu pai morreu, em 1654, ele tomou, inicialmente, o caminho que lhe estava predeterminado: tornou-se sócio dos negócios paternos. No entanto, membros da comunidade judaica já observavam, havia algum tempo, seus contatos com os colegiantes livres-pensadores, pois estavam desconfiados da visão crítica contra as crenças judaicas que o jovem Espinosa vinha manifestando. Como, por repetidas vezes, ele se recusou a desmentir suas convicções, a comunidade proferiu, em 27 de julho de 1656, o chamado "grande banimento" e o expulsou. Essa exclusão teve consequências radicais para Espinosa: significou isolamento social e perda da subsistência econômica. Nessas circunstâncias, também a condução da empresa paterna já não era possível.

Para Espinosa, tinha início uma vida de exílio em seu próprio país. A comunidade judaica não perdoava o renegado e tentava, constantemente, exercer sua influência contra ele. E mesmo fora da comunidade sua situação ficou precária. É bem verdade que Espinosa encontrou amigos e defensores ao longo da vida e que seus contatos incluíam as altas esferas da sociedade. Mas também existia nos liberais Países Baixos uma censura marcadamente calvinista. Suas concepções religiosas, que iam de encontro às ortodoxas, eram tão conhecidas quanto suas relações com os "regentes", representantes da elite liberal, que estavam envolvidos em uma discussão política acalorada com os partidários da Casa de Orange. Como político liberal e livre-pensador religioso, ele ficou exposto, ao longo de toda a sua vida, à desconfiança e à perseguição. Assim, decidiu-se por uma existência discreta e isolada, sem ocupar cargos em uma igreja, em uma universidade ou na política. Não foi por acaso que escolheu para o seu selo o lema: "Caute!" [Prudência!].

Seus amigos de Amsterdam, do círculo de colegiantes, ajudaram-no a se adaptar à vida fora da comunidade judaica. No entanto, o principal papel para o futuro desenvolvimento filosófico do jovem Espinosa foi desempenhado pelo ex-jesuíta Francisco van den Enden, um intelectual culto, versátil e de caráter ambíguo, que havia deixado a Igreja e se tornado ateu e materialista.

O ex-jesuíta dirigia uma escola latina em Amsterdam e acolheu Espinosa em sua casa. Na oficina de pensamento de Van den Enden, circulavam muitos jovens talentosos. Ali, Espinosa conheceu a antiga filosofia natural, assim como o atomismo do pré-socrático Demócrito e as obras dos estoicos, amplamente divulgadas no século XVI, em que havia a crença de que o cosmo era governado por uma única razão de mundo. Mas ele também se familiarizou com os escritos do filósofo renascentista italiano Giordano Bruno, para quem o universo era infinito, e que morreu na fogueira por suas observações.

Ainda mais importante, no entanto, foi tomar conhecimento da obra de René Descartes, filósofo francês, fundador do racionalismo moderno. Cartesius, como também era conhecido entre os especialistas, vivera por mais de vinte anos nos Países Baixos, entre 1628 e 1649. Sua obra era muito conhecida na região e foi traduzida, em 1656, para o holandês.

Descartes também foi partidário de Galileu. Dedicara-se ao estudo das ciências naturais e declarara que a matemática, particularmente a geometria, era um modelo para a filosofia. Estava convencido de que a estrutura da realidade é acessível à *ratio* [razão] por meio da certeza intuitiva e de deduções lógicas. A partir da certeza do próprio pensamento ("Cogito ergo sum": "Penso, logo existo"), Descartes deduziu, passo a passo, um sistema de verdades da razão, em que também Deus tinha um lugar como garante do verdadeiro conhecimento.

Descartes dividiu o mundo em duas substâncias rigorosamente distintas: a "res extensa", a matéria caracterizada pela extensão, e a "res cogitans", o espírito, que, como "coisa pensante", não se submete às leis da matéria. A partir da existência do espírito, Descartes também justificou o livre-arbítrio do homem, portanto sua possibilidade de, com as próprias ações, intervir livremente na cadeia de causa e efeito. Para Descartes, uma relação entre matéria e espírito só podia ser estabelecida com o auxílio da alma humana, cuja sede ele presumia ser a glândula pineal do cérebro.

Depois do grande banimento de 1656, o ano de 1660 marcou outro corte importante na vida de Espinosa. Por iniciativa do rabino de Amsterdam, ele teve de deixar a cidade, e, com isso, encerrava-se também seu período de aprendizagem com Van den Enden. Inicialmente, mudou-se para Rijnsburg, nas imediações da cidade universitária de Leiden. Três anos depois, seguiu para Voorburg, às portas da cidade de Haia, e, por fim, em 1669, estabeleceu-se em Haia, onde viveu até a sua morte. Ganhava seu sustento com o polimento de lentes ópticas, ofício a que foi levado pelas investigações científicas sobre óptica, desenvolvidas por Descartes.

Ao se ocupar do trabalho de Descartes, Espinosa desenvolveu sua própria forma de racionalismo. Os primeiros passos para esse racionalismo estão na única obra publicada com seu nome em vida, os *Princípios da filosofia de René Descartes, demonstrados à maneira geométrica*, em 1663. Nela, Espinosa comenta e explica os *Princípios da filosofia*, publicados em 1644, mas torna a mencionar de passagem suas próprias ideias.

Espinosa adotou o ponto de partida de Descartes e reconstruiu a filosofia desse pensador segundo um método que ele próprio havia empregado em seus textos. Como Descartes, ele acreditava que a razão, por si só, poderia produzir conhecimentos seguros a respeito do mundo. Para ele, no entanto, já não é a consciência subjetiva, o Eu, a pedra basilar sobre a qual é erguida a casa da realidade, e sim Deus. O "método geométrico", experimentado aqui pela primeira vez, estrutura, a partir do modelo matemático, uma argumentação que procede dedutivamente, ou seja, a partir de princípios supremos são derivadas, de forma lógica, todas as afirmações restantes.

Espinosa fez as primeiras anotações para *A ética* a partir de 1661; porém, interrompeu o trabalho em 1665, quando começou a redação de sua segunda obra mais importante, o *Tratado teológico-político*. Somente depois da publicação do *Tratado*, em 1670, ele voltou a se dedicar à *Ética*, finalizando o manuscrito em 1675. E, como era comum no mundo erudito europeu da época, foi escrito em latim. Entretanto, desistiu de publicá-lo em vida.

A agitação que a publicação anônima do *Tratado* provocou nos círculos religiosos ortodoxos, com sua concepção racional de Deus e sua interpretação crítica da *Bíblia*, levou Espinosa a reter o texto. Contudo, partes do manuscrito circularam entre amigos e foram intensivamente discutidas. Antes de sua publicação, *A ética* já era, ao mesmo tempo, um texto clandestino mal-afamado e cobiçado. Gottfried Wilhelm Leibniz, o terceiro grande racionalista, depois de Descartes e Espinosa, tentou inutilmente obter um exemplar, visitando o autor, em 1676.

*A ética*, demonstrada segundo a ordem geométrica e dividida em cinco partes, como diz seu título completo, é um texto articulado de maneira estritamente lógica, em que os amigos chegam, à própria custa, a definições claras e conclusões inequivocamente formuladas. Cada parte do livro divide-se em definições, axiomas e proposições com demonstrações, corolários e escólios. Acrescentam-se apêndices, notas e postulados. O método geométrico, no entanto, não é um modo superficial de descrição nem a brincadeira de um apreciador da matemática, e sim a tentativa de reprodução da ordem racional das coisas. Espinosa estava convicto de que o mundo é racionalmente ordenado e de que é tarefa da filosofia reconstruir argumentativamente essa ordem. Conhecimento e mundo, interior e exterior correspondem entre si, uma ideia que tem sua origem na tradição da mística que Espinosa conheceu por meio da Cabala, o conjunto de textos místicos judaicos. O sistema de Espinosa seria, *stricto sensu*, uma "concepção do mundo", no sentido de uma "reprodução do mundo".

*A ética* descreve o mundo como um sistema eterno, infinito e imutável em sua estrutura fundamental. Espinosa adota, aqui, ideias do século XVI, de Giordano Bruno, mas que haviam sido formuladas muito antes, já na filosofia antiga: a suposição de um "ser" cósmico e eterno encontra-se nas ideias de Platão, bem como na razão de mundo cósmica e eterna dos estoicos. Porém, Espinosa se despede, sobretudo, da tradição judaico-cristã, em que Deus está fora do mundo e este foi criado por Ele a partir do nada.

Espinosa sustenta a ideia de um Deus, mas rejeita qualquer "antropomorfismo", isto é, qualquer tentativa de adaptá-lo à imaginação humana ou de lhe conferir características humanas. Deus não é o criador do mundo, não é seu condutor, tampouco é um Deus "pessoal". Ele é, antes, o centro de um sistema de mundo em si encerrado, governado pela lei de causa e efeito.

Assim, *A ética* tem início com a ideia de Deus como o ponto crucial do sistema de mundo. Somente nas partes seguintes, "Da natureza e da origem da mente", "Da origem e da natureza dos afetos", "Da servidão humana" e "Da potência do entendimento", entram em cena o homem e suas possibilidades de agir adequadamente em relação à ordem divina do mundo.

Se tudo o que acontece é regido pela lei de causa e efeito, então, imediatamente se pergunta qual seria a causa primeira, que teria colocado as demais em movimento. Para Espinosa, essa causa primeira é Deus. Mas, já que a causa primeira não pode ser, por sua vez, efeito de outra causa – do contrário, não seria a causa "primeira" –, ela deve ser, simultaneamente, causa e efeito. Por conseguinte, segundo Espinosa, Deus é "causa sui", ou seja, "causa de si mesmo". Portanto, Deus é um ser que está contido em tudo aquilo que existe, tal como existe, e Ele não depende de outros seres nem de outros processos. Com isso, Deus é o único ser livre, porque é independente, mas também o único necessário, pois tudo o que existe depende da existência de Deus e apenas por meio dela pode ser explicado.

Existe tal ser? Existe tal Deus? Espinosa afirma: justamente a necessidade de Deus significa que Deus deve existir. Aqui, o leitor fica espantado, e ficam espantados, até hoje, também muitos filósofos profissionais, pois Espinosa fez uso de uma das provas da existência de Deus mais famosas da filosofia, que havia sido utilizada pelo inglês Anselmo de Cantuária já no século XI, a chamada prova "ontológica" da existência de Deus (do grego "ón" = "ente"). Sua existência é deduzida a partir do "ser", da forma como uma coisa é concebida. Um ente necessário não precisa de outro ente para que seja produzido e, por isso, é perfeito. Mas também a existência é parte da perfeição. Um Deus que não existe seria, por conseguinte, uma contradição em si.

Para muitos, isso é, até hoje, evidente. Outros chamam a atenção para o fato de que ter um conceito definido a respeito de Deus não significa que esse conceito corresponda a algo real e tangível.

De qualquer forma, Espinosa sempre pensou Deus e a realidade conjuntamente. Aquele, a cuja natureza a existência pertence, é chamado por ele de "substância". Uma substância é infinita, indivisível e não pode ser produzida a partir de outra coisa. Ela é única, mas também constituída por infinitos atributos.

O conceito de substância surge, originariamente, a partir da *Metafísica* do filósofo grego Aristóteles. Na *Metafísica*, entre outras coisas, ela significa a essência imutável de uma coisa, em oposição às propriedades mutáveis, os acidentes. Para Aristóteles, existem tantas substâncias diferentes quanto há coisas que existem independentemente. Descartes, por outro lado, aceitou a existência de apenas duas substâncias: matéria e espírito. Já para Espinosa há apenas uma única substância, a saber, Deus. Do "dualismo" de Descartes, sua visão bipolar do mundo, surgiu o "monismo", uma visão de mundo que atribui todas as coisas a um único princípio. Matéria e espírito são rebaixados por Espinosa a "atributos" de uma substância. São eles os dois únicos atributos de Deus mencionados por Espinosa e que, segundo sua opinião, estão acessíveis ao entendimento humano, embora o filósofo considere possível, em teoria, a existência de infinitos atributos.

Deus sempre é, simultaneamente, "res cogitans" e "res extensa". Portanto, Espinosa não é, absolutamente, um materialista, mas alguém que superou a oposição entre materialismo e espiritualismo, entre a matéria e o espírito como fundamento último da realidade.

Com isso, também é solucionado o problema surgido na filosofia cartesiana: como se pode imaginar a relação e a influência mútua entre corpo e espírito? Em filosofia, essa questão normalmente é chamada de "problema corpo-alma". Para Espinosa, o corpo e o espírito se apresentam na mesma substância eterna; portanto, são, na verdade, um só. São duas faces da mesma moeda: todos os fenômenos da natureza podem ser observados sob uma perspectiva material e outra espiritual. Fenômenos físicos e espirituais ocorrem paralelamente.

No fundo, nada é realmente "real" além de Deus. Enquanto substância eterna, indivisível e infinita, Deus é exatamente igual ao mundo, à natureza. É a isso que Espinosa se refere com a célebre expressão "Deus sive natura" – "Deus ou a natureza". Espinosa defende um panteísmo, uma doutrina, segundo a qual Deus e o mundo são idênticos.

A natureza de Espinosa não é um reino de finalidades, como havia suposto Aristóteles, cuja filosofia natural foi dominante até o Renascimento. Segundo a concepção aristotélica, a natureza nada faz em vão, e todas as coisas podem ser explicadas pelo fato de que existem para algo determinado. Espinosa, em contrapartida, não aceita causas finais na natureza, mas apenas explicações que se referem a uma causa eficiente ou a uma causa da causa. Não chove para que os rios sejam abastecidos com água, mas, ao contrário, os rios carregam água porque há chuva. Deus não tem finalidades na natureza: Ele é a natureza e, por isso, é, Ele próprio, a finalidade. Tudo acontece necessariamente, pois, segundo Espinosa, "se Deus atua com um fim, é porque, necessariamente, Ele deseja algo de que carece". Porém, isso contradiz a ideia de Deus como ser completo. A explicação teleológica (do grego "télos" = "finalidade") da natureza de Aristóteles é substituída, como já havia acontecido com Descartes, por outra mecanicista.

É possível observar a natureza a partir de duas perspectivas: como "natureza criadora", a "natura naturans", que é substância idêntica a Deus, causa de si; e a "natureza criada", a "natura naturata", que contém os "modi", as "formas do ser" de Deus, como elas se apresentam a nós no mundo.

A esses "modi" também pertence o homem, que, como diz Espinosa, "expressa a natureza de Deus de forma limitada". O homem não é dotado da perfeição de Deus, mas, com seu pensamento e sua capacidade de compreensão, pode tomar parte dela. Ele pode ativar o aspecto divino de seu ser ao assumir determinada atitude e certa perspectiva em relação à ordem divina do mundo. Para Espinosa, a atitude correta em relação ao mundo é, ao mesmo tempo, um ato cognitivo e um ato de vontade. E ele vai além ao identificar vontade e entendimento.

O livre-arbítrio, como já havia sido postulado por Descartes, já não existe para Espinosa. Seu rigoroso determinismo – portanto, a opinião de que todas as coisas acontecem conforme a lei de causa e efeito – não deixa espaço para a liberdade que se coloca fora da causalidade. Para Espinosa, liberdade nada mais é do que uma adaptação às leis eternas da natureza. Ela é o "discernimento na necessidade".

Conhecimento verdadeiro, virtude e felicidade: para Espinosa, eles coincidem com uma postura em que o homem se integra ao eterno sistema de mundo, determinado pela relação de causa e efeito. O homem deve despertar para a visão correta do universo e ver a si próprio em união com esse universo, como se fossem um só.

Para isso, é necessário um tipo especial de conhecimento. Espinosa estabelece a distinção entre o conhecimento não confiável da percepção sensorial, o conhecimento racional, que conta com o auxílio dos conceitos, e, finalmente, o mais importante, o conhecimento intuitivo e inteligível. Este define a relação direta entre as coisas e Deus.

Espinosa explica esse tipo de conhecimento por meio de um exemplo, tirado da matemática: são dados os números 1, 2 e 3, e eu procuro um quarto número que esteja para o terceiro como o segundo está para o primeiro. Portanto, "à primeira vista", sem raciocínios nem deduções, este deveria ser o número 6, ou seja, o dobro de 3.

Segundo Espinosa, "o supremo esforço da mente e a suprema virtude" consistem nesse conhecimento intuitivo e inteligível. Nele, os afetos e a razão encontram-se em perfeita concordância. Ao compreender a essência das coisas e, ao mesmo tempo, propiciar felicidade ao homem por meio da serenidade, esse conhecimento não somente tem algo de visionário, como também de contemplativo. Nele, o homem observa o mundo "sub specie aeternitatis", ou seja, do "ponto de vista da eternidade", e concretiza "o amor do espírito que repousa no conhecimento e se destina a Deus".

Integração na razão de mundo, serenidade e amor a Deus: na *Ética* de Espinosa os ideais de felicidade da filosofia antiga e das religiões monoteístas se unem a um novo tipo de contemplação devota do mundo. Trata-se de uma sabedoria que, segundo Espinosa, "é desprezada por quase todos", embora esteja "ao alcance da mão e possa facilmente ser encontrada sem grande esforço".

Espinosa morreu em 1677, com apenas 44 anos, de tuberculose. Ainda no mesmo ano, suas obras foram publicadas por amigos com o título *Opera Posthuma*, incluindo *A ética*. E logo aconteceu o que Espinosa já havia previsto: no dia 15 de junho de 1678, o livro foi proibido pela censura.

As calúnias a respeito de Espinosa e a tentativa de impedir a circulação de seus escritos perduraram durante todo o século XVIII. Mas o fascínio que emanava da sua filosofia de unidade não podia ser evitado.

Justamente o período clássico da literatura e da filosofia alemãs, entre 1770 e 1830, foi impregnado pelo espírito espinosiano. Lessing era declaradamente partidário de Espinosa, assim como Goethe e Herder. A ideia de uma razão de mundo permeada pela realidade tornou-se o ponto de partida da filosofia do idealismo alemão. Fichte e Schelling, mas, particularmente, Hegel, se basearam em Espinosa. A demanda do filósofo holandês pelo "discernimento na necessidade" foi adotada pelos defensores do marxismo, quando quiseram exprimir que o homem deveria agir em concordância com as regularidades objetivas da história. Também Nietzsche descobriu na devoção secular de Espinosa uma estreita afinidade com seu próprio pensamento.

Porém, a particularidade do espinosismo também está no fato de ele ter raízes profundas no passado e, ao mesmo tempo, uma surpreendente atualidade. Que matéria e espírito sejam apenas aparentemente opostos é uma ideia encontrada tanto no conhecimento das religiões orientais e teorias de meditação quanto naquele da física moderna. A obra de Espinosa tem a aura de uma visão de mundo que vem de muito longe e, simultaneamente, aponta para o futuro. Em quase nenhum outro trabalho o leitor percebe o que, desde o início da Idade Moderna, é chamado de "philosophia perennis", ou seja, "filosofia perene": a pretensão sempre renovada de vencer o tempo pela contemplação das verdades simples e permanentes.

**Edição:**

Baruch de Spinoza: *Die Ethik. Schriften und Briefe.* Traduzido para o alemão por Carl Vogl. Tradução revista e editada por Friedrich Bülow. Stuttgart, Kröner, 1976. [Trad. bras. *Ética*, Belo Horizonte, Autêntica, 2009.]

## O que a experiência nos ensina

DAVID HUME: *Investigação sobre o entendimento humano* (1748)

A experiência tem um papel importante em nossas vidas, e recorremos a ela, particularmente, quando precisamos solucionar problemas. Nosso computador para de funcionar, então comparamos a situação com outras semelhantes, ocorridas no passado, ou nos dirigimos a alguém que tenha experiência com tal fato. Porém, mesmo quando cometemos um erro grave, fazemos dele uma experiência e tentamos aprender com ela, para evitar o mesmo erro no futuro. Igualmente procede a ciência: ela progride na medida em que chega a conclusões corretas a partir de dados empíricos.

No cotidiano e na ciência, a experiência goza de grande autoridade. A experiência adquirida é considerada um capital acumulado e uma base sólida para nossa orientação no mundo. Em curiosa oposição está o significado que muitos filósofos atribuem à experiência. Na história da filosofia, ela é frequentemente tratada como uma criança suja, que primeiro tem de se esfregar com as escovas duras das categorias da razão para conseguir ser qualificada como cognição. Desde os tempos da filosofia grega, existe uma tradição antiga e dominante que dá prioridade ao "espírito", ao pensamento "puro" em relação à experiência "sensorial".

Uma exceção é a filosofia britânica, que produziu uma série de pensadores dedicados às conclusões que a filosofia poderia tirar da experiência. Não por acaso, as ilhas britânicas se tornaram a pátria do empirismo moderno, uma orientação em que a cognição resultante da experiência é considerada parâmetro para a percepção e o conhecimento.

Com o escocês David Hume, a tradição do empirismo britânico atingiu seu ponto alto. Hume viveu no Iluminismo, cujo programa ele expandiu um pouco mais, em comparação com o trabalho de seus contemporâneos. Ele começou não somente a destruir a teia de aranha do preconceito, com a ajuda da razão, como também, em nome da experiência, atacou todos os preconceitos que levavam a razão a mentir para si própria. Com sua *Investigação sobre o entendimento humano* e de forma mais radical do que qualquer outro que o antecedeu, Hume tirou as conclusões do que a existência nos ensina filosoficamente. Daquilo que a metafísica tradicional havia oferecido até então como compreensão segura, já não restou muita coisa.

No entanto, para Hume não se tratava, inicialmente, de depurar a metafísica. Pelo contrário, ao se ocupar de filosofia, ele esperava ter uma visão nova e positiva do mundo e um meio para mudar sua vida. É que o jovem Hume era um homem infeliz, marcado por uma educação religiosa, rigidamente comprometida com o espírito do calvinismo. Nascido em 1711, em Edimburgo, apenas quatro anos depois da união entre Escócia e Inglaterra, e descendente de uma tradicional família escocesa, Hume cresceu em Ninewells, uma aldeia na fronteira ao sudeste do país. Justamente nessa região, o calvinismo escocês, introduzido no século XVI por John Knox, havia deixado marcas bastante profundas, entre elas a convicção de que o mal está arraigado no homem. O Deus calvinista era severo, exigia autocontrole e contínua investigação da alma, com o objetivo de encontrar os esconderijos mais secretos dos pecados humanos.

Também para o jovem Hume a investigação da alma se tornou um hábito diário, mas torturante, e a razão transformou-se em uma instância que exigia indicar à natureza humana o caminho correto. Contudo, era difícil para ele ignorar sua própria natureza e as inclinações inerentes a ela. Logo ele sentiu o mal-estar decorrente de suas convicções religiosas, que atribuíam à natureza humana o papel de aluno em uma instituição de ensino. Assim, entrava sempre em conflito com as expectativas que nele eram depositadas. Quando foi enviado para Edimburgo, aos 15 anos, para estudar direito, seguiu a contragosto. Desaprovou o programa de ensino. O que realmente lhe interessava eram a literatura e a filosofia. A partir do estudo de autores antigos, Hume não apenas obteve prazer estético, mas também compreendeu a serenidade como ideal de vida, que, para as escolas filosóficas da Antiguidade tardia, particularmente a estoica, era a consumação da felicidade. Mas nem a ascese cristã nem a impassibilidade dos antigos levaram Hume a fazer as pazes consigo próprio. Ele foi incessantemente acometido por episódios depressivos e distúrbios psicossomáticos.

Em 1729, Hume interrompeu seus estudos e voltou para casa. Apenas ocasionalmente aceitava uma atividade remunerada. Não encontrou um posto fixo no mundo, mas a fortuna paterna lhe proporcionou liberdade e independência para seguir suas inclinações filosóficas. O calvinista em Hume continuou a viver ainda por muito tempo: ele fez com que Hume desenvolvesse uma grande disciplina em seu trabalho e economizasse, de forma meticulosa, os recursos financeiros que estavam à sua disposição.

Seu principal interesse referia-se a uma nova visão da natureza humana, que não levava em conta fantasias religiosas nem racionalistas, e sim a experiência. Então, ele deparou com a tradição dos empiristas britânicos, entre eles os pais filosóficos das ciências naturais modernas, Francis Bacon e Isaac Newton, mas também os filósofos do Iluminismo britânico, de John Locke a Francis Hutcheson, passando por George Berkeley e pelo conde de Shaftesbury, cujas realizações, como Hume orgulhosamente registrou, demonstravam gratidão a um país de liberdade e tolerância. Nessa tradição, Hume encontrou o método de uma filosofia científica, fundamentada em experimentos e observação, e a ideia do homem como uma criatura, por natureza, benévola e social, uma criatura dotada de um "sentido moral", não continuamente podada como uma arvorezinha de bonsai e que deve ser libertada das más inclinações. Entre todos os empiristas, Hutcheson, que lecionava em Glasgow, desempenhou para Hume um papel significativo. Foi um dos que contribuíram para tornar a Escócia um centro do Iluminismo europeu.

Hume se separou da imagem pessimista da humanidade, ligada ao calvinismo, e se tornou partidário da imagem otimista do homem, típica do Iluminismo britânico. A isso também estava ligada uma reavaliação positiva de todo o mundo sensorialmente tangível. Para Hume, eram importantes, sobretudo, as conclusões epistemológicas dessa nova avaliação: como John Locke e George Berkeley, ele partia do princípio de que toda a percepção da realidade tem sua origem na experiência.

Quando Hume partiu em viagem para a França, em 1734, levou na bagagem uma profusão de apontamentos, produzidos durante suas leituras filosóficas. Já na universidade havia feito planos para seus próprios escritos, que finalmente tomavam forma. Entre 1735 e 1737, alugou uma casa em La Flêche, pequena cidade na província de Anjou, onde René Descartes, grande opositor racionalista do empirismo, recebera sua formação em uma escola jesuíta. Nessa cidade francesa, Hume escreveu o *Tratado da natureza humana*, sua primeira obra importante, em que a experiência se tornou o ponto de partida tanto para uma teoria epistemológica como para uma nova filosofia da moral. Os três volumes do *Tratado* foram publicados entre 1739 e 1740, em Londres, seguidos por um pequeno trabalho, que ele chamou de *Abstract*, portanto um resumo da obra.

Hume acreditava que a chave para a solução de todas as questões filosóficas estava em uma visão nova e realista do homem. Se passamos a nos dedicar à epistemologia, à metafísica ou à filosofia da moral, devemos saber de quais aptidões naturais e possibilidades de cognição o homem dispõe. Nesse sentido, experimentação e observação devem tomar o lugar da especulação metafísica. Com Hume, a filosofia atingiu o ponto alto de um debate em que o empirismo se voltou contra a afirmação de filósofos racionalistas, como Descartes, Espinosa e Leibniz, de que existiam verdades compreensíveis diretamente pela razão, portanto sem passar pelo caminho da experiência. Desse raciocínio fazem parte, por exemplo, a percepção da existência de Deus, a imortalidade da alma, mas também a convicção de que todos os fenômenos naturais têm uma causa.

No entanto, o resultado a que Hume chegou foi desanimador, não somente para a metafísica racionalista, mas também para o próprio empirismo. Conforme seu diagnóstico, não apenas as chamadas "verdades da razão" eram incertas, mas também a crença em uma percepção segura da realidade com bases empíricas. Dessa forma, nossa convicção de que determinado resultado necessariamente provoca outro resultado – portanto o que normalmente entendemos como "causalidade" – está fundamentada em uma dedução equivocada, a que nos induz a imaginação humana. Temos certas experiências sensoriais e as armazenamos na memória, por exemplo, o fato de que tocar uma chama provoca a sensação de calor. O que realmente descobrimos é uma sucessão regular de dois fenômenos. Mas nossas conclusões vão além. Acreditamos que esses dois fenômenos estejam necessariamente vinculados, um ao outro, como causa e efeito. Portanto, incorretamente deduzimos uma necessidade regular a partir de uma regularidade observada. Com essa crítica à ideia de causalidade, Hume abateu uma das vacas sagradas da tradição filosófica e, ao mesmo tempo, colocou-se em uma situação desconfortável.

Na busca pela sólida cognição, ele deparou, por toda parte, com as atividades ilusórias da fantasia humana, e onde estava escrito "realidades" sempre encontrou "quimeras". O empirismo havia desembocado em um ceticismo.

A recepção de seu livro também não lhe deu alegrias. Mais tarde, escreveria: "Jamais um empreendimento literário foi mais infeliz que meu *Tratado da natureza humana*. Como um natimorto, foi esquecido pela imprensa e nem sequer atraiu a atenção para, ao menos, provocar alguns protestos entre os fanáticos."

Contudo, o mundo deve precisamente a esse fracasso a chegada da *Investigação sobre o entendimento humano*. Hume não planejava abandonar o cenário filosófico e até mesmo tentou uma cátedra na Universidade de Edimburgo, mas fracassou. Acima de tudo, estava determinado a fazer uma nova tentativa de chamar a atenção para suas teses filosóficas.

Começou a optar por uma nova forma literária, mais popular, para apresentar suas ideias: o ensaio. Entre 1741 e 1748, Hume publicou vários volumes de ensaios sobre questões relacionadas à moral, à política, à religião e à metafísica, que se mostraram mais bem-sucedidos do que o primeiro *Tratado*. Assim, retornou à sua terra natal, Ninewells, em janeiro de 1747, para dar uma forma ensaística a importantes teses do *Tratado*. Nesse ínterim, engajou-se em missões militares e diplomáticas, acompanhando o influente general britânico Sinclair. Os rendimentos provenientes dessa ocupação permitiram que Hume trabalhasse despreocupadamente em seu tempo livre.

Já em 1748, Hume havia concluído sua segunda grande obra filosófica, inicialmente publicada sob o título *Ensaios filosóficos sobre o entendimento humano*. No entanto, o livro não era uma nova versão do *Tratado*: era essencialmente mais curto e tinha um aspecto diferente, tanto em termos linguísticos quanto em termos de conteúdo. A parte de teoria epistemológica do *Tratado* foi desmembrada em sete ensaios. Da temática de filosofia da moral ele reproduziu pouco, como um ensaio sobre o problema do livre-arbítrio. Além disso, o volume continha, principalmente, reflexões filosófico-religiosas, entre elas o recém-incorporado ensaio "Do milagre". O foco temático do novo trabalho passou claramente para a teoria epistemológica e a crítica da religião. Suas reflexões sobre a filosofia da moral seriam reformuladas alguns anos mais tarde, em sua *Investigação sobre os princípios da moral*.

Os chamados *Ensaios filosóficos*, futura *Investigação sobre o entendimento humano*, passam a defender o ceticismo, mas sem o tom melancólico e pessimista, adotado por ele no final de seu *Tratado*. Hume estabelece uma separação entre seu ceticismo "moderado" e o ceticismo "pirrônico", representado pela antiga escola filosófica dos céticos, que tinha Pirro como fundador. Enquanto o ceticismo pirrônico exige uma suspensão geral do julgamento em todas as questões filosóficas, Hume pede, simplesmente, a orientação pelo bom-senso e a renúncia às certezas definitivas.

Hume ambiciona um meio-termo entre uma filosofia "simples", que se apoia intimamente nas observações cotidianas e pretende influenciar nosso comportamento, e uma filosofia "abstrata" e "profunda", cujo objetivo é examinar os princípios últimos de nossa percepção intelectual e de nossos valores morais. Ao investigar exaustivamente o modo de ação do espírito humano, Hume libera a metafísica do emaranhado de especulações infundadas sem perder de vista a relação com a vida cotidiana. Assim, tenta eliminar o abismo que existe entre uma filosofia prática, para o dia a dia, e outra orientada pela metafísica. É a recusa de uma filosofia acadêmica, que perdeu o contato com as experiências do homem. Não apenas por essa razão, os propósitos de Hume são os dos iluministas, que querem unir "profundidade de investigação" e "clareza" e, com isso, "destruir a filosofia inacessível e o jargão metafísico que, mesclados com a superstição popular, se tornam, de certo modo, impenetráveis ao pensador descuidado e tomam ares de ciência e sabedoria".

A teoria epistemológica de Hume pode ser compreendida como uma consequência radical do empirismo de seus antecessores Locke e Berkeley. Locke partira do princípio de que a consciência humana é uma "tábula rasa", portanto uma folha em branco, que somente poderá ser preenchida com percepções externas e internas, da qual obtemos diferentes e complexas concepções. Segundo Locke, a cognição tem origem em uma ação indutiva, isto é, quando eu condenso diversas observações individuais em uma declaração geral.

Locke acreditava que eram possíveis não somente as afirmações sobre nossas percepções, mas também afirmações confiáveis sobre o mundo externo como causa de nossas percepções. Com isso, ele supôs que, pelo sentido, certas "qualidades primárias" das coisas nos são transmitidas, como a extensão, o movimento e o repouso.

Berkeley destruiu a ligação que Locke havia estabelecido entre consciência e mundo externo. Aquilo que chamamos de realidade é, para ele, exclusivamente composto de concepções, que adquirimos pela experiência sensorial. Sua tese fundamental diz: "Esse est percipi" – "Ser é ser percebido". O mundo do homem é limitado àquilo que sua consciência lhe torna acessível. Mais ainda: Berkeley contesta a existência de um mundo externo. A unidade e a constância das percepções que captamos não seriam asseguradas por um mundo externo a nós, e sim por Deus, que produz nossas percepções.

Também para Hume toda cognição baseia-se em "percepções" sensoriais, e ele igualmente não considera possíveis afirmações sobre coisas do mundo externo. No entanto, absteve-se de recorrer a Deus como origem de nosso mundo de percepções. Ao contrário: na parte de seus ensaios dedicada à crítica da religião, Hume tenta acabar com a ilusão de que a existência de Deus pode ser provada com o auxílio da razão.

Hume diferencia percepções claras e diretas, as "impressions", isto é, as "impressões", daquelas menos intensas, que ele chama de "ideas", portanto "ideias". Assim, "ideias" são "impressões" que armazenamos com o auxílio de nossa memória. Com base nas impressões, combinamos ideias simples e complexas. Todas as ideias, portanto, têm sua origem na experiência sensorial e, com isso, não possuem nenhum valor epistemológico próprio. São como reproduções de um original, como fotos mais ou menos bem conservadas de uma realidade que, um dia, pudemos ver com nossos próprios olhos. Ideias verdadeiras se distinguem por estarem sempre intimamente vinculadas às impressões, isto é, às experiências sensoriais imediatas. A base para muitos equívocos, segundo Hume, está no fato de que a imaginação humana também pode desenvolver ideias que já não possuem relação direta com a experiência.

Nossa imaginação combina ideias mediante a associação. Com ela, produzimos, a partir de algumas ideias, um imaginário coerente. Hume distingue três tipos de associações: uma baseada na semelhança, outra baseada na proximidade temporal e espacial e, por fim, uma associação baseada na relação de causa e efeito. Por exemplo, quando vejo a fotografia de uma pessoa, involuntariamente dirijo meu pensamento a ela ou para alguém que se pareça com ela. Se passo por uma rua que já conheço, deixo meu pensamento vaguear pela casa em que morei um dia.

Porém, o mais importante para a produção de um imaginário uniforme é a ligação causa-efeito, que também está na base das leis naturais, com as quais explicamos teoricamente nosso mundo. Hume renova aqui sua crítica da causalidade, presente no *Tratado*, e a associa a uma crítica da indução, da dedução de uma regularidade geral a partir de casos individuais.

Uma das ideias metafísicas "obscuras" rejeitadas por Hume é a de considerar forças ou energias materiais causas de determinados efeitos. Por exemplo, quando uma bola de bilhar atinge outra e, supostamente, coloca-a em movimento. Na realidade, porém, apenas parece aos sentidos externos que o impulso de uma das bolas provocou o movimento da segunda. A suposição de uma força atuante é produto de nossa fantasia especulativa. "Os acontecimentos do mundo", segundo Hume, "variam continuamente; um objeto acompanha outro, em uma sucessão ininterrupta, mas o poder ou a força que colocam a máquina toda em movimento estão completamente ocultos para nós (...)." Uma vez que não podemos supor a existência de tal força interna, devemos também renunciar à suposição de que o encontro entre as duas bolas resultaria, "necessariamente", em movimento. Portanto, vamos longe demais quando interpretamos o choque da primeira bola como "causa" e o movimento da segunda como "efeito".

A crítica à indução, muito importante para a nossa compreensão de ciência, é seguida pela crítica à ideia de causalidade. Na conclusão indutiva, inferimos, a partir da observação repetida de uma sequência de eventos, a existência de uma lei natural. Todas as manhãs, percebemos o nascer do sol, até que, finalmente, nos convencemos de que ele "deve" se levantar todos os dias no Leste. No entanto, essa conclusão não tem origem na razão, mas no hábito. Na verdade, segundo Hume, não podemos saber se a natureza também irá se comportar, no futuro, com a mesma regularidade como no passado. O futuro não pode ser derivado da regularidade do passado. A possibilidade de estabelecer um prognóstico para o futuro, uma característica essencial das leis científicas, não pode, portanto, ser fundamentada na experiência.

Com suas dúvidas sobre a validade da conclusão indutiva, Hume fez uma crítica empírica ao empirismo e atingiu o nervo daquilo que seus antecessores, de Bacon a Locke, haviam justificado como método científico. A indução fundamentada na experiência e na observação apresentava objeções ao método dedutivo dos racionalistas. Esse método advinha de axiomas, de princípios gerais, e fora tomado como critério para derivar, "de cima para baixo", outros casos especiais. Mas, se a observação e a experiência são consideradas fundamentos de nossa cognição, então também se deve, segundo Hume, considerar a indução um daqueles silogismos inadmissíveis, que fazem parte dos equívocos da metafísica.

Se não se podem esperar verdades confiáveis de nossa razão, então a quem dar crédito? Para essa questão, Hume oferece uma resposta tão pragmática quanto orientada pela experiência. Sentimento e instinto são, para ele, guias confiáveis, como nossas faculdades racionais. Certamente não podemos saber se o sol nascerá de novo amanhã cedo, como aconteceu em todos os anos anteriores, mas a experiência, o hábito, o sentimento e, acima de tudo, a propensão inata a crer na regularidade do curso da natureza nos permitem esperar que isso aconteça. Consideramos a invariabilidade da natureza uma hipótese. Ao contrário de grande parte da tradição filosófica, Hume não faz da razão a governante, e sim uma serviçal do sentimento e do instinto.

Para Hume, nosso hábito de inferir consequências iguais a partir de circunstâncias iguais também está por trás da resposta para um dos problemas mais antigos da metafísica: se o homem possui livre-arbítrio e, por isso, não está sujeito exclusivamente à relação de causa e efeito presente na natureza. Somente semelhante arbítrio parece garantir que o homem possa ser responsabilizado por suas atitudes.

No fundo, trata-se apenas, segundo Hume, de uma confrontação verbal, pois a regularidade que aceitamos na natureza como relações de causa e efeito também é adotada nas ações humanas: os mesmos motivos, as mesmas circunstâncias e razões provocam entre pessoas de personalidades semelhantes a mesma forma de agir. Portanto, não há razão para partir de uma volição independente.

Ainda assim, é razoável persistir na ideia da liberdade humana. Em vez de um livre-arbítrio filosoficamente insustentável, Hume apresenta uma liberdade que consiste na possibilidade de colocar em prática o resultado de uma decisão tomada. No século XIX, Arthur Schopenhauer, também um crítico do livre-arbítrio, como Hume, chamou essa liberdade de "liberdade de ação". Ao mesmo tempo que não tenho poder sobre os motivos que determinam a minha vontade, tenho poder sobre até que ponto realizo a minha vontade. Nessa solução, Hume vê reconciliadas liberdade e regularidade, e, ao mesmo tempo, resgatada a ideia de responsabilidade moral.

O caráter iluminista da *Investigação* de Hume é particularmente evidente em sua discussão sobre temas religiosos. Com fama de ateu entre os escoceses, ele pesquisou teses e conteúdos da religião cristã com a mesma objetividade e segundo os mesmos critérios que o conduziram em relação às teses da metafísica. Também nesse caso, conforme Hume, deve-se sempre questionar: as afirmações da religião podem ser corroboradas pela experiência? Elas podem contribuir para explicar o mundo?

Em sua *Investigação*, Hume se ocupou, sobretudo, de dois temas da teologia cristã: a possibilidade do milagre e a chamada "prova teleológica da existência de Deus", portanto a afirmação de que a existência de Deus se revela na finalidade (do grego "télos" = "finalidade") e na perfeita ordenação do cosmo.

Milagres são acontecimentos que violam a regularidade dos processos naturais. Portanto, são acontecimentos geralmente não vivenciados e cuja credibilidade depende da daquela das pessoas que nos demonstram esses milagres. Se uma declaração falsa ou enganosa dessas testemunhas for mais improvável do que o evento relatado, então esta seria, possivelmente, uma oportunidade para acreditar em milagres. No entanto, depois de Hume e até hoje, esse nunca foi o caso. Se observados com maior atenção, nota-se que todos os relatos sobre milagres mostraram-se problemáticos. Segundo Hume: "Em resumo, mostra-se que jamais um testemunho de alguma forma de milagre elevou-se à categoria de probabilidade, e muito menos de prova." Quem acredita em milagres abandonou o terreno da razão; portanto, também não deveria se referir a ela.

Também a tese de Deus como o sábio arquiteto do mundo está em terreno movediço, pois estabelecemos aqui uma analogia duvidosa entre Deus e as atividades criadoras do homem. Este toma o lugar de Deus e o transforma em uma criatura que planeja racionalmente. Mas, em especial, nem tudo no mundo está adequadamente ordenado. Vivenciamos tantos males e observamos tantas aberrações que não podemos atribuí-los a um autor divino, que tudo construiu da melhor forma. Nesse sentido, Hume fala a respeito do chamado problema da "teodiceia", isto é, a incompatibilidade entre a existência do mal e do infortúnio no mundo e a ideia de um Deus de infinita bondade e, ao mesmo tempo, onipotente.

O ceticismo moderado de Hume não deixa o leitor em desespero sobre a incognoscibilidade do mundo; ao contrário, convida-o a um exame crítico ao final da *Investigação*. Deveríamos evitar teorias que, do ponto de vista da lógica, não estejam livres de contradições nem desligadas da experiência: "Se escolhermos um volume, por exemplo, de teologia ou de metafísica acadêmica, teremos de nos perguntar: ele contém algum raciocínio abstrato sobre grandeza ou número? Não. Contém algum raciocínio sobre os fatos e a existência, baseado na experiência? Não. Então, lançai-o ao fogo, pois nada contém além de ilusão e engano."

Publicados em abril de 1748, em Londres, os *Ensaios filosóficos*, que somente em 1758 receberiam de Hume o título *Investigação sobre o entendimento humano*, que hoje nos é familiar, ainda não levariam o autor ao grande sucesso de público. Hume conquistaria fama entre seus contemporâneos apenas com sua obra *História da Inglaterra*, cujo primeiro volume foi publicado em 1754. No entanto, a *Investigação* teve um efeito duradouro na história da filosofia, que continua até hoje. Kant leu Hume em sua primeira tradução alemã, de 1755, e nele se inspirou para a crítica que fez à "razão pura" dos racionalistas.

Na filosofia anglo-saxônica dominada pelo empirismo, Hume conquistou rapidamente a condição de clássico mais importante. Sua obra também se tornou ponto de partida e referência para todos os esforços de renovação do empirismo no final do século XIX e início do XX. Ernst Mach apoiou-se na crítica de Hume à causalidade e compreendeu a realidade como uma conexão entre conjuntos de sensações. Também os fundadores do positivismo lógico, que queriam restabelecer o empirismo com o auxílio da análise da linguagem, referiram-se a Hume. Isso se aplica tanto a Bertrand Russell e Ludwig Wittgenstein, filósofos de Cambridge, quanto a Moritz Schlick e Rudolf Carnap, do Círculo de Viena. Para Russell, Hume foi o grande desafio da epistemologia. Já em seu título, *An Inquiry into Meaning and Truth* [Uma investigação sobre a significação e a verdade], um de seus últimos livros, publicado em 1940, faz referência à principal obra de Hume.

A crítica de Hume à validade da inferência indutiva também foi extremamente influente. Ela foi retomada por Karl R. Popper em sua primeira obra-prima, *Logik der Forschung* [A lógica da pesquisa científica], de 1934, e se tornou um dos componentes mais importantes para a fundamentação da moderna teoria científica. Popper também assumiu outra herança mais abrangente da filosofia de Hume: a ideia da filosofia como um senso comum iluminista, como conexão entre modéstia, clareza intelectual e exame crítico.

Com Hume, a filosofia demonstrou que pode cavar fundo, sem ser pega pelo logro da especulação.

**Edição:**

DAVID HUME: *Eine Untersuchung über den menschlichen Verstand.* Traduzido para o alemão por Raoul Richter. Com introdução editada por Jens Kulenkampff. 12ª edição. Hamburgo, Meiner, 1993. [Trad. bras. *Investigação sobre o entendimento humano*, São Paulo, Unesp, 2004/ Hedra, 2010.]

## Mapa das culturas políticas

CHARLES DE MONTESQUIEU: *Do espírito das leis* (1748)

Criar mapas ou corrigi-los é uma atividade trabalhosa, que exige paciência e precisão. Cartógrafos não veem o mundo pelo prisma entusiasmado do romântico, mas com o olhar atento e penetrante do pesquisador. Eles não apenas ampliam o nosso conhecimento factual, como também toda a nossa visão de mundo, nos mostrando onde estamos e nos apresentando o que existe além do nosso horizonte habitual.

Um dos mais famosos cartógrafos da história da filosofia é Charles Louis de Secondat, barão de Montesquieu, nobre do sudoeste da França que passou alguns anos de sua vida estudando o sistema político de seu tempo e do passado. O que ele nos apresentou, depois de muitos anos de trabalho, foi uma contribuição revolucionária do Iluminismo. Sua obra principal, *Do espírito das leis*, não manifesta o espírito dos teóricos, mas o dos empiristas: o autor não levado a suas teses pelo ideal, e sim pela observação.

Montesquieu foi um grande colecionador de fatos. Isso é demonstrado não apenas pelas quase mil páginas de sua obra, com as quais seu leitor depara. Ele também registrou detalhadamente como diferentes fatores históricos e geográficos favorecem a formação de diferentes constituições e instituições políticas. No entanto, Montesquieu não se contentou em enumerar diferenças e fatores determinantes para uma cultura política. Ele também juntou ao mapa um guia, que deveria conduzir a uma constituição, cuja existência é anterior às exigências da razão. Surgiu, assim, uma mistura única na história da filosofia, entre representação histórica e teoria política; uma obra que não somente instrui sobre o passado, como também aponta para o futuro.

Com *Do espírito das leis*, Montesquieu desenhou um mapa das culturas políticas, abrindo os olhos para o fato de que o sistema absolutista, preparado sob medida para o poder central do rei e que dominava sua terra natal, a França, não era a única nem a melhor alternativa de organização de um sistema político. O livro foi precursor de uma nova concepção de Estado e de sua relação com seus cidadãos, levando, por fim, ao estado de direito democrático.

Como integrante da aristocracia provincial, o jovem Montesquieu foi confrontado, desde cedo, com a expectativa de assumir funções políticas. Nascido em 1689, no castelo de La Brède, próximo a Bordeaux, ele permaneceu durante toda a vida um membro da classe dominante de sua região natal e lá ocupou, ao lado de diversas outras atividades, o papel social de proprietário de terras, representante de associação profissional e juiz.

Como era o costume da época, sua educação aconteceu, inicialmente, sob o teto da Igreja católica. Algumas escolas confessionais estavam entre as melhores e mais avançadas do país, e assim era a de Juilly, escola da elite, que Montesquieu frequentou entre 1700 e 1705, administrada pela Ordem dos Oratorianos. Em Juilly, Montesquieu adquiriu seu primoroso conhecimento do mundo antigo, porém também desenvolveu uma postura mais crítica e distanciada do cristianismo.

Depois de concluir a escola, iniciou uma formação jurídica, a princípio na faculdade de direito, em Bordeaux, e, tendo sido aprovado em alguns exames, fez estágio em um escritório de advocacia parisiense. Muito antes de escrever sobre as leis, Montesquieu conheceu a prática do sistema jurídico.

Em 1713, retornou a Bordeaux, por ocasião da morte do pai, e regularizou sua vida pessoal. Contraiu um matrimônio de conveniência com uma calvinista abastada e assumiu o vinhedo paterno. O ato de assumir cargos públicos, que, naquela época, deviam ser comprados, mas também podiam ser arrendados ou herdados, fazia parte do prestígio aristocrata. Dessa forma, conquistou uma cadeira de conselheiro no Parlamento de sua província natal, Guyenne, cargo que, fundamentalmente, consistia em uma atividade de magistratura. Por fim, recebeu, em 1716, o lucrativo título de presidente da Câmara, como sucessor de um tio falecido, e foi recebido pela Academia de Bordeaux, dando o primeiro passo para a existência de um autor respeitado.

Já muito cedo Montesquieu havia tentado, sem abandonar suas obrigações, manter uma porta aberta para o trabalho literário. Parte do ano, permanecia em Paris, onde, intelectualmente, encontrava inspiração e cultivava importantes relações sociais. Foi um típico *homme des lettres* de seu tempo, interessado em várias áreas e com uma formação ampla, porém rejeitava qualquer conhecimento especializado. Assim, como autor também foi um "allrounder", igualmente versado em literatura, ciências naturais, história, política e filosofia.

A obra que o tornou, pela primeira vez, nacionalmente conhecido concentrou esses interesses variados em um gênero divertido e muito bem-sucedido: as *Cartas persas*, de 1721, têm hoje a reputação de ser o primeiro romance epistolar europeu de distinção. Ele reflete as experiências de viagem no início do Iluminismo e, com isso, a abertura cultural para o Oriente. Mas o romance também se insere na tradição fundada por Montaigne, a da filosofia francesa da moral, que encontrou seu apogeu literário com La Rochefoucauld e La Bruyère. Como a obra *Caractères*, de La Bruyère, de 1688, as *Cartas persas* são uma tentativa de chegar a conclusões sobre a natureza humana e a regras para uma conduta racional de vida a partir da observação das formas de comportamento social.

Nas *Cartas persas*, Montesquieu também retrata caracteres sociais, como o "esteta" e o "aventureiro", e, a partir disso, obtém uma visão cética e pessimista do homem, como já havia ocorrido com seus antecessores moralistas. Ao contrário de La Bruyère, no entanto, as relações políticas e sociais ocupam grande espaço. Montesquieu também recorre à "perspectiva orientalista", frequentemente empregada durante o Iluminismo: situações ocidentais são vistas com olhos orientais. Nas *Cartas persas*, dois viajantes, saídos de Isfahan, chegam à França e comentam, em cartas, a sociedade que lá encontram.

Com esse artifício, Montesquieu criticava, de forma indireta, o absolutismo francês. Para os dois persas, o rei francês possuía as características habituais dos déspotas de sua pátria, enquanto a religião dos "dervixes" cristãos é retratada como uma hipocrisia que deturpa o sentido das palavras. Nas *Cartas persas*, já fica clara a posição favorável do autor em relação à Inglaterra, que, em 1689, havia implantado a monarquia constitucional. Assim, na carta de número 104, o persa Usbek relata a opinião dos ingleses, para os quais todo tipo de domínio despótico dá ao povo o direito de se libertar dessa dominação e recuperar sua "liberdade natural", e todo poder ilimitado é ilegítimo porque não tem "origem legítima". Com as *Cartas persas*, Montesquieu deu o tom iluminista à sua filosofia política.

Com a publicação de sua primeira obra, Montesquieu se tornou figura conhecida nos salões parisienses, tradicional meio de consolidação de uma carreira. Neles, conseguiu os contatos decisivos que, por fim, o auxiliaram no processo de sua admissão à renomada Académie *Française*, em 1728. A partir desse momento, ele passou a ser um homem bem-sucedido também em nível nacional.

Mais tarde, Montesquieu enfatizou repetidas vezes que havia trabalhado por vinte anos em seu *Do espírito das leis*. Se ele realmente iniciou o trabalho em 1728, é difícil determinar. Em todo caso, é certo que, nessa data, ele partiu em uma viagem de três anos pela Europa, que lhe proporcionou um volumoso material para seu livro. Inicialmente, seguiu para a Alemanha, a Áustria, a Hungria, a Suíça e a Itália.

A etapa mais importante da viagem, porém, começou quando ele chegou a Londres, no início de 1729. Permaneceu na Inglaterra por dois anos, onde adquiriu conhecimentos profundos da sociedade e do sistema político. Como literato famoso, as portas da alta sociedade lhe estavam abertas. Pôde estudar *in loco* a teoria desenvolvida por John Locke, em seu segundo *Tratado sobre o governo*, acerca da separação dos Poderes Executivo e Legislativo. Montesquieu testemunhou que foram justamente os *Tories*, conservadores ingleses e oposicionistas da época, que lutaram pelo controle público das instituições do Estado.

Quando retornou à França, em 1731, levou para a Europa continental não apenas um sem-número de anotações, mas também a experiência com o iluminismo político. E não foi o único. Pouco tempo depois, em 1734, por intermédio de suas *Cartas inglesas*, Voltaire tornou familiar ao público francês o direito à liberdade presente na constituição inglesa e, com isso, deu o pontapé inicial para uma discussão que atingiria seu ponto alto em *Do espírito das leis*, de Montesquieu.

Parte do material trazido por Montesquieu resultou em um texto, igualmente publicado em 1734, com o título *Considerações sobre as causas da grandeza dos romanos e de sua decadência.* Embora nesse caso se tratasse de Roma, muitos de seus leitores contemporâneos sabiam que deveriam entender "França": Montesquieu expõe que um Estado está condenado à decadência quando estagnado em suas instituições e se, na luta pelo poder, ultrapassa os limites naturais que lhe foram estabelecidos.

É possível distinguir alguns sistemas políticos segundo o modo como se mantêm, como se alteram negativamente e quais fatores influenciam sua existência: esse também foi o tema do extenso trabalho, o grande mapa das culturas políticas que começava a tomar forma. No máximo a partir de 1735 é possível comprovar o trabalho intenso de Montesquieu em sua obra-prima.

O filósofo morou em Paris sobretudo para estudar e pesquisar nas bibliotecas da cidade. Para escrever, retirou-se, então, em seu castelo La Brède. No início dos anos 1730, logo após a viagem pela Europa, o famoso capítulo sobre a constituição inglesa já havia surgido. Em 1742, Montesquieu conta em uma carta ter concluído 18 livros, isto é, 18 longos capítulos da obra. Em 1745, revisa o que já está pronto, e a toda hora acredita que deve inserir novo material. Em junho de 1747, tem início a redação dos livros 28, 30 e 31, dedicados à história do direito romano na Europa Ocidental e ao direito feudal dos francos. O livro, no entanto, jamais chegou a uma conclusão sistemática. Montesquieu deixou uma obra incompleta, um manuscrito não totalmente estruturado, que ele finalmente enviou para composição na primavera de 1748.

Sob a influência da ciência natural empírica, a filosofia política moderna havia descoberto o Estado e a política como uma esfera que podia ter uma atuação conforme a lei e ser moldada pelo homem. Maquiavel havia descrito a política como um cálculo racional de poder, enquanto o francês Jean Bodin, no século XVI, a exemplo do inglês Thomas Hobbes, no século XVII, desenvolveu a tese da soberania absoluta do poder do Estado. Na filosofia política de John Locke, essa forma absoluta de domínio em benefício dos direitos do Parlamento e dos cidadãos havia sido colocada em dúvida.

Em *Do espírito das leis*, Montesquieu deu continuidade a essa crítica iluminista do absolutismo, mas também fez referência à ideia de que o Estado é uma relação de funções, cujos mecanismos podem ser descritos como fenômenos da natureza. O conceito de "lei" é empregado por ele em analogia às leis científicas. Uma lei não é uma norma arbitrária, mas expressão de uma relação constante, regida pela razão, entre o homem e o ambiente. Pelo fato de ter compreendido o meio social, a sociedade, o mundo do direito e o mundo da política, da mesma forma que o ambiente natural, e ter descoberto nele um campo independente de investigação, Montesquieu se tornou um dos pais da sociologia como ciência autônoma.

Mas as leis do convívio social, regidas pela razão, não podem ser postuladas da mesma forma que as leis científicas. Há leis boas e ruins, assim como constituições melhores e piores, pois os homens são – ao contrário da natureza – falíveis. No entanto, Montesquieu insiste na concepção que Aristóteles, um dos grandes nomes da filosofia política do mundo antigo, já havia manifestado: a sociedade estatal é uma forma natural de convívio do homem.

Por outro lado, algumas décadas antes, o inglês Thomas Hobbes afirmara, em sua obra *Leviatã*, que o Estado é uma estrutura artificial, completamente submetida às vontades e ao planejamento dos homens. Hobbes havia introduzido na filosofia a ideia do chamado "estado de natureza", em que o homem se encontra, portanto antes de se unir a um Estado por meio de um contrato social. Segundo o inglês, em tal condição reina uma guerra de todos contra todos.

Ainda que Hobbes seja raramente mencionado, diversos argumentos de Montesquieu são dirigidos contra ele. Na condição pré-Estado, não existe, na opinião do filósofo francês, uma guerra de todos contra todos. Pelo contrário, os homens são dominados pelo medo e inclinados a se afastar dos outros homens. Segundo Montesquieu, também não há um "contrato social". Ele acredita que o homem é levado pelas "leis naturais" a se esforçar para conseguir alimento, paz e proximidade em relação aos demais. Conflitos e lutas por distribuição surgem apenas quando os homens se reúnem, sem que se organizem em uma comunidade política, orientada pela razão.

*Do espírito das leis* se dedica, *grosso modo*, a três diferentes temas: as diversas formas de governo e as relações que nelas se concretizam entre o cidadão e o Estado; os "fatores ambientais" sociais e naturais que influenciam a formação de uma constituição; e, finalmente, a questão sobre os modelos constitucionais existentes na história e quais lições podem ser tiradas a partir deles para o presente.

Montesquieu distingue três tipos de governo, tripartição que remonta à filosofia política da Antiguidade. Assim, em sua obra *Política*, Aristóteles havia estabelecido a distinção entre o governo conduzido pela maioria dos cidadãos da pólis, a *politie*; o governo de poucos, a aristocracia; e o domínio exercido por apenas uma pessoa, a monarquia. E Aristóteles também atribuiu a cada variedade uma forma de declínio. Para ele, a *politie* poderia se tornar uma "democracia", ou seja, um tipo de ditadura popular; a aristocracia se transformaria em uma oligarquia, isto é, o domínio exercido por um grupo de pessoas; enquanto a monarquia caminharia para a tirania, que é o governo ditatorial de apenas uma pessoa.

Em Montesquieu, essas três formas aparecem um pouco modificadas, orientadas que foram pelas condições políticas de seu tempo. O ponto de referência já não é a antiga pólis, e sim o mundo de Estados do século XVIII. *Politie* e aristocracia foram condensadas no termo "república". Como a pólis pode se desenvolver apenas em um território pequeno, ela é uma forma de governo que pertence, principalmente, ao mundo antigo, portanto ao passado. No entanto, a pólis ainda conserva, segundo ele, uma função de modelo, pois nela os cidadãos não se orientam por interesses particulares, mas pelo bem comum. A atitude característica do cidadão na república é a virtude política do patriotismo.

A forma "intermediária" de governo e, ao mesmo tempo, típica para a sua época é a monarquia, encontrada nos países europeus de dimensão territorial mediana. Neles, os cidadãos orientam seu comportamento a partir do sentimento de honra. O despotismo como uma terceira forma de governo era familiar, sobretudo, a partir dos vastos Estados territoriais do Oriente. O comportamento característico do cidadão nessa forma de governo é dominado pelo temor.

Montesquieu vê intersecções entre o ambiente natural e o social. Por isso, a resposta à questão sobre o tipo de governo formado em determinado local também está relacionada às condições ambientais. Entre essas condições, como localização geográfica, natureza do terreno, fauna e flora, o clima tem um papel especial, na opinião de Montesquieu.

Na famosa teoria de Montesquieu sobre o clima, há uma diferença fundamental entre Oriente e Ocidente: os climas quentes promovem a percepção sensorial, mas, simultaneamente, a "ociosidade do espírito". Como o historiador grego Heródoto já havia outrora considerado, também Montesquieu vê no clima do Sul uma causa importante para o desenvolvimento do despotismo. Por outro lado, segundo Montesquieu, nos climas temperados do Norte a liberdade prosperaria mais facilmente. Sobretudo o clima marítimo da Inglaterra parece ser benéfico para isso.

Cada Estado se apoia, portanto, em uma rede de precondições naturais e sociais que, juntas, formam o "espírito das leis". Montesquieu também o chama de "esprit général", o "espírito geral" ou, como aparece em algumas traduções, o "estado de espírito" de um Estado. "Diversas coisas governam o homem", escreve Montesquieu no Livro 19, "o clima, a religião, as leis, os usos e os costumes, e de tudo isso surge e se forma o estado de espírito de um povo." O "esprit général" é o conceito criado por Montesquieu para a cultura política, madura e inconfundível, de um país. É muito mais abrangente do que a "volonté générale", a "vontade geral" de Rousseau, que representa somente a soberania e a unidade políticas de um país.

Montesquieu uniu, assim, seus princípios iluministas fundamentais com a valorização das tradições e das singularidades naturais de um país. Cada país deve se organizar politicamente conforme seu "ésprit général". No entanto, isso deve ser feito de modo que possibilite aos cidadãos a liberdade e a identificação com o Estado. Por isso, Montesquieu também não considera equivalentes todas as formas de governo.

O mais provável é que a república corresponda a seu ideal de governo, ao passo que considera o despotismo a pior forma. No entanto, visto que Montesquieu concebe a república como uma pequena cidade-Estado, conforme o modelo da Antiguidade, ele vê poucas chances de sua realização no mundo de Estados do século XVIII. Em sua opinião, em Estados territoriais, as repúblicas tendem a perder sua clareza e a relação direta com os cidadãos e a se transformar em monarquias. Nestas, por sua vez, Montesquieu identifica uma tendência ao despotismo, sobretudo se o poder é centralizado e, por intermédio de conquistas, ultrapassa a extensão natural de seus domínios. E o exemplo desse desenvolvimento que ele tinha em mente era o absolutismo francês.

Foi à monarquia, portanto à forma política de governo de seu tempo, que ele dedicou sua atenção especial. Para Montesquieu, tratava-se de expor como o declínio das monarquias em sistemas despóticos pode ser evitado. Como Aristóteles, seu antecessor da Antiguidade, tinha predileção pelo meio-termo, pelas formas políticas de organização, em que elementos e influências sociais diferentes se misturam, mas o domínio absoluto não é exercido por determinado grupo social nem por determinada instituição. "O espírito de moderação deve governar o legislador", assim Montesquieu resume seu próprio sistema constitucional.

Seus estudos de história romana e franca, mas, sobretudo, da constituição inglesa, lhe permitiram enxergar como uma monarquia absolutista pode ser alterada em favor de uma "constituição mista". No capítulo 6 do Livro 11, intitulado "Da Constituição da Inglaterra", Montesquieu formula o conhecido princípio da divisão de poderes: "Se o Poder Legislativo estiver unido ao Executivo na mesma pessoa ou na mesma autoridade, não haverá liberdade. (...) Também não haverá liberdade se o Poder Judiciário não estiver separado do Legislativo e do Executivo. (...) Tudo estaria perdido se o mesmo homem ou o mesmo corpo dos grandes homens, de nobres ou do povo, exercessem estes três poderes: o de fazer as leis, o de executar as decisões públicas e o de julgar crimes e divergências dos indivíduos."

A divisão proposta por Montesquieu entre governo (Executivo), Parlamento (Legislativo) e tribunais (Judiciário) ultrapassou tanto a separação de poderes entre rei e Parlamento, sugerida por John Locke, quanto a realidade constitucional praticada na Inglaterra. Tratava-se, como os leitores rapidamente constatavam, de uma teoria revolucionária, que apontava para o futuro. O fato de que a justiça deve, por exemplo, tomar decisões de forma totalmente independente de influências políticas é uma exigência mundial, no entanto até hoje cumprida somente em poucos países.

Na discussão atual entre o "universalismo", portanto a tese de que devam existir regras básicas para a convivência, válidas para todas as pessoas em todas as culturas, e o "relativismo", ou seja, a concepção de que as normas de convivência sempre dependem de condições especiais, sob as quais vive um povo, Montesquieu adota uma posição intermediária. Para ele, existem princípios que se aplicam a todos, mas sua forma concreta permanece vinculada a circunstâncias especiais.

A liberdade e o controle do poder político por meio de instituições, que se observam mutuamente de perto, são os princípios, segundo Montesquieu, que devem valer para todas as comunidades políticas. No entanto, a atual compreensão que temos da liberdade e da divisão de poderes é consideravelmente mais ampla do que a de Montesquieu, que não aspirava à democracia moderna, em seu sentido ocidental, nem tinha o mesmo conceito de direitos e liberdades fundamentais que temos hoje. Montesquieu desejava estabelecer um tribunal próprio para cada camada social. Para ele, especialmente a nobreza deveria ter sua posição fortalecida em relação ao rei. Mas a autoridade do monarca em relação ao parlamento ainda permanecia significativa. Assim, o rei possuía o direito de veto às resoluções do Parlamento, e este, por sua vez, não poderia autoconvocar-se sem o consentimento régio.

Montesquieu foi uma referência para a filosofia política, sobretudo por conta do caminho que trilhou e da fundamentação que este lhe deu: não há uma solução mágica para uma constituição política ideal, pois suas tradições são muito distintas. A razão política tem muitas faces. Também não ajuda a confiança no lado bom do ser humano nem em um bom governante. O homem dominado pelas paixões deve, segundo Montesquieu, ser controlado por leis, mas por leis que respeitem sua particularidade e garantam sua liberdade. A liberdade civil é resultado do equilíbrio de poder entre grupos e instituições. O cidadão é mais livre onde as instituições se mantêm, reciprocamente, sob controle, e onde todos os grupos sociais participam do poder, mas chegam a um acordo com limitações.

*Do espírito das leis* traça um mapa com diversas fronteiras, mas também incontáveis áreas em que o pensamento político anterior a Montesquieu jamais se demorou. A principal obra de Montesquieu é um discurso contra o despotismo político e em defesa do império da lei. Essa lei é universal, pois esboça os contornos do estado de direito e leva em conta os direitos fundamentais de todos os homens, mas também deixa espaço para a organização desse estado de direito conforme as circunstâncias específicas em que as pessoas vivem. Segundo escreve Montesquieu, a lei "é a razão humana, na medida em que governa todos os povos da Terra; e as leis políticas e civis de cada povo devem ser somente os casos particulares em que se aplica essa razão humana".

Como muitas outras obras filosóficas contemporâneas, *Do espírito das leis* foi publicado anonimamente no exterior, como uma tentativa de se esquivar das disposições da censura francesa. Depois de os primeiros exemplares terem saído da prensa do livreiro Barrillot, em Genebra, em outubro de 1748, já era possível comprá-los a partir de 11 de novembro, também em Paris. Com a "autorização tácita" das autoridades, era possível encontrar, na primavera de 1749, até mesmo uma edição parisiense. "Trabalhei durante 20 anos ininterruptos nessa obra", escreveu Montesquieu, "e ainda não sei se fui corajoso ou presunçoso, se a dimensão do tema me esmagou ou se sua grandeza me auxiliou."

A história intelectual respondeu a essa questão de forma inequivocamente positiva: *Do espírito das leis* se tornou um *best-seller* da filosofia política. Já em 1750, dois anos depois de sua publicação, a obra havia chegado a 22 edições, levando seu autor a ser reconhecido em toda a Europa. Como um dos livros mais ricos em material e ideias da filosofia política, também se tornou um dos mais influentes.

Assim, a constituição dos jovens Estados Unidos da América, aprovada em 1776, é inspirada por Montesquieu. Também os protagonistas da Revolução Francesa se referiam especialmente a Montesquieu, bem como a Voltaire e Rousseau, como um dos grandes críticos do absolutismo. Ironicamente, o mesmo aconteceu com um dos maiores opositores à Revolução Francesa, o britânico Edmund Burke, que adotou de Montesquieu a tese de que o aumento das instituições políticas representa um importante elo entre o Estado e seus cidadãos. Para a liberdade do cidadão, o papel das instituições que se controlam mutuamente e limitam o poder do Estado também é o ponto central do pensamento político de Alexis de Tocqueville, um dos fundadores do liberalismo moderno.

No Romantismo, o "esprit général" de Montesquieu foi retomado por Herder como o "espírito do povo". Na qualidade de "espírito", isto é, de "espírito objetivo", em que os sistemas de relações sociais de direito, moral e ética estão reunidos, ele também está presente nas obras *Fenomenologia do espírito* e *Enciclopédia das ciências filosóficas*, ambas de Hegel.

Mas Montesquieu tornou-se, sobretudo, um dos grandes mentores políticos do estado de direito moderno, em que o projeto de separação de poderes sempre teve um significado mais amplo: a teoria do "check and balance", do equilíbrio e controle recíproco de interesses e instituições, se tornou a base de negócios das democracias ocidentais. Para Hanna Arendt, uma das pensadoras políticas mais importantes do século XX, Montesquieu permanece singular, entre os teóricos da modernidade política, ao reconhecer que liberdade e estruturas de poder político se condicionam mutuamente.

Como muitos iluministas, Montesquieu sonhou os sonhos da razão. Mas essa é uma razão que se irmanou com a consciência histórica, com o sentido de realidade e com a sensatez pragmática. Ela tornou o Estado visível para nós como uma casa herdada, para a qual podemos conceder, ao mesmo tempo, uma estrutura estática sólida e espaços vitais abertos, sem termos de nos desesperar com o projeto de construção de uma utopia impossível de ser realizada.

**Edição:**

Charles de Montesquieu: *Vom Geist der Gesetze.* 2 volumes. Traduzido para o alemão e editado por Ernst Forsthoff. Tübingen, Mohr (Paul Siebeck), 1992 (também UTB). [Trad. bras. *O espírito das leis*, São Paulo, Martins Fontes, 4ª ed., 2005.]

## O homem natural em testes de laboratório

JEAN-JACQUES ROUSSEAU: *Emílio* (1762)

Seríamos pessoas melhores se tivéssemos sido educados por filósofos ou se nossa educação tivesse se dado segundo critérios filosóficos? Nesse caso, cabe uma ligeira dúvida. No entanto, aparentemente, os filósofos sempre refletiram sobre o que seria a educação correta e que impulsos importantes e permanentes saíram da filosofia para a pedagogia, muito tempo antes da existência da "pedagogia" no sentido moderno. Assim, Platão, um dos principais clássicos da filosofia grega, em sua obra-prima *A república*, atribuiu grande importância à questão sobre a educação dos futuros governantes de seu Estado ideal e criou um programa educacional sofisticado, em que a sequência de treinamento físico e formação intelectual era rigorosamente regulada.

Porém, o filósofo que, de forma inquestionável, exerceu a maior influência sobre nossas concepções de educação foi Jean-Jacques Rousseau, suíço proveniente de Genebra. Em Rousseau não se trata de educar "funcionários" nem de uma formação que nos capacite para cumprir, de forma eficaz, determinadas tarefas sociais. Ele queria educar o homem para que este se tornasse *homem*, para aquilo que constitui sua dignidade e corresponde às suas aptidões. Por isso, a teoria da educação de Rousseau é parte de uma teoria do homem e de sua relação com a cultura e a sociedade.

Rousseau provoca uma reviravolta histórico-cultural altamente influente: o alvo de seu programa educacional não é o homem civilizado, mas o homem natural, que é livre de todo lastro cultural, acumulado pela história da civilização. De todos os homens que encontramos, é a criança, o ser humano jovem e inculto quem mais se aproxima desse homem natural. Eis por que a criança, com seus comportamentos e suas necessidades peculiares rumo a essa naturalidade, recebe uma importância especial. Formar o verdadeiro homem a partir dos talentos naturais da criança foi uma experiência revolucionária para o século XVIII, quando crianças ainda eram tratadas como pequenos adultos e deveriam abandonar a infância o mais rápido possível.

O livro em que Rousseau apresenta essa experiência traz características experimentais: é uma mistura de tratado, romance e estudo de caso. Ao mesmo tempo, Rousseau a considerava sua obra mais importante. É intitulada *Emílio*, nome do personagem principal, o aluno Emílio, objeto da experiência de educação. O livro mostra o que o homem pode se tornar quando é mantido distante das influências nocivas da sociedade. O leitor acompanha o homem natural nessa experiência, do nascimento até seu casamento. *Emílio* modificou fundamentalmente nossa opinião sobre os homens e se tornou a teoria da educação mais influente na história da filosofia.

Com seu manifesto "De volta à natureza!", Rousseau teve uma ascensão meteórica no cenário cultural de uma época que, como nenhuma outra antes, acreditava ser superior às anteriores em termos civilizatórios. Mas também para os intelectuais do Iluminismo parisiense, os "philosophes", o autodidata suíço, sem patrimônio nem origem familiar nobre, que havia levado uma vida de vagabundo e sido um diletante em diferentes campos das artes, era um fenômeno natural explosivo e altamente insólito.

De fato, a história de vida de Rousseau, que, mais tarde, apareceria em forma literária em suas *Confissões*, sempre despertou tanto interesse quanto sua obra não ortodoxa. Nascido em 1712, em Genebra, Jean-Jacques teve uma infância e uma juventude que hoje seriam descritas como "socialmente problemáticas" e colocariam em ação o trabalho pedagógico dos assistentes sociais da rua.

Embora tenha crescido como filho de um relojoeiro da classe média de Genebra, inicialmente recebeu do pai grande estímulo à leitura. Mas sua família logo se desfez. A mãe morreu cedo, o irmão foi entregue a um reformatório e o pai deixou a família tão logo Rousseau completou 10 anos de idade, quando foi entregue a um pastor e aprendeu o ofício de gravador. Rousseau guardou más lembranças desse período em que esteve sob a guarda do pastor: o menino era castigado e abarrotado com um árido conhecimento escolar.

Mas Genebra, cidade de Calvino, com sua atmosfera intelectual rigorosamente protestante, também influenciou muitas de suas opiniões. Rousseau abominava o luxo, a artificialidade da etiqueta social e as grandes cidades como abrigo para vícios e prazeres. Ele era hostil até mesmo à arte, quando esta se apresentava como uma forma de entretenimento social. Por isso, anos mais tarde, combateu o plano de Voltaire de erguer um teatro público em Genebra. Embora Rousseau tenha se distanciado, em muitos aspectos, da doutrina calvinista pura, seus ideais de naturalidade e virtude possuem traços puritanos que remetem a suas raízes calvinistas.

Aos 17 anos, Rousseau deixa Genebra, sem concluir os estudos, sem trabalho nem objetivos. Ao longo de 14 anos, muda de um lugar para outro, na região do sul da França, na Suíça e no norte da Itália, empregando-se como tutor e ajudante em escritórios de registro de terras, ou simplesmente vagando pelos países como vagabundo e músico. Em Turim, é alimentado por um padre católico, que o convence a se converter ao catolicismo. Particularmente longa é sua viagem pelos domínios do então independente ducado dos Saboia, onde faz muitas caminhadas. Suas experiências intensas com a natureza influenciam de forma duradoura sua concepção de mundo. Ele vai sempre preferir a vida no campo à vida na cidade.

Rousseau era um homem sensível, mas também emocionalmente instável. Era tão propenso ao entusiasmo quanto à melancolia. Conflitos com outras pessoas facilmente o levavam a desentendimentos permanentes. Também era difícil para ele levar adiante uma relação madura e de igualdade com uma mulher. Nunca conseguia comparecer às convenções da alta sociedade. Continuava a ser um excêntrico.

No entanto, ao camponês Rousseau não faltava, de modo algum, cultura. Ele havia adquirido consideráveis conhecimentos no campo da música, o que não somente o capacitou para trabalhar, durante anos, como professor nessa área, mas também a apresentar um trabalho de teoria musical à Académie Française. Era nos campos da literatura e da filosofia, porém, que Rousseau era extremamente versado. Conhecia não apenas as ideias de Platão sobre a educação, como também a obra *Pensamentos sobre a educação*, do filósofo iluminista inglês John Locke, publicada em 1693, que veio ao encontro de sua própria visão sobre o tema e a influenciou. Nessa obra, Locke já apontava as necessidades específicas da criança e compreendia a aprendizagem como uma forma de desenvolvimento natural, que se orienta pelo exemplo do educador. No entanto, diferentemente de Rousseau, Locke ambicionava uma educação baseada na classe social, uma educação para cavalheiros, e privilegiou o desenvolvimento da capacidade intelectual ao da força física.

Em 1742, Rousseau fixou residência em Paris, onde, doravante, ganharia dinheiro, primeiro em funções subalternas. Durante um ano, chegou a ser enviado a Veneza como secretário da embaixada. Mas conseguiu fazer amizade com membros da cena intelectual parisiense. A mais duradoura foi com Denis Diderot, quase seu coetâneo, que o convidou a colaborar com sua *Enciclopédia*, que mais tarde se tornaria famosa. Filósofo, literato e livre-pensador, Diderot teve origem humilde e foi pobre, como Rousseau, e, a exemplo deste, tinha projetos literários ambiciosos.

O nascimento do filósofo Jean-Jacques Rousseau aconteceu no outono de 1749, quando caminhou de Paris a Vincennes para visitar seu amigo Diderot, que estava preso, cumprindo pena imposta pelos censores. Rousseau descobriu um concurso da Academia de Dijon, em que devia responder à questão "se a renovação das ciências e das artes havia contribuído para aprimorar os costumes". Até então totalmente desconhecido, Rousseau envia um ensaio à Academia e vence. Com o texto premiado, o *Discurso sobre as ciências e as artes*, primeiro dos *Discours*, publicados em 1750, ele dá o tom fundamental à sua filosofia. Para surpresa do júri, Rousseau não repetiu a cantilena do progresso científico e artístico, mas afirmou que a ciência e as artes, os supostos pilares da civilização, apenas trouxeram infelicidade e ruína ao homem. "Que Deus todo-poderoso nos livre do conhecimento e das artes funestas de nossos pais e nos restitua a ignorância, a inocência e a pobreza", escreveu.

A partir de então, entende como sua principal tarefa filosófica denunciar as supostas conquistas da civilização e pregar a virtude como a "ciência sublime das almas simples". É a virtude da simplicidade contra a artificialidade e o luxo, do trabalho contra o ócio e das capacidades intuitivas do "coração" contra as racionais do intelecto, como já havia aparecido um século antes nos *Pensamentos*, de Blaise Pascal. Para Rousseau, a desigualdade entre os homens também é consequência de uma história da humanidade que ele entende como história da decadência. No *Discurso sobre a origem e os fundamentos da desigualdade entre os homens*, segundo *Discours*, publicado em 1755, ele apresenta a propriedade privada como a responsável pelo antagonismo das classes e dos estados entre os homens.

Depois de muitos anos na cidade grande, Rousseau se muda, em 1756, para Montmorency, ao norte de Paris, onde vive sua fase mais produtiva como escritor. Queixa-se constantemente de sua falta de saúde, mas trabalha sem interrupção. Os filhos que teve com sua companheira Thérèse Levasseur são deixados em um orfanato.

Em sua revolta contra preconceitos e convenções sociais, Rousseau é, certamente, um iluminista, mas de um tipo muito especial: não o intelecto, e sim a genuinidade do sentimento torna-se a bússola para a sua crítica social. É o que ele demonstra, literariamente, em seu romance epistolar de grande sucesso, *A nova Heloísa*. O triângulo amoroso entre o tutor Saint-Preux, a aristocrata Júlia e seu marido, barão de Wolmar, revaloriza o papel da subjetividade e inicia um culto à sensibilidade.

Quando o livro foi publicado, em 1761, o manuscrito de *Emílio* já estava finalizado, bem como sua segunda grande obra, *Do contrato social*. Nas palavras do próprio Rousseau, ambos representam um todo. *Do contrato social* trata do estabelecimento de instituições sociais e políticas; *Emílio*, da formação do ser humano como indivíduo. Os dois livros começam com uma bomba retórica, que lamenta a perda da idade do ouro da originalidade e da naturalidade. "O homem nasce livre, mas por toda parte encontra-se a ferros", diz o início do primeiro capítulo do *Contrato social*. A primeira frase do *Emílio* diz: "É bom tudo o que sai das mãos do criador; nas mãos do homem, tudo degenera."

Em *Emílio*, não é o homem, mas "a própria natureza" que deve conduzir a educação da criança. Essa referência à natureza se faz notar já na linguagem metafórica. Rousseau compara o homem a uma planta, que corre o risco de secar e só pode "melhorar" sob condições apropriadas e com os cuidados corretos. Com essa intenção, ele produz as condições mais adequadas para testes. Emílio, seu aluno fictício, é criado, metaforicamente falando, em uma estufa, onde pode se desenvolver sem ser perturbado. Ele projeta, assim, uma situação pedagógica modelar.

Emílio é um garoto de origem aristocrática, portanto pode crescer livre de pressões sociais e materiais. Não tem irmãos. É mantido distante de companheiros de brincadeiras e, uma vez que mora no interior do país, do antro de pecado que é a cidade. Seu desenvolvimento será acompanhado não pelos pais, mas por um educador. Este é suficientemente jovem para que possa ser considerado um colega pelo pupilo e, dessa forma, evitar que se estabeleça uma hierarquia entre ambos. O educador está ao lado de Emílio e à disposição dele durante todo o dia. Os dois levam a mesma vida.

A concepção pedagógica de Rousseau é revolucionária para o seu tempo, pois o educador não deve ser uma autoridade, e sim parteiro da natureza. Ele não interfere na vida de Emílio. A ideia rousseauniana de educação é a da "educação negativa", ou seja, sem regras nem normas fixas. Ela é guiada pelo princípio que hoje chamamos de "learning by doing". É uma educação em que atividade e experiência constituem seus pontos fundamentais. A criança deve adquirir o conhecimento por meio de sua própria descoberta e, com isso, também compreender sua utilidade e relevância prática. Rousseau também prega uma educação segundo critérios racionais, mas sua "razão" é fortemente ligada à natureza; é uma razão que permite ao homem aprender o que ele necessita, e não aquilo que a convenção determina.

Rousseau fala a partir de sua própria experiência, cheia de sofrimento, quando rejeita uma educação na qual são enxertados regras e conhecimento tradicional. Ele se volta, especialmente, contra a mera formação intelectual presente nos livros, atribuindo ao desenvolvimento das habilidades físicas uma importância pelo menos tão grande quanto a educação intelectual. O ímpeto infantil de desenvolvimento não pode ser freado em nenhum aspecto.

Essa reivindicação de Rousseau somente é compreensível com base em sua visão da humanidade. Nesse aspecto, ele se distancia da visão pessimista dos calvinistas. Ele está convencido de que, originariamente, a natureza humana é boa, e não acredita, ao contrário de muitos de seus contemporâneos, que exista uma maldade nas crianças a ser extirpada. Para ele, o mal surge somente pela influência dos homens e da sociedade, pelo enfraquecimento e pela repressão das forças naturais. "Toda maldade vem da fraqueza", escreve Rousseau, "A criança só é má porque é fraca. Tornai-a forte, e ela será boa."

Por sua vez, a utilidade, repetidamente enfatizada por Rousseau, e a prática por ele exigida apresentam claramente a marca da autoconcepção burguesa, que se distanciava dos valores aristocráticos. Na burguesia, que ocupava cada vez mais os bastiões sociais e, com a Revolução Francesa, havia conquistado também o poder político, o trabalho valia mais do que a classe social e a representação, principalmente no sentido de uma atividade produtiva e com valor agregado. Trabalho, moderação no estilo de vida e atividade física: essas são virtudes tipicamente burguesas e rousseaunianas. A educação apresentada em *Emílio* é inspirada, sob vários aspectos, em valores burgueses.

Consequentemente, os primeiros passos que Emílio deve dar na aprendizagem não são os do conhecimento abstrato, e sim os da compreensão sensorial. O primeiro entendimento do mundo passa pela "razão sensitiva", como é chamada por Rousseau; portanto, com o auxílio dos pés, das mãos e dos olhos. No início, a criança aprende ao experimentar o meio ambiente através dos sentidos, e um dos principais instrumentos dessa primeira experiência sensorial é a brincadeira. Rousseau foi dos primeiros filósofos a dar ao papel das brincadeiras uma grande importância pedagógica.

Em seus trabalhos iniciais, Rousseau havia oposto, por diversas vezes, a vida simples das cidades-Estado da Antiguidade grega à vida luxuosa e degenerada de seu próprio tempo. Ele tinha uma imagem especialmente positiva de Esparta, um Estado militar ascético, e de suas ideias de educação. Tendo em vista a juventude educada de forma "espartana", ele exige resistência física. Emílio deve se expor à natureza, andar descalço e dormir em uma superfície dura. Da mesma forma, vestuário e alimentação devem ser adaptados a essa nova educação "natural". Diferentemente das crianças nobres de seu tempo, para as quais havia códigos de vestimenta e que eram atadas como pacotes, Emílio recebeu uma roupa leve e arejada, que lhe permitia movimentar-se livremente. Sua dieta era marcadamente ecológica: refeições simples, em quantidades moderadas, com muitos alimentos crus e nenhuma carne.

A educação intelectual, segundo Rousseau, deve se basear na educação sensorial e ser transmitida através dela. Assim, Emílio aprende conceitos e recebe explicações teóricas, sempre associadas à experiência sensorial que faz. Ele assimila os fundamentos da geometria ao copiar as formas. Aprende geografia e astronomia pela observação direta da natureza. Não se ocupa das ciências que não têm relação com suas experiências.

Rousseau tem uma desconfiança puritana acerca da fantasia e das experiências estéticas e livres, sobretudo a leitura que, para ele, é o "flagelo da infância". Até os 15 anos de idade, Emílio não tem acesso a livros, com exceção de *Robinson Crusoé*, de Daniel Defoe, a bíblia do *self-made man* burguês, a história de um homem que, depois de um naufrágio, chega a uma ilha remota e, distante da sociedade, constrói sua existência com as próprias mãos. *Robinson Crusoé* cumpria o que Rousseau esperava da literatura: que fosse didática e útil.

Emílio não deve se tornar um intelectual. Deve aprender a trabalhar com suas mãos e a se sustentar. Para Rousseau, o trabalho é um dever social. Por isso, a sociedade tem o direito de obrigar o ocioso a trabalhar. Portanto, a escolha natural da profissão recai sobre um trabalho manual. Rousseau defende um ofício em que Emílio não se suje com frequência, como acontece com os ferreiros, e sugere, então, a marcenaria.

Somente a partir dos 15 anos Emílio se familiariza com o mundo abstrato e intelectual, ou seja, com o mundo da filosofia, da moral e da religião. No meio do livro, para esclarecer suas convicções religiosas e filosóficas, Rousseau insere a célebre "Profissão de fé do vigário de Saboia", que faz referência às experiências que ele vivenciou, quando jovem, com padres católicos. Esse é o centro teórico de *Emílio* e contém, dissimulada na figura do vigário, a profissão de fé de Rousseau, que era de uma religião multiconfessional, natural, sem instituições nem dogmas. Como outros iluministas de seu tempo, Rousseau faz uma distinção entre a figura concreta e historicamente condicionada das igrejas cristãs e a verdadeira doutrina cristã. Apenas esta é, segundo ele, essencial. Não está vinculada a certos ritos e pode ser reduzida ao discernimento natural.

As convicções religiosas de Rousseau são aquelas que foram defendidas pela filosofia iluminista e racionalista, por exemplo, por Gottfried Wilhelm Leibniz e Christian Wolff: a suposição da existência de Deus, da imortalidade da alma e do livre-arbítrio do homem. Contudo, essas crenças não derivariam da razão, mas de um "sentimento interno" e da percepção sensorial. Viver conforme essa doutrina nada mais significaria além de viver uma vida moralmente boa. "O essencial nessa Terra", escreve ele, "é cumprir com o seu dever."

Em algum momento, o aluno Emílio também deve aprender a se habituar à presença de outras pessoas e, com isso, se adaptar à sociedade. No romance de Rousseau, esse momento aparece relativamente tarde, a saber, na puberdade. Até então, Emílio é um garoto simplório, protegido da sociedade. Integridade moral e utilidade social são mais apreciadas por Rousseau do que um comportamento diplomático e seguro de si. Também aqui os ideais burgueses de educação prevalecem sobre os aristocráticos. Embora Emílio tenha de aprender as regras da sociabilidade e a virtude social, que estão no centro da educação de jovens aristocratas, essa educação tem, em Rousseau, uma feição característica. Emílio deve familiarizar-se com suas maneiras, sem que as aparências se tornem realidade: deve observá-las, dominá-las, mas, ao mesmo tempo, manter distância delas. Sua natural autoconsciência não pode se desencaminhar pela vaidade nem pelo amor-próprio. "Ele é firme", segundo Rousseau, "mas não presunçoso. Suas maneiras são livres, mas não desdenhosas." A verdadeira cortesia não pode ser uma rotina; ao contrário, ela consiste em uma bondade natural.

Mas Emílio deve, sobretudo, conhecer o sexo oposto. Rousseau defendia uma educação sexual, o que era altamente incomum para a sua época. No entanto, também sob esse aspecto, Emílio se torna rapaz um pouco mais tarde, se comparado aos seus contemporâneos. Ele não pode ter nenhuma experiência sexual antes de completar 20 anos e, mesmo depois disso, não tem escolha: sua primeira parceira lhe é entregue por seu educador. Para Rousseau, a questão da parceira certa é importante demais para ser deixada ao acaso.

Como o Deus bíblico, que entregou ao primeiro homem uma companheira, Rousseau cria, no Livro V de *Emílio*, a futura esposa de seu aluno. Ela se chama Sofia. Ao contrário do que acontece com Emílio, a educação de Sofia segue o modelo tradicional, pois, segundo Rousseau, a mulher é "criada para agradar e se submeter". Sofia é educada para seguir o marido e levar uma vida doméstica. Emílio finalmente se apaixona por ela, o que não surpreende o leitor, pois, no mundo educacional de Rousseau, a natureza conduz racionalmente também as relações amorosas: "Só se ama depois de julgar", diz o princípio de Rousseau, que a experiência de vida não chegou a alterar.

Depois de enviar seu aluno para as costumeiras viagens de formação, destinadas às classes superiores, Rousseau dá ao livro um final feliz: o matrimônio. O encerramento idílico da obra, como um conto de fadas, lembra ao leitor que não se trata, aqui, de um relatório de experiências vividas, tampouco de um guia prático para a vida, e sim de uma experiência-piloto, em forma de narrativa, cujos resultados devem ser transferidos para a realidade de cada um.

A publicação de *Emílio*, em 1762, imediatamente alarmou a censura e provocou considerável turbulência na vida de Rousseau. Ele teve de deixar Paris às pressas e, por muitos anos, fugir das autoridades. Não foram os métodos pedagógicos apresentados, e sim a visão não ortodoxa da religião, presente na "Profissão de fé do vigário de Saboia", que levou o livro a ser confiscado e até mesmo queimado. Rousseau também recebeu críticas de seus contemporâneos. Voltaire foi o primeiro a zombar, dizendo que o homem que havia colocado os cinco filhos em um orfanato desejava orientar o leitor a respeito da educação.

O próprio Rousseau estava convencido de que *Emílio*, dentre todas as suas obras, teria o maior impacto. Mais tarde, quando os jacobinos transferiram seu cadáver para o Pantheon parisiense, teve início a carreira de Rousseau como pensador da época. Os iluministas se referiam à sua crítica social, à sua defesa das virtudes burguesas e à sua demanda pela emancipação do indivíduo. Assim, o clássico lema do Iluminismo, "Ousa fazer uso do teu próprio intelecto!", formulado por Immanuel Kant, foi diretamente extraído dos fundamentos pedagógicos de *Emílio*. O culto à sensibilidade e à naturalidade, iniciado por Rousseau e que prevaleceu entre o fim do século XVIII e o início do XIX, teve seu ponto alto em *Werther*, de Goethe. Por isso, Rousseau também se tornou o filósofo inspirador do Romantismo.

Rousseau pode ser considerado, sobretudo, o pai da pedagogia moderna, fundada no fim do século XVIII por um de seus admiradores, o suíço Johann Heinrich Pestalozzi. Mas os princípios educacionais da experiência universal e do desenvolvimento das próprias forças naturais também influenciaram diferentes pensadores, como Rudolf Steiner, fundador da antroposofia, e John Dewey, principal teórico da educação do pragmatismo norte-americano. O espírito de Rousseau pode ser notado em todas as reformas pedagógicas do século XX e continua vivo também na crítica à civilização dos pensadores ecológicos contemporâneos.

*Emílio* é a obra de um restaurador filosófico: por trás das marcas da cultura, das barreiras e das convenções sociais, ele descobriu a figura do homem natural, que até hoje brilha em cores vivas e fortes. Para muitos, permanece essa imagem do homem autêntico.

**Edição:**

JEAN-JACQUES ROUSSEAU: *Emil oder die Erziehung*. Nova versão alemã, editada por Ludwig Schmitts. Paderborn, Schöningh, 1971 (também UTB).

## Corrida de obstáculos no percurso para o conhecimento

GEORG WILHELM FRIEDRICH HEGEL: *Fenomenologia do espírito* (1807)

Entre os grandes nomes da história do futebol, há os artistas da bola, tecnicamente muito talentosos, que, como bem se diz, podem "jogar bonito" e deixar seu adversário "atordoado". Eles mudam de direção, fazem malabarismo com a bola, passando-a de um pé para o outro, fazendo-a rolar e sumir, simulando movimentos e, finalmente, passando pelo adversário como se ele fosse um poste de iluminação. Alguns expectadores juram que somente essa magia do manejo com a bola merece ser chamada de "futebol", mas há aqueles que desconfiam desse malabarismo e lamentam a falta de "ímpeto na direção do gol" e de eficiência de tais jogadores. Outros observam a cena boquiabertos e, ocasionalmente, se perguntam: afinal, onde está a bola?

Entre os grandes nomes da história da filosofia há igualmente esses artistas da bola. Talvez o mais conhecido seja Georg Wilhelm Friedrich Hegel, que, com seus escritos, também deixou atordoados não apenas seus contemporâneos, mas também muitas gerações de leitores. A maneira de Hegel se apresentar ao público, com todo um arsenal de conceitos novos e inusitados, usando de grande habilidade para fazer malabarismos inesgotáveis com eles e, ao final, tirar da cartola o "conhecimento absoluto", é algo que deixa completamente aturdidos os leitores despreparados. Entre os filósofos, Hegel também possui partidários fervorosos, que veem em sua obra o ápice da filosofia europeia. Outros tratam sua linguagem difícil com grande desconfiança, e o leitor imparcial vê a si próprio constantemente confrontado com a questão: afinal, do que Hegel está falando aqui?

De todas as obras de Hegel, a *Fenomenologia do espírito*, seu primeiro e até hoje mais conhecido projeto sistemático, foi a que mais fascinou os leitores. Hegel é o último grande representante do idealismo filosófico. Ele acreditava que uma substância espiritual, a saber, a razão, constitui o cerne da realidade. A *Fenomenologia* descreve o caminho tortuoso, percorrido pela razão, para mostrá-la em sua verdadeira forma. Como "espírito do mundo", ela se manifesta gradualmente nos esforços de conhecimento e na produção cultural do homem. A *Fenomenologia do espírito* retrata o caminho da autorrevelação da razão como uma corrida de obstáculos em um percurso para o conhecimento, em cujo objetivo está o "espírito que se sabe como espírito" ou, como também diz Hegel, "o conhecimento absoluto". Pois é o homem que produz esse espírito, com seus esforços para obter conhecimento de mundo e ciência.

O próprio Hegel também teve de percorrer um caminho penoso e cheio de obstáculos, até se tornar aquilo que o mundo intelectual percebeu no final de sua vida: o filósofo mais influente de seu tempo. Hegel iniciou a carreira de filósofo vagarosamente e aos tropeços, porém correu mais, foi persistente e, ao final, ultrapassou seus contemporâneos. Que um dia ele se tornaria um grande intelectual e marcaria toda uma época foi algo que, certamente, poucos previram em seus anos de juventude.

Filho de um funcionário público de Stuttgart, nasceu em 1770 e foi considerado um estudante exemplar durante o curso clássico, porém mentalmente mais lento e atrasado em relação aos seus contemporâneos no período na universidade. O aluno Hegel recebeu de seus colegas o apelido nada lisonjeiro de "o velho", por conta de sua lentidão um tanto precoce. Além disso, era conhecido como um frequentador assíduo dos bares locais, e seu consumo de vinho e tabaco constantemente provocava a reação das autoridades universitárias.

Mas foi o período de estudos no seminário de Tübingen que estabeleceu os fundamentos de seu pensamento filosófico. Lá, os duques protestantes de Württemberg formavam seus descendentes pastores, e também Hegel se inscreveu para o curso de teologia, que faria no inverno de 1788/89, com uma bolsa oferecida pelo ducado. O padrão de pensamento teológico o marcou desde o início: a convicção cristã de que uma verdade universal e absoluta, portanto Deus, manifesta-se no mundo dos homens teve grande influência no conceito fundamental de sua filosofia.

No entanto, o jovem Hegel se recusou a seguir literalmente as doutrinas teológicas e preferiu, sob a influência do Iluminismo e dos acontecimentos políticos da época, uma interpretação racional, que identificava Deus com a razão. Enquanto no país vizinho, a França, acontecia o terremoto político da Revolução Francesa, o estudante Hegel lia as obras dos iluministas franceses e compartilhava de suas críticas, relacionando-as à situação política irracional de seu tempo. Na primavera de 1791, quando jovens partidários da Revolução Francesa plantaram uma "árvore da liberdade" em Tübingen, Hegel estava presente. E mesmo já idoso tomava um copo de vinho a cada 14 de julho, em homenagem à tomada da Bastilha.

As convicções filosóficas de Hegel formaram-se em um intercâmbio estreito com um círculo de amigos, os "seminaristas", que podia ser descrito como uma oficina de pensamento de jovens gênios. A esse grupo pertenciam Friedrich Hölderlin, coetâneo de Hegel, e Friedrich Wilhelm Joseph Schelling, cinco anos mais novo. A partir das discussões entre os três, desenvolveu-se a nova filosofia do idealismo alemão, que tentava reinterpretar conceitos teológicos, com o auxílio do conceito de razão, revalorizado pelo Iluminismo. A razão, como essência do mundo, tomou o lugar do Deus cristão. Na tradição do racionalismo moderno, os jovens idealistas acreditavam que essa razão era acessível ao pensamento humano. A razão substituiu Deus, e o pensamento substituiu a fé.

Um ponto de partida importante para essa filosofia foi o racionalismo de Baruch de Espinosa, cujo foco recai sobre uma razão de mundo divina e abrangente. Em sua *Ética* (1677), Espinosa defende um panteísmo: Deus e mundo são um só – uma única, eterna e imutável substância. Ela se manifesta na forma de leis matemáticas e científicas: para Espinosa, todos os acontecimentos seguem a lei da causa e do efeito.

Em 1781, foi publicada, no entanto, a *Crítica da razão pura*, de Immanuel Kant, obra que questionou o racionalismo tradicional e afirmou que as leis naturais são aplicáveis não ao mundo em si, mas somente a um "mundo fenomênico", dependente de nossa própria faculdade cognitiva. Kant traçou uma linha vermelha entre o sólido conhecimento empírico do intelecto humano e as especulações incertas de uma razão "pura", linha essa que ele não queria ultrapassar. A razão, segundo Kant, sempre se envolve em contradições insolúveis. Ela não permite afirmações definitivas sobre a essência do mundo nem sobre Deus.

Hegel, Hölderlin e Schelling já não reconheciam a linha vermelha traçada por Kant e, como Espinosa, acreditavam na capacidade da razão de perceber a essência do mundo, o mundo "em si". As ciências naturais, tão valorizadas por Kant, já não eram consideradas verdadeiras por eles. A ciência, pelo contrário, tinha seu lugar na própria filosofia, no esforço da razão para levar a realidade ao conceito. Para Hegel, filosofia e ciência se tornaram sinônimos.

Essa concepção de filosofia também estava por trás da obra *Fundamento de toda a teoria da ciência*, de Johann Gottlieb Fichte, publicada em 1794. Da tese kantiana de que aquilo a que chamamos "realidade" depende das premissas subjetivas de nosso conhecimento, Fichte tirou uma conclusão radical: para ele, a realidade nada mais é do que uma ação criativa do "Eu", um princípio primário que está na base da consciência humana. O "Eu" de Fichte não conhece limites para a experiência e configura a realidade – Fichte utiliza o termo "posicionar" – na liberdade absoluta. Mundo exterior e natureza são apenas posições do "Eu". Portanto, a linha entre fenômeno e coisa em si deixa de existir.

Os jovens filósofos de Tübingen também acreditavam que não há limites para a razão ativa do conhecimento. Mas Hölderlin, Schelling e Hegel não enxergavam no "Eu" o princípio último da realidade. Para eles, havia algo mais objetivo por trás. Em um ensaio de 1794/95, Hölderlin o chamou de "ser absoluto". O "absoluto" se tornou a descrição da nova razão de mundo. Em um texto de 1796, conhecido como "O mais antigo fragmento sistemático do idealismo alemão", possivelmente escrito por Hölderlin, Hegel e Schelling, reivindica-se a formulação de uma "mitologia da razão". O novo programa filosófico, seguido também por Hegel, foi assim formulado: a filosofia deveria esclarecer a forma racional e verdadeira do mundo em uma teoria do absoluto.

Schelling, que já em 1798 era professor universitário em Jena, destacou-se antes de Hegel com tal teoria. O absoluto, que ele também chamava de "divino" ou "espírito", manifestava-se, igualmente, no desenvolvimento da natureza e da cultura. Para ele, toda realidade é um "espírito emergente" e está acessível ao homem por meio de um tipo de intuição, uma "intuição intelectual".

Hegel observava os altos voos filosóficos de seus antigos colegas, inicialmente dos baixos de sua existência subalterna como tutor. Depois de concluir os estudos, em 1793, seguiu trabalhando como tutor, primeiro na cidade suíça de Berna, depois, entre 1797 e 1800, em Frankfurt, onde também estava Hölderlin, que, nesse meio-tempo, havia se destacado como poeta. Somente em 1801 Hegel assumiu seu primeiro cargo como professor universitário, em Jena, graças à mediação de Schelling. A partir de então, ele já podia pensar em trabalhar sistematicamente em sua própria filosofia.

O Hegel de Jena estava muito distante dos filósofos políticos prussianos, devidamente estabelecidos, como foi caricaturado na velhice. Com pouco mais de 30 anos, ele era um intelectual liberal, aberto às mudanças radicais de seu tempo, e tinha a ambição de fundar uma nova filosofia da razão. Goethe, que era o responsável pela política cultural do principado de Sachsen-Weimar, apoiava o jovem estudioso.

Também Schelling e Hegel mantiveram, inicialmente, um estreito contato pessoal e juntos editavam uma publicação filosófica, o *Jornal crítico de filosofia*. No entanto, com o ensaio "A diferença entre os sistemas de Fichte e Schelling", publicado em 1801, Hegel havia começado a se distanciar filosoficamente de Schelling. Embora estivesse mais próximo da teoria do absoluto, proposta por Schelling, que do princípio do "Eu", de Fichte, Hegel se voltou contra a ideia de que esse absoluto seria perceptível de imediato, por assim dizer, por meio de uma "intuição intelectual".

O "espírito", como Hegel chamava o absoluto, inspirando-se em Schelling e no "espírito das leis" do filósofo iluminista francês Montesquieu, não era uma luz pairando no céu, mas um sinal que, no transcorrer da história da humanidade, se delineou de forma cada vez mais clara. Esse sinal não aparece para o homem de forma repentina, como um ato de inspiração, mas tem de ser extraído com o auxílio da análise conceitual. Para Hegel, esta era, precisamente, a tarefa do filósofo: descrever as formas em que o espírito se manifesta, ou seja, descrever o "fenômeno" (do grego "phainómenon"). Do programa de uma "mitologia da razão" surgiu o programa de uma "fenomenologia do espírito".

Em 1805, Hegel foi nomeado "professor-visitante", por iniciativa de Goethe, o que, no entanto, não lhe trouxe a garantia de renda, e ele continuou a depender das taxas pagas pelos estudantes. No mesmo ano, mencionou o projeto de um texto, que inicialmente seria apenas uma "introdução" ao seu sistema, mas se transformou em um volumoso manuscrito.

Em muitos aspectos, Hegel levava uma vida bastante difícil. Teve um filho com a esposa de seu senhorio e sabia que teria pela frente obrigações financeiras; por isso, procurava urgentemente um emprego fixo. A situação política também estava muito instável na época. Havia a guerra, e Napoleão estava às portas.

Por intermédio do filósofo Friedrich Immanuel Niethammer, amigo e mecenas que havia conhecido em Jena e, nesse meio-tempo, havia se mudado para a Baviera, Hegel finalmente encontrou em Bamberg um editor para seu livro inédito e pôde, assim, combinar um adiantamento.

O manuscrito foi concluído em circunstâncias arriscadas: em 13 de outubro de 1806, depois da batalha de Jena e Auerstädt, os franceses marcharam sobre Jena e pilharam a cidade, inclusive a residência de Hegel, que se refugiara na casa de conhecidos, levando apenas alguns poucos documentos. Sentiu a respiração da história em sua nuca. Ao olhar pela janela e ver Napoleão na sela, chamou-o, em uma carta a Niethammer, de "a alma do mundo a cavalo". Na noite de 14 de outubro, redigiu as páginas finais de seu manuscrito, e a última parte seguiu para Bamberg no dia 20 de outubro. Em 5 de fevereiro de 1807, nasceu Ludwig, seu filho ilegítimo. Não apenas a "alma do mundo" o levava a deixar a cidade, pouco tempo depois.

Como todas as obras de Hegel, a *Fenomenologia* é difícil de entender. Para um iniciante sem nenhum tipo de assistência, a leitura é feita com muito esforço. Com suas frases complexas e palavras cunhadas de modo pouco usual, também muitos especialistas lutam para compreendê-lo.

Trata-se, essencialmente, de uma metafísica, uma teoria do absoluto como último fundamento da realidade, em que também estão envolvidos debates epistemológicos e filosófico-culturais. Uma característica de Hegel é a perspectiva histórico-filosófica, sob a qual ele considerava todas as questões. Justificar e explicar alguma coisa significava, para ele, remeter àquele "fundamento", a partir do qual ela se desenvolveu. Hegel explica "geneticamente", ou seja, apresenta o desenvolvimento de uma coisa e seu lugar em um contexto histórico. Também o absoluto, isto é, a razão universal de Hegel, é explicado à medida que sua evolução de uma fase "imediata" para outra complexa é exposta.

No "Prefácio" do livro há uma das frases mais conhecidas de Hegel, que resume a relação entre o conhecimento do absoluto e seu desenvolvimento. É necessário, segundo Hegel, "entender e exprimir o verdadeiro não apenas como *substância*, mas também como *sujeito*". Enquanto em Espinosa o "verdadeiro" – portanto o espírito como razão de mundo abrangente – ainda é definido como "substância" pronta, constante e eterna, em Hegel ele é um princípio ativo, movente, um "sujeito" no sentido de um agente atuante. Como "substância viva", desenvolve-se de um estado conceitual ainda incompleto, inacabado, para o conhecimento absoluto.

Esse desenvolvimento – e, portanto, a história intelectual – é considerado uma linha progressiva, mas, ao mesmo tempo, uma linha que descreve um círculo. O trajeto do espírito do mundo é, nas palavras de Hegel, "um vir-a-ser de si mesmo, o círculo que pressupõe seu fim como sua meta e o tem como princípio". O absoluto sempre existiu, já estava posto em seu desenvolvimento, embora ainda não tivesse se desenvolvido. Somente no conhecimento absoluto acontece esse desdobramento: o espírito, o absoluto, passa a compreender a si próprio. Não é por acaso que essa evolução circular sempre foi comparada à figura de uma espiral.

Portanto, o conhecimento absoluto não é algo que se possa oferecer facilmente em uma definição. O que Hegel chama de "verdade" no sentido do "conhecimento absoluto" é a totalidade do processo de autodesdobramento do espírito. No entanto, o espírito do mundo não paira, desprendido, sobre nossa cabeça. Ao contrário, ele é a nossa própria herança, o substrato da história cultural, do esforço intelectual do homem para entender a si próprio e o mundo. O desenvolvimento "objetivo" do espírito no mundo e o entendimento "subjetivo" que o homem desenvolve acerca desse espírito correspondem, portanto, um ao outro. A razão de mundo e a compreensão racional do mundo se desenvolvem no mesmo processo. É a versão hegeliana da atuação de Deus, que se revela ao homem, tornando-se, Ele próprio, homem.

A *fenomenologia*, que descreve esse processo, também se vê como parte dele. Para Hegel, o conhecimento científico não significa apanhar alguma coisa pelo lado de fora, como se faz com uma tenaz, e sim "entregar-se à vida do objeto", isto é, assimilar o movimento da realidade. Também aqui Hegel recorre às tradições religiosas, à mística da cabala judaica e a Jakob Böhme, místico alemão do início do século XVII: dentro e fora, microcosmo e macrocosmo são equivalentes e se referem um ao outro.

Hegel inicia o procedimento empírico do espírito em um nível epistemológico, com a "consciência". Trata-se da relação clássica de percepção entre sujeito e objeto, da forma como o homem se apropria do mundo dos objetos. A "consciência" no início da obra demonstra que Hegel se refere à tradição da epistemologia moderna, fundada por René Descartes, segundo a qual o conhecimento seguro deve ser alcançado por intermédio de uma autoinvestigação da razão de cada sujeito.

A forma mais inocente e menos desenvolvida do espírito é vista por Hegel naquilo que, normalmente, aparece como a forma mais segura e natural do conhecimento: a "certeza sensível". Olhamos para uma árvore e afirmamos: "Isto é uma árvore", e acreditamos que nossa percepção é clara e inequívoca. Mas Hegel descobre nesse reconhecimento aparentemente simples do objeto relações e distinções que, à primeira vista, estavam ocultas. Esse reconhecimento não se refere à árvore "em si", de forma independente de mim, mas, ao contrário, minha consciência estabelece uma ligação entre o sujeito que reconhece e o objeto reconhecido. A aparente unidade se desintegrou em uma bipolaridade. Mesmo o "isto" não é evidente – eu me viro e indico alguma outra coisa. "Isto" é um termo linguístico que, tal como "árvore", pode ser aplicado a diferentes objetos. Com a linguagem, portanto, entra em cena outro aspecto, mais significativo do que o objeto concreto que está diante dos nossos olhos.

Nossa certeza sensível, simples e aparentemente concreta revela-se, assim, um conhecimento complexo, que nos leva à utilização de termos linguísticos ou, como se expressa Hegel, nos conduz ao "universal". Esse conhecimento do universal é chamado por ele de "percepção", colocando-nos já na fase seguinte e superior do desenvolvimento do espírito. Ela também parece ser, em primeiro lugar, um "simples" conhecimento, mas, de novo, irrompem as aparentes contradições e referências que, inicialmente, não foram notadas. Pois, se de um lado consideramos o conceito uma unidade, por outro, o conceito de "árvore" reúne características totalmente diferentes em relação ao tamanho, à cor, à forma etc. Portanto, também aqui a unidade se desintegra em contrários, quando examinada de perto. Deve-se encontrar uma unidade superior que inclua a essência do conceito geral, a síntese de unidade e multiplicidade. Isso ocorre na etapa seguinte, na atividade do entendimento.

Com esse tipo de análise, estamos no centro da "fenomenologia do espírito", em um movimento do pensamento que sempre apresenta a mesma estrutura básica e é chamado por Hegel de "movimento dialético". Uma unidade aparente, que também é chamada de "positividade", "imediatidade" ou "ser-em-si", se decompõe em opostos. Esse processo, frequentemente descrito por Hegel como "negação", nada mais é além da indicação das diferenças ou referências ignoradas, que estão presentes em um conceito. A partir de então, em uma terceira etapa, os opostos voltam a ser neutralizados em um processo triplo: são eliminados, simultaneamente protegidos e elevados a uma unidade de nível superior. Transformam-se em aspectos integrados, em "momentos" da nova unidade. Através do "ser-em-si" e do "ser-para-o-outro" chega-se ao "ser-para-si", isto é, "ser-em-si-e-para-si". A fórmula versátil "tese-antítese-síntese" é um modelo de explicação usado até hoje por todos os hegelianos.

A dialética é a lei de evolução do espírito. Se um nível de conhecimento é alcançado, ele imediatamente se revela tão provisório quanto seu antecessor, devendo ser ultrapassado no próximo. Em sua análise, Hegel quer nos demonstrar que não se pode capitular, como Kant, diante de contradições aparentemente insolúveis; ao contrário, deve-se compreender a realidade e a reflexão que ela abrange como uma superação contínua das novas contradições que sempre surgem.

As estações ao longo desse trajeto deram muito trabalho a gerações de especialistas. Assim, Hegel avança do entendimento até a autoconsciência e, com isso, a um novo nível, que desempenha papel especial em seu livro. Com "autoconsciência", Hegel não se refere à autoestima, no sentido coloquial dos dias de hoje, mas à consciência que tem consciência de si própria. Em outras palavras: a autoconsciência é a fase em que a consciência percebe a si própria, em que as relações e os procedimentos ligados ao processo cognitivo tornam-se claros para ela. Por isso, Hegel também fala em "ter chegado ao reino natural da realidade" com a autoconsciência.

A autoconsciência contém todas essas relações como uma unidade que, entretanto, novamente se desintegrará. A oposição que se forma então é uma das mais discutidas na obra de Hegel, que usa uma linguagem metafórica e a descreve como uma oposição entre "senhor" e "servo".

Os intérpretes quebram a cabeça: trata-se de uma oposição entre dois sujeitos diferentes ou apenas uma oposição entre duas formas de autoconsciência? Seria uma oposição entre uma consciência do Eu e uma consciência orientada para os objetos, portanto uma oposição que acontece no interior da consciência? A maioria aderiu à última interpretação.

Entre essas duas formas de autoconsciência ocorre, segundo Hegel, uma luta de vida e morte, em que se trata de reconhecimento e de autoafirmação. Chega-se a uma dissolução dessa batalha e, com isso, dos opostos, quando a relação fraqueja e os papéis são trocados. O senhor é, na verdade, o dependente, pois sua experiência da realidade se dá apenas pela intermediação de seu servo. Por outro lado, com seu trabalho, o servo alcança uma nova autoconsciência e supera o medo da morte.

Para essa passagem, Hegel inspirou-se em um famoso romance iluminista experimental do século XVIII, escrito por Diderot: *Jacques, o fatalista, e seu amo*. O criado Jacques observa que, enquanto seu amo ostenta o título de "senhor", ele próprio detém a "coisa", ou seja, é ele a verdadeira força ativa. Dessa forma, conclui: "Jacques governa seu senhor." Hegel exprime essa frase da seguinte forma: Ao ser consumada, "a servidão se tornaria o contrário do que é imediatamente; entra em si como consciência reprimida em si mesma e se converte em verdadeira independência".

Muitos, especialmente os marxistas, consideram o trecho sobre o senhor e o servo a parte mais interessante da *Fenomenologia*. Pois nele não se revelaria o caráter provisório da sociedade de classes, que deve necessariamente desembocar em uma alteração de dominação? A partir dessa passagem, o próprio Marx desenvolveu seu conceito de "trabalho", isto é, a força formadora da autorrealização humana.

No entanto, parece que, apesar do uso de metáforas, Hegel pensou mais nos processos de consciência e de reflexão. Em alusão ao conceito do "Eu" desenvolvido por Fichte, que afirma sua liberdade no estabelecimento da realidade, ele descreve o novo estágio da autoconsciência como "livre-pensamento", que ultrapassou suas contradições internas.

Nesse ponto de articulação do livro, Hegel passa de um nível epistemológico para outro filosófico-cultural. Com a "liberdade da autoconsciência", ele entra no campo da história intelectual, dos grandes projetos de autoconhecimento humano. Seguro de si, ele omite a distinção entre a compreensão coletiva do mundo e a individual. Vê em todos os níveis – seja no esforço de conhecimento do sujeito, seja em um "espírito do tempo" – o mesmo espírito marchando firmemente na direção do saber absoluto.

Inicialmente, o livre-pensamento se contenta com a autonomia interior, que – como na filosofia antiga dos estoicos – permanece passiva em relação ao mundo. Mas ela volta a se dividir – como na filosofia dos céticos –, na tentativa infrutífera de interpretar o mundo, e, finalmente, se resigna a um novo estágio, em que a fragmentação da consciência é reconhecida, na medida em que a limitação e a finitude da consciência são separadas da esfera da eternidade. Esse estágio é chamado por Hegel de "consciência infeliz". O que soa como um conceito da filosofia da existência é, na verdade, uma alusão ao cristianismo, que substitui a filosofia antiga e no qual este e o outro mundo contrastam de forma "irreconciliável".

A tentativa de tal reconciliação é feita pela razão. Hegel não se refere, aqui, ao absoluto como razão de mundo, e sim à aspiração racional dos tempos modernos, como ela – por exemplo, como "razão observadora" – se manifesta nas ciências naturais empíricas.

O fato de a razão ser substituída pelo nível do "espírito" é algo que desencadeia algumas questões: já não falamos o tempo todo sobre a "fenomenologia do espírito"? Qual a finalidade, então, de um capítulo intitulado "Espírito"? Mas Hegel havia pensado a esse respeito. Nesse estágio, só se considera espírito aquilo que, segundo Hegel, ele verdadeiramente é: uma lei abrangente e racional da realidade. Aqui se torna claro ao espírito quem ele verdadeiramente é e, por isso, ele pode chamar a si próprio somente de "espírito".

Nesse momento, o foco da *Fenomenologia* desloca-se para temas que hoje atribuímos à filosofia prática, portanto para temas como integridade, moral, religião, política, Estado e direito. A partir desse ponto, Hegel discute diversas vezes, segundo o modelo dialético, determinadas etapas da história intelectual – por exemplo, o Iluminismo ou a filosofia moral de Kant – e demonstra que nelas surgem verdades parciais, enquanto a verdade total jamais é expressa. A filosofia moral de Kant lhe parece muito "formalista", pois apresenta dever e inclinação, homem e natureza em uma oposição "irrevogável".

No penúltimo capítulo, intitulado "Religião", o espírito já entra em cena em sua figura plena, mas ainda com uma roupagem metafórica e mitológica. No conhecimento absoluto, ele é despojado dessa forma mitológica. Assim, qual a aparência desse espírito, entendido no conhecimento absoluto, ou seja, na verdade? Se o leitor espera que Hegel escancare a porta para que o absoluto apareça em total esplendor filosófico, está equivocado. O caminho propriamente dito é a meta, nos ensina Hegel. Ao longo do trajeto percorrido, o absoluto se mostra para nós à medida que as estações são "formuladas com precisão". Por isso, ao final do livro, Hegel dirige seu olhar e o do leitor de volta para "a história compreendida" como "a lembrança e o calvário do espírito absoluto". Não por acaso, ele volta a utilizar uma simbologia religiosa:

assim como Cristo, no Gólgota, tomou para si o sofrimento dos homens e os redimiu, a *Fenomenologia* reconstruiu dialeticamente a história do espírito e, com isso, a compreendeu.

A primeira obra importante de Hegel foi publicada na primavera de 1807, em Bamberg, quando ele já havia assumido o cargo de redator do *Bamberger Zeitung*. Com ela, Hegel teve abertas as portas para a sua carreira e pavimentou o caminho para suas grandes obras posteriores. A *Fenomenologia* veio a ser considerada pela posteridade um lance de genialidade de Hegel. Sobretudo sua forma de explicar historicamente as coisas, isto é, a partir do seu desenvolvimento, exerceu grande influência e prevaleceu na segunda metade do século XIX também entre adversários do idealismo, como Augusto Comte, na França, e Herbert Spencer, na Inglaterra.

Que a forma de análise de Hegel, difícil e incomum, tenha provocado fortes críticas não surpreende. "Sempre que folheava a *Fenomenologia do espírito*, eu pensava: abri a janela de um manicômio", atacava Arthur Schopenhauer, seu colega um pouco mais jovem e que aproveitava toda oportunidade para denunciar publicamente "a algaravia absoluta da dialética hegeliana", assim como Karl R. Popper, que um século mais tarde a considerou uma perversão da lógica.

O estilo de Hegel influenciou, no entanto, até mesmo alguns de seus críticos. Um deles foi o teólogo dinamarquês Søren Kierkegaard, que, com sua obra *Estágios no caminho da vida*, produziu um texto de filosofia da existência contrário à *Fenomenologia*, substituindo o desenvolvimento de um absoluto por outro da concepção concreta da vida do indivíduo, portanto uma "dialética da existência". Também na filosofia existencialista do século XX, como no livro *O ser e o nada*, de Jean-Paul Sartre, continuam a ser empregados alguns conceitos da dialética hegeliana, entre eles o "ser-em-si" e o "ser-para-si".

Mas um dos principais divulgadores do ideário hegeliano foi, sobretudo, o marxismo. Seu fundador, Karl Marx, o grande analista do capitalismo, adotou a ideia de progresso de Hegel no sentido de um desenvolvimento dialético da razão de mundo, mas a interpretou do ponto de vista materialista: para ele, foram as forças econômicas e sociais que levaram a humanidade adiante.

No século XX, sobretudo marxistas ocidentais não ortodoxos, como Georg Lukács, Ernst Bloch e a Escola de Frankfurt, com Theodor W. Adorno e Max Horkheimer, constantemente se referiam à *Fenomenologia*. Para Bloch, era uma obra "que, na literatura filosófica, não tem igual".

O conceito hegeliano de "verdade", que sempre teve em vista a "totalidade", o conjunto de avanços históricos e sociais, também foi adotado por filósofos não marxistas, como Hans-Georg Gadamer, que refundou a hermenêutica filosófica.

Embora dificilmente um filósofo ainda acredite conseguir chegar a um "conhecimento absoluto", não é acidental o efeito duradouro de Hegel: seus leitores vivenciam um pensamento que nunca está parado e não se dá por satisfeito com aquilo que, aparentemente, é evidente. Segundo a formulação de Hegel, a verdade não é uma moeda, pronta para ser embolsada. Pode-se acrescentar que ela é, antes, uma meta que não dá descanso à razão humana.

**Edição:**

GEORG WILHELM FRIEDRICH HEGEL: *Phänomenologie des Geistes*. Frankfurt/Main, Suhrkamp, 1986. [Trad. bras. *Fenomenologia do espírito*, Petrópolis, Vozes, 2011.]

## Por que a religião é humana

LUDWIG FEUERBACH: *A essência do cristianismo* (1841)

Algumas religiões proíbem qualquer tipo de representação imagética de Deus, e para isso há boas razões. As pessoas têm a tendência a utilizar suas experiências culturais e predileções para representar sua ideia de Deus. Assim, o Olimpo é uma multidão de caracteres, aos quais nada do que for humano é estranho e que diferem do mundo dos helenos simplesmente por seu poder e sua imortalidade. Também as representações de Cristo na pintura europeia são frequentemente influenciadas pelos ideais locais de beleza: o Cristo de Albert Dürer, um homem alto, de cabelos louros e encaracolados, carrega até mesmo traços de um autorretrato.

A relação entre o mundo dos homens e a representação dos deuses também já foi tema da filosofia grega: "Os etíopes dizem que os deuses têm nariz achatado e são negros; os trácios, que eles têm olhos azuis e cabelos ruivos", declara Xenófanes de Colofão, já no século VI a.C. Desde então, a análise do antropomorfismo das religiões, em que os deuses são moldados à semelhança dos homens, tem representado uma longa tradição na crítica filosófica da religião. Entretanto, foi preciso esperar o século XIX para que essa crítica fosse transformada em teoria e se despedisse de toda forma de transcendência e de mundo sobrenatural, e os deuses finalmente retornassem às suas origens humanas.

Com sua obra *A essência do cristianismo*, Ludwig Feuerbach explica por que a religião é humana e Deus não é o criador dos homens, mas, em vez disso, os homens são seus criadores. Ele acreditava que, visto de perto, Deus se torna cada vez mais semelhante a nós. O Deus distante e transcendente possui, na verdade, uma face humana. Segundo a tese revolucionária de Feuerbach, Deus não é outra coisa senão uma projeção do homem.

Portanto, Feuerbach quer inverter a religião e trazer à luz o que, em sua opinião, é o conteúdo oculto, porém verdadeiro da religião: "Demonstramos que o conteúdo e o objeto da religião são totalmente humanos, que o mistério da teologia é a antropologia e o do ser divino, o ser humano", escreve ele no último capítulo de seu livro. Para Feuerbach, o caráter humano parece se manifestar de forma particularmente clara no cristianismo.

Usando o exemplo do cristianismo, Feuerbach queria revelar o verdadeiro cerne da religião. Nesse sentido, ele considerava a si próprio um iluminista e aquele que iria concluir a Reforma de Lutero. *A essência do cristianismo* demonstra seu propósito terapêutico de libertar os homens das projeções do além e das ilusões, bem como de fixar a religião naquele que, segundo sua opinião, é o seu lugar: o coração e o ânimo do homem. No centro da religião está não um deus abstrato, mas o homem concreto, de carne e osso. De acordo com Feuerbach, o homem diz "Deus", mas é sobre ele próprio que, na verdade, fala.

Com essa tese, o livro faz parte não somente dos clássicos da crítica da religião, mas também das obras revolucionárias da antropologia filosófica. Ele está entre os trabalhos pioneiros da história da filosofia que ajudam a situar corretamente o material e o sensorial em oposição ao espiritual e ao abstrato e, com isso, mover "inteiramente" o homem para o centro da reflexão. Com o livro *A essência do cristianismo*, Feuerbach ofereceu novo conteúdo à frase de Protágoras, filósofo grego da Antiguidade: "O homem é a medida de todas as coisas."

Feuerbach teve a vida marcada, desde seus primeiros anos de juventude, pela preocupação e pelo envolvimento com questões religiosas. Quarto filho do célebre jurista Paul Anselm Feuerbach, ele nasceu na cidade bávara de Landshut, em 1804, onde cresceu em um ambiente da alta burguesia e cedo desenvolveu interesses intelectuais. Assim, perante os colegas do ginásio em Ansbach, ele fazia o papel de especialista em questões da teologia protestante, que considerava a *Bíblia* a autoridade suprema. Já naquela época, conforme escreveria mais tarde, estava convencido de que era possível esclarecer as "verdades da fé" com base nas "verdades da razão". Feuerbach queria, satisfazendo o desejo do pai, se tornar um pastor evangélico esclarecido.

Os estudos teológicos, iniciados em 1823, em Heidelberg, finalmente o conduziram a um mundo intelectual em que havia uma estreita conexão entre teologia e filosofia. Particularmente na Alemanha, a filosofia do idealismo alemão, influenciada por Schelling e Hegel, havia recebido grande impulso da teologia protestante, o que repercutiu entre os teólogos. Para Hegel, a filosofia e a teologia tratam do mesmo tema; a realidade representa uma ordenação regular, permeada pela razão, descrita metaforicamente na religião cristã revelada e totalmente acessível a um conhecimento racional. Essa concepção hegeliana se espalhou entre muitos teólogos da época.

O jovem Feuerbach conheceu essa teologia, influenciada por Hegel, na Universidade de Heidelberg, com o professor Karl Daub. Em sintonia com o espírito hegeliano, Daub ensinava que todos os milagres bíblicos e os dogmas eclesiásticos podiam ser racionalmente justificados. Mas logo Feuerbach deixou de se contentar com a cópia teológica e quis conhecer a origem filosófica. Por essa razão, seguiu para Berlim, em 1824, onde foi aluno de Hegel e trocou completamente a teologia pela filosofia. Suas crenças religiosas ficaram, então, totalmente abaladas. Para o jovem Feuerbach, o conteúdo da fé cristã já não podia resistir à razão. Ele passou apenas dois anos na esfera imediata de influência de Hegel, cuja filosofia, porém, marcou seu pensamento a partir de então. E se despediu da aspiração profissional de se tornar pastor.

Entre os alunos de Hegel, havia discordância a respeito de qual postura o mestre havia realmente assumido em relação à religião: seria ela apenas uma versão incompleta da interpretação filosófica do mundo ou defenderia sua verdade, com todos os seus dogmas, os seus milagres e as suas crenças, em pé de igualdade com a filosofia?

Feuerbach entendeu o sistema hegeliano como um "panlogismo", como uma visão de mundo garantida pelo "lógos", pela razão e pela unidade da realidade. Para Hegel, o pensamento e o ser eram, basicamente, uma coisa só. A ideia do homem a respeito de Deus, portanto a interpretação religiosa do mundo, era equivalente à ideia de Deus, que gradualmente se concretiza na história.

A partir do estudo de Hegel, Feuerbach desenvolveu a rejeição à existência do além e a convicção de que Deus e o mundo formam uma unidade. Na história da filosofia, ele encontrou muitos patronos para essa convicção, além do próprio Hegel: o filósofo renascentista italiano Giordano Bruno, o místico alemão Jakob Böhme e o racionalista Baruch de Espinosa haviam equiparado Deus ao mundo.

Visto que, ao receber uma bolsa de estudos na Baviera, ele deveria concluir o curso em uma instituição pública da região, Feuerbach se transferiu, em 1828, para a Universidade de Erlangen, onde se doutorou e lecionou até 1832. Sua dissertação *Da razão una, universal e infinita* faz referência ao título da obra de Giordano Bruno, *Da causa, do princípio e do uno* e reforça as ideias de Bruno e Hegel a respeito de uma realidade unitária, governada por um princípio básico.

Para Feuerbach, essa noção de unidade já não deixa espaço para uma fé que esteja ao lado do conhecimento nem para uma visão que divida a realidade entre este mundo e o além. Com isso, ele coloca à prova um dos principais componentes da fé cristã: a doutrina da ressurreição e da imortalidade do indivíduo.

Contrariando o conselho do pai, que chamou sua atenção para o fato de que suas teses poderiam lhe custar o futuro emprego no serviço público bávaro, Feuerbach publicou, em 1830, seus *Pensamentos sobre a morte e a imortalidade*, opondo-se criticamente à crença no outro mundo. Há imortalidade, segundo ele, apenas para o espírito humano como um todo, portanto para o gênero, mas não para o indivíduo. O sonho de uma vida pós-morte para os indivíduos tem, antes, causas psicológicas: as privações da vida terrena são compensadas com a imaginação de uma redenção no além.

Embora tenha sido identificado por um informante da polícia como o autor dos textos publicados anonimamente, Feuerbach não perdeu a esperança de seguir uma carreira acadêmica. Até 1836, tentou se candidatar por meio de conferências e inúmeras publicações, mas contra ele havia a grande influência das autoridades eclesiásticas. "Ignorado, sem esperança, privado de todos os estímulos, aqui estou, como indivíduo isolado, na Baviera", escreveu em uma carta enviada a Berlim, onde, com a publicação, em 1833, da sua *História da filosofia moderna – de Bacon a Espinosa*, voltou a receber atenção e estímulo para se candidatar à universidade local. Depois da morte de Hegel, em 1831, sua cátedra ainda não havia sido preenchida, mas um artigo polêmico de Feuerbach contra Friedrich Julius Stahl, filósofo do direito, ultraconservador e protegido, além de crítico de Hegel em Berlim, destruiu também essa perspectiva.

Sua vida melhorou, em 1837, quando ele se casou com Bertha Löw, filha de um rico industrial. Feuerbach se retirou para a propriedade da família, em Bruckberg, na Francônia, e começou a se resignar com a vida de autor autônomo.

Feuerbach havia circulado, até então, pelos fundamentos da filosofia hegeliana e começava, então, a se afastar do idealismo filosófico de Hegel e a encontrar a unidade da realidade não mais na razão, como força espiritual, mas no mundo natural, sensorialmente perceptível. Com isso, também ressurgia a questão sobre a relação entre o homem e a religião.

Assim, tomava forma o grande projeto filosófico de Feuerbach, em que trabalhava desde 1838 e com o qual pretendia descobrir a origem da consciência religiosa. Como "prelúdio", publicou, ainda no mesmo ano, seu estudo sobre *Pierre Bayle*, francês crítico da religião e precursor do Iluminismo. Nessa obra, o papel da religião já é analisado psicologicamente e descrito como "consolo subjetivo" e "ópio para o povo", expressão que Karl Marx, alguns anos depois, retomaria em seu texto *Crítica da filosofia do direito de Hegel*, em que fala da religião como o "ópio do povo".

Ainda em 1838, Feuerbach começou a redigir artigos e críticas para os *Hallische Jahrbücher* [Anais de Halle], editado por Arnold Ruge e Theodor Echtermeyer. Os *Jahrbücher* eram o órgão de divulgação dos "Jovens Hegelianos", a ala "esquerda" dos partidários de Hegel. Estes eram críticos à situação política e religiosa estabelecida e reivindicavam que a filosofia considerasse a si própria uma força transformadora e de intervenção na realidade social. Entre seus principais representantes estavam, além de Ruge, o crítico de religião Bruno Bauer e Max Stirner, que defendia um anarquismo individualista e radical e rejeitava toda autoridade da Igreja ou do Estado. Anos mais tarde, também Karl Marx saiu do universo dos Jovens Hegelianos.

A crítica da religião teve um papel central nos escritos dos Jovens Hegelianos, constituindo-se em uma espécie de chave para a interpretação da realidade. O debate crítico-religioso foi estimulado pelo influente livro *A vida de Jesus*, do teólogo David Friedrich Strauss, de Tübingen, publicado em 1835. Segundo Strauss, com a história da salvação cristã, ele se referia, na verdade, à história da humanidade neste mundo.

Com suas publicações, Feuerbach se tornou um dos mais influentes Jovens Hegelianos, embora mantivesse poucos contatos pessoais com os outros membros do movimento. Publicado em 1839 nos *Hallische Jahrbücher*, o texto "Sobre a crítica da filosofia hegeliana" conferiu um caráter francamente programático à sua filosofia. Ainda no espírito hegeliano, Feuerbach esboça o conceito de uma filosofia genético-crítica, que explica os fenômenos ao apresentar seu surgimento. Ao mesmo tempo, anuncia seu distanciamento de Hegel e sua aproximação de um materialismo filosófico, acusando Hegel de ter negligenciado a realidade física em favor de uma racionalidade abstrata. Com isso, estava pronto o fundamento de uma crítica da religião que interpreta a consciência religiosa como uma projeção psicológica e a atribui às necessidades e experiências concretas do homem.

A partir de março de 1839, Feuerbach trabalhou no resumo de sua posição em uma obra sistemática maior e, em junho de 1840, o manuscrito estava finalmente pronto. Feuerbach ainda hesitou em publicá-lo, pois queria aguardar o resultado de sua candidatura à Universidade de Freiburg. Quando também essa perspectiva malogrou, ele ofereceu o manuscrito, em janeiro, ao editor Otto Wiegand, de Leipzig, para publicação. Porém, mesmo depois disso, trabalhou em algumas alterações, até março de 1841.

O livro *A essência do cristianismo* é o produto filosófico mais importante do debate dos Jovens Hegelianos a respeito da relação entre religião, razão e realidade. Para Feuerbach, era algo ainda maior: ele via a sua obra como a consumação do Iluminismo filosófico na tradição de Imannuel Kant. Por isso, havia considerado, inicialmente, dar-lhe o título de *Crítica à irracionalidade pura*, inspirando-se no livro de Kant, *Crítica à razão pura*. Kant havia rejeitado a pretensão de que as crenças religiosas, como a existência de Deus ou da imortalidade da alma, pudessem basear-se no conhecimento. Feuerbach queria libertar definitivamente esse conhecimento da "imaturidade por culpa própria".

Portanto, seria preciso acabar com todo tipo de "filosofia especulativa da religião", ou seja, com uma filosofia que conferisse à religião uma legitimação filosófica. A religião cristã não era para ele – como em Hegel – uma representação metafórica do absoluto nem – como em Strauss – uma mitologia a ser corretamente decifrada. Como consequência de sua abordagem genético-crítica, ele via suas raízes, antes, na psique coletiva do homem. A crítica da religião de Feuerbach era entendida como psicologia ou, como ele próprio a chamava, como "patologia psíquica".

Com base na divisão da *Crítica da razão pura*, de Kant, em uma "Doutrina transcendental elementar" e uma "Doutrina transcendental do método", Feuerbach estruturou seu livro em duas grandes partes: a primeira trata da "essência verdadeira, isto é, antropológica da religião", ou seja, a prova de que por trás das nossas ideias religiosas estão as ideias humanas; ideias, no entanto, que se tornaram independentes e que o homem já não reconhece como seus próprios filhos. A "essência falsa, isto é, teológica da religião", ou seja, as contradições da concepção tradicional da religião são o tema da segunda parte. O núcleo da filosofia da religião de Feuerbach está na primeira parte do livro.

Feuerbach inicia sua obra com afirmações basilares acerca da natureza humana. Para ele, o homem se relaciona de forma totalmente diferente com o mundo ao seu redor, quando comparado com os demais seres. Ele tem consciência de que é parte de um gênero, de que, portanto, compartilha com os outros a condição humana. Tem a percepção de si como um "homem", um ser que é caracterizado pela razão, pela vontade e pelo coração.

O homem consegue apropriar-se do mundo por meio de sua consciência. Nesse processo de apropriação, o homem (sujeito) e o objeto estão presos um ao outro. Na forma pela qual se conscientiza dos objetos, o homem sempre coloca uma grande porção de si mesmo. Quando compreendemos alguma coisa por intermédio da razão, sempre compreendemos, também, nossa própria razão, que se tornou objeto de consideração. Também o objeto percebido é, basicamente, a sensação hipostasiada. Para Feuerbach, toda forma de relação humana com o mundo é um tipo de projeção, de exteriorização do homem. "Por isso, seja qual for o objeto de que tomemos consciência", diz Feuerbach, "sempre tomaremos consciência, simultaneamente, de nossa própria consciência."

Porém, a apropriação elementar e fundamental do mundo não se dá pelo pensamento conceitual, e sim pela experiência sensorial. Em *A essência do cristianismo*, Feuerbach chegou a uma concepção materialista da realidade. Nosso mundo é sensorial, e os sentidos são, para Feuerbach, a principal ponte que liga o homem ao mundo. Do mesmo modo, segundo ele, não tomamos consciência do conteúdo religioso por meio do pensamento, e sim pelo sentimento, considerado pelo autor o "órgão da crucial religião".

Feuerbach considerava a religião um campo especialmente característico, em que a "autoconsciência" humana se manifesta. Segundo ele, a religião chega a ser a "primeira", mas também uma forma "indireta" dessa consciência. A primeira, porque o homem tenta, com o auxílio da religião – até mesmo antes da filosofia –, compreender sua natureza humana, em termos de gênero. E, por isso, indireta, já que, com a religião, o homem segue por um desvio: sem se dar conta, ele segue o caminho da autocompreensão por uma direção diversa, que o leva a um deus transcendente. Esse desvio marca a divisão interna do homem, a alienação em relação a si mesmo.

Retomar o caminho direto, deixando para trás o desvio: essa é a tarefa que Feuerbach considera sua como iluminista. Ele quer demonstrar que, na verdade, o discurso religioso trata sempre do homem: as características que atribuímos a Deus são características ideais da espécie humana. Onde há "Deus" há, na verdade, o "homem". Segundo a tese de Feuerbach, a religião é "a contemplação da essência do mundo e do homem idêntica à essência do homem".

Isso também se aplica às ideias muito abstratas de Deus, que, aparentemente, estão livres de qualquer antropomorfismo. Feuerbach pensa, aqui, no "Deus racional dos filósofos", como também é encontrado na teologia cristã: Deus como essência eterna e absoluta, como inteligência pura e princípio da realidade. Aristóteles, Espinosa e Hegel, que O chamaram de "razão absoluta", reverenciaram esse Deus filosófico.

Mas também nesse caso, segundo Feuerbach, entram em cena projeções humanas, pois esse Deus metafísico nada mais é senão o intelecto puro, separado do homem, a inteligência pura, que o homem encara como um objeto independente. O homem satisfaz aqui seu desejo de materialização pura e perfeita do conhecimento da realidade. No Deus metafísico, a consciência toma a forma da eternidade do gênero humano.

Não somente o intelecto, mas também a vontade e o sentimento são, para Feuerbach, "características divinas" do homem, que as compreende erroneamente como traços de um Deus. O Deus emocionalmente ligado ao homem entra em ação, sobretudo, quando se trata de moral e humanidade. A perfeição moral de Deus nada mais é além da personificação da lei moral. Ele se aproxima ainda mais dos homens pelo fato de ser o Deus do amor, da encarnação e de ter se tornado "carne" e sofrido por eles. Deus é, portanto, completamente humanizado. Ele se torna uma personalidade, um "ser com coração", com o qual o homem pode se reconciliar. Deus personifica, aqui, o que para o homem é o mais importante e o mais apreciado: a capacidade de um sentimento profundo, que pode ser expresso pelo sofrimento, mas, sobretudo, pelo amor como um laço, que mantém unida a espécie. Esse Deus, como ser com coração, quer nos dizer, particularmente, que sentimento e amor são divinos.

O caráter humano da religião se expressa, segundo Feuerbach, sobretudo no tipo de comunicação que o homem mantém com Deus. Na prece, o homem emprega o pronome "vós"* ao se dirigir a Deus e O trata como um interlocutor humano, porém se sente dependente dele, pois Deus é superior ao homem. Mas esse interlocutor que adoramos nada mais é senão nosso próprio coração como instância do amor. Na prece, fica clara a cisão característica do homem religioso: quando aparentemente se comunica com um interlocutor, ele, na verdade, fala consigo mesmo.

O Deus cristão, segundo Feuerbach, é sempre um Deus das perfeições, em que a perfeição *humana*, nunca atingida, porém sempre dese-

* Em alemão, o pronome utilizado no Pai-nosso é o "tu". (N. da T.)

jada, se espelha. Mas por que o homem projeta essa perfeição em um Deus? Feuerbach nos dá a resposta na seguinte frase: "Só o homem pobre tem um Deus rico."

O homem possui intelecto, vontade e coração, mas, individualmente, é limitado na realização dessas propriedades. A religião se origina no conflito em que o homem entra consigo próprio, em sua vida terrena. Ele deseja conhecimento, uma vida moral e a realização do amor dedicado ao próximo, mas a realidade sempre o confronta com suas fraquezas, seus erros, suas deslealdades e seus fracassos. O que deveria ser não é. Para solucionar esse conflito, o homem cria, na religião, uma realidade livre de qualquer limitação, a ser encontrada no além. "O além", segundo Feuerbach, "é aquele visto na imagem, limpo de toda matéria grosseira – este mundo embelezado." A separação entre este mundo e o além demonstra que o homem compreende a si mesmo como um ser dividido. Por ser imperfeito, ele cria o Deus perfeito como um ideal de si mesmo.

Por isso, a religião que prega a existência do além é, para Feuerbach, não apenas uma ilusão; é uma ilusão completamente *humana*, em que se expressa muito daquilo que no homem é valioso e importante. Os valores e sentimentos propagados na religião podem, em um contexto diferente, voltar a ser compreendidos como plenos direitos humanos. Se abandonarmos o caminho equivocado dessa religião do além, teremos uma nova visão do homem e do mundo que o cerca, e o caminho direto para uma religião do "aqui e agora" novamente se abrirá.

Quem ler a principal obra de Feuerbach como uma crítica iluminista da religião provavelmente ficará confuso com a linguagem marcada pelo imaginário religioso. Com essas imagens, Feuerbach celebra o homem natural, sensível, que se reencontrou e para quem a comida e a bebida se tornaram um novo "mistério da comunhão". Conforme explica Feuerbach, bastaria "interromper o curso habitual e comum das coisas para que o comum adquirisse um significado incomum, para que a vida adquirisse um significado religioso". Por isso, Feuerbach enfatiza no final de sua obra: "Santo nos seja o pão, santo nos seja o vinho, mas santa também a água! Amém." Esse é o credo de uma nova devoção secular.

O livro *A essência do cristianismo* teve enorme efeito sobre os contemporâneos de Feuerbach. Com várias edições, foi continuamente revisado pelo autor. Entre os Jovens Hegelianos, porém, provocou uma reação dúbia. Max Stirner irritou-se com a linguagem religiosa de Feuerbach e criticou sua teoria como uma "metamorfose" neorreligiosa "do cristianismo", ou seja, como um vinho velho em odre novo.

O jovem Karl Marx, no entanto, viu em Feuerbach uma etapa importante no esforço para transformar a filosofia de Hegel e, a partir dela, adquirir uma nova interpretação materialista da realidade. Contudo, sentia falta do entendimento do homem como um ser que se apropriava da realidade por intermédio da prática, da atividade criativa. Da análise da pobreza e da imperfeição humana, Marx chegou à imperfeição das condições sociais, que deveria ser eliminada. Essa é precisamente a direção que toma seu texto crítico *Teses sobre Feuerbach*, culminando na famosa 11ª tese de Feuerbach: "Os filósofos apenas *interpretaram* o mundo de diferentes maneiras; agora, é preciso *mudá-lo*." Aos olhos dos marxistas, *A essência do cristianismo* permanece, até hoje, um "texto materialista polêmico" e a ligação decisiva entre Hegel e Marx, isto é, a ponte por onde Marx chegou à terra do materialismo histórico.

Mas o impacto de Feuerbach foi muito além. Ele não apenas se tornou o pai da crítica moderna da religião, mas também um dos grandes inspiradores de uma compreensão "holística" do homem, que envolvia corpo e espírito. Entre os feuerbachianos estão o músico Richard Wagner, o escritor Gottfried Keller e a romancista vitoriana Marian Evans, conhecida como George Eliot, que publicou, em 1854, a tradução de *A essência do cristianismo* com o título *The Essence of Christianity*. A concepção de Feuerbach sobre o homem influenciou, entre outros, a filosofia de Friedrich Nietzsche e a psicanálise de Sigmund Freud. Em seu trabalho *O futuro de uma ilusão*, Freud dá continuidade ao programa de Feuerbach para descobrir o verdadeiro caráter humano da religião.

Ainda que a evidência, segundo a qual o Deus das religiões seja uma projeção do autoconhecimento humano, não se configure uma prova conclusiva da não existência de Deus, Feuerbach demonstrou de forma abrangente, como nenhum outro, a relação entre nossas crenças religiosas e o mundo em que vivemos. Ele abriu nossos olhos para o fato de que o além e este mundo estão irmanados, e encoraja os homens a trazer de volta o céu para a terra.

**Edição:**

LUDWIG FEUERBACH: *Gesammelte Werke 5: Das Wesen des Christentums.* Organizado por Wolfgang Harich e Werner Schuffenhauer. Berlim, Akademie Verlag, 2006. [Trad. bras. *A essência do cristianismo*, Campinas, Papirus, 2ª ed., 1997.]

## Manifesto pelo caminhar ereto

JOHN STUART MILL: *Sobre a liberdade* (1859)

Não sem razão, muitas pessoas desconfiam das "grandes" palavras. Elas frequentemente são transmitidas pela boca, mas sempre carregam diferentes conteúdos. É uma das tarefas da filosofia esclarecer e dar às "grandes" palavras um significado sensato. "Justiça" é uma dessas palavras, que ocuparam os filósofos desde Platão até os dias de hoje. Pelo menos desde que a Revolução Francesa reivindicou a liberdade, a igualdade e a fraternidade, também a palavra "liberdade" pertence àqueles conceitos que certamente brilham para nós por toda parte, mas sempre assumindo uma cor diferente. A liberdade é algo que possuímos ou algo que devemos conquistar? E do que nos livramos quando somos livres?

Até hoje, nenhum filósofo respondeu a essas questões de forma tão clara, compreensível e convincente quanto John Stuart Mill em seu ensaio *Sobre a liberdade*. Para Mill, a "liberdade" está além de um lugar-comum ou de um princípio abstrato. Ela é o ar de que o homem necessita para respirar, se deseja levar uma vida autônoma. É o espaço que cabe ao homem para que organize sua vida de acordo com sua própria responsabilidade e defenda suas próprias posições, sem que a sociedade o encerre em uma rede de convenções e o Estado o amordace. *Sobre a liberdade* é o manifesto filosófico para o caminhar ereto, a defesa da dignidade do homem que não quer ser tutelado, como se fosse uma criança, ou seguir o rebanho.

Liberdade significa, para Mill, liberdade concreta e individual. Nas relações sempre renovadas de tensão e conflito entre a sociedade e o indivíduo, Mill se coloca completamente do lado do indivíduo. Essa liberdade não é tudo para ele, mas, sem ela, o tudo se transforma em nada.

Que sua vida e suas convicções tenham sido harmoniosas entre si é um dos aspectos mais notáveis do filósofo John Stuart Mill. Um especialista em arte não precisa ser um grande pintor. Da mesma forma, um filósofo que consegue nos esclarecer o conceito de liberdade não precisa ser um pioneiro na luta contra a opressão. Porém, Mill foi exatamente isto: um homem corajoso, intrépido, que não temia a existência marginal nem evitava os conflitos com a sociedade.

Para tanto, ele teve de percorrer um longo caminho. Passou toda a juventude acorrentado à educação que seu pai, James Mill, havia planejado para ele. James Mill vivera em condições precárias em uma província escocesa e, como *self-made man* e livre-pensador, venceu pelo trabalho que realizou no centro da oposição democrática radical em Londres, os chamados "radicals". Em seguida, participou da mais famosa intelectualidade da capital inglesa e ocupou um alto posto na East India Company.

Mas James Mill foi, sobretudo, um partidário do "utilitarismo" (do latim "utilitas" = "utilidade"), tendência filosófica que havia sido fundada por seu amigo Jeremy Bentham, no fim do século XVIII. Bentham não só defendia a utilidade como medida de toda ação moral, cujo objetivo seria promover "a maior felicidade possível para o maior número possível de pessoas", como também uma reforma das instituições sociais segundo princípios estritamente racionais.

James Mill queria fazer do filho, nascido em Londres, em 1806, um modelo da educação utilitarista. De acordo com a máxima "não há tempo a perder", pai e filho se concentraram exclusivamente no desenvolvimento das capacidades racionais, enquanto talentos mentais e emocionais foram desprezados. John Stuart não frequentou a escola nem a universidade. Estudou no isolamento de seu lar e foi submetido a um plano educacional rigoroso. Sob a rígida supervisão do pai, aprendeu grego aos 3 anos, latim aos 8 e cálculo diferencial aos 10, além de receber uma infinidade de leituras nas áreas de história e estética. Em alusão ao fundador do racionalismo moderno, René Descartes, para quem o homem era uma "máquina pensante", John Stuart Mill escreveria, anos mais tarde, em sua *Autobiografia*, que ele havia sido educado para ser uma "reasoning machine".

Inicialmente, ele atendeu às expectativas do pai ao ocupar, como o próprio James Mill, um cargo na East India Company e se tornar líder de um grupo de jovens reformistas radicais, no espírito do utilitarismo. Desde que John Locke, no fim do século XVII, havia questionado o poder absoluto do Estado e desde a introdução de uma monarquia constitucional limitada, com a "Revolução Gloriosa" de 1689, não existia em nenhum outro país da Europa uma cultura tão forte de discussão pública quanto na Inglaterra.

Para os jovens "radicals", essas conquistas não bastavam. Em inúmeros artigos brilhantes, Mill já escrevia, como adolescente intelectualmente precoce, contra o congestionamento de reformas na Igreja e no Estado. Na visão do público, ele era um porta-voz confiável de seu pai.

As bases lançadas pelo pai influenciaram por muito tempo os passos de Mill, que se manteve um utilitarista durante toda a vida e, por 35 anos, esteve a serviço da East India Company. A partir da década de 1830, no entanto, ele preencheu a posição utilitarista com um conteúdo novo e distante das concepções paternas e começou a publicar uma obra filosófica extensa e independente. Embora insistisse, como Bentham, na "felicidade" social como objetivo das ações políticas e morais, ele já não considerava essa felicidade um acúmulo de "pleasure" [prazeres], mas uma felicidade qualificada por meio de experiências espirituais e culturais.

Viveu sua primeira grande crise pessoal aos 20 anos, quando teve de reconhecer que a busca racional pela utilidade social não o havia, por si só, feito feliz. Afastou-se do racionalismo unilateral e reconheceu a importância de um desenvolvimento integral da personalidade, como defendido pelo poeta e teórico inglês Samuel Taylor Coleridge e pela literatura alemã da época de Goethe. O jovem trabalhador intelectual descobria o mundo da poesia e dos sentimentos.

Aos 24 anos, Mill entrou efetivamente em contato com esse mundo, quando conheceu Harriet Taylor, esposa de um comerciante abastado de Londres, que se tornaria o amor de sua vida. Embora o relacionamento do casal tenha tido, por muito tempo, um caráter de "amizade entre almas gêmeas" e demonstrado estreita ligação espiritual, acabou desencadeando um escândalo na Inglaterra vitoriana, o que levou ao isolamento social de ambos. Somente em 1851, depois da morte de seu marido, Harriet casou-se com Mill.

Harriet Taylor foi uma mulher criativa e intelectualmente muito produtiva que, um século mais tarde, certamente teria desempenhado um papel importante na vida intelectual de um país ocidental. Mas na era vitoriana, em que escritoras frequentemente adotavam pseudônimos masculinos para serem aprovadas pelo público, isso lhe foi negado. Embora sempre procurasse se manifestar por meio de artigos, a maior parte de seu legado intelectual é apenas indiretamente visível – na influência que exerceu na obra de Mill.

Foi Harriet que levou Mill a se ocupar mais intensamente das condições sociais da força de trabalho nos primeiros momentos da sociedade industrial. Sob influência de Harriet, Mill afastou-se, a partir de então, de um liberalismo puro, que tudo confiava ao livre mercado. Na esteira dos escritos de Claude Henri de Saint-Simon, um dos primeiros socialistas franceses, ele defendeu com mais veemência as reformas sociais e uma divisão mais equitativa das riquezas. Tentou combinar a reivindicação por liberdade individual com justiça social. Em sua obra *Princípios da economia política*, publicada em 1848, quase simultaneamente ao *Manifesto comunista*, de Karl Marx e Friedrich Engels, dedicou um capítulo ao "futuro das classes trabalhadoras".

Harriet também fortaleceu o interesse de Mill pela posição social da mulher. A experiência do ostracismo e da pressão para a conformidade com as exigências sociais a que Harriet e Mill foram expostos os tornou sensíveis aos diferentes padrões sociais a que são submetidos homens e mulheres. Nenhum outro filósofo do século XIX, em sua luta pela liberdade, reivindicou tão enfaticamente os direitos da mulher quanto Mill.

A experiência de ter sua própria vida em conflito com as convenções sociais levou Mill a assumir uma postura extremamente crítica em relação à reivindicação da sociedade de influenciar a vida do indivíduo. Já no início dos anos 1830, ele havia conhecido a obra de Augusto Comte, fundador do positivismo (do latim "positum" = o que é "dado empiricamente"). Assim como Comte, Mill acreditava que toda teoria social deveria se basear nos resultados das ciências naturais, mas rejeitou as ideias político-sociais positivistas do filósofo francês, que tinham como objetivo controlar e regulamentar a sociedade.

Nesse aspecto, Mill foi encorajado por outro francês, Alexis de Tocqueville, um pioneiro do liberalismo. Tocqueville era um observador perspicaz da evolução social de sua época e via a liberdade individual ameaçada onde menos se supunha: exatamente nas democracias e sociedades de massa modernas que se formavam. Em seu livro *A democracia na América*, cujos dois volumes foram publicados entre 1835 e 1840, ele apresentou conclusões otimistas, mas também céticas a respeito de sua viagem aos Estados Unidos, um país então ainda jovem. Entre as conclusões céticas estava a tese de que a democracia de massas desenvolvia uma nova forma de poder social público, que resultava na "tirania da maioria". Nas democracias modernas, a pressão da opinião pública representaria o maior risco à liberdade dos indivíduos. Tocqueville também temia a concentração de poder nas mãos do Estado e era um crítico da centralização. Mill leu o livro de Tocqueville imediatamente após sua publicação e o avaliou detalhadamente em uma crítica.

A defesa do ideal da personalidade universalmente desenvolvida, que Mill havia conhecido por meio dos escritos de Goethe e Coleridge, é por ele reencontrada no trabalho do alemão Wilhelm von Humboldt, *Ideias para uma tentativa de determinar os limites da ação do Estado*. Publicado em 1851 e traduzido para o inglês em 1854, o livro tira conclusões políticas do ideal de Goethe: "O verdadeiro objetivo do homem", escreve Humboldt, "é a formação mais elevada e mais adequada de suas capacidades em um todo. A liberdade é a condição primeira e imprescindível para essa formação." A palavra-chave, "liberdade", havia sido dita.

Mas a participação decisiva nos escritos sobre liberdade, que haviam surgido a partir desses estímulos filosóficos, coube a Harriet Taylor. No início dos anos 1850, quando Mill e Harriet contraíram tuberculose e acreditavam não ter muito tempo de vida, ambos tiveram, ao mesmo tempo, a ideia de reunir seus principais pensamentos filosóficos em um volume de ensaios, e um dos 11 previstos deveria abordar a questão da "liberdade". Em um ensaio inédito, intitulado "Toleration", Harriet Taylor já havia destacado o direito do indivíduo de levar uma vida apartada, em oposição aos preconceitos da sociedade.

Seguindo essa ideia, Mill desenvolveu seu pensamento sobre a aspiração à liberdade que o indivíduo tem em relação à sociedade. De acordo com seu próprio testemunho, ele e Harriet repassaram, várias vezes, cada linha do manuscrito. O livro, que Mill qualificou como sua obra mais cuidadosamente concebida, era, segundo ele, "propriedade intelectual tanto dela quanto minha".

A elaboração dos ensaios, no entanto, levou muitos anos. Uma versão inicial, consideravelmente mais curta, já estava pronta em 1854. Segundo Mill, em uma viagem à Itália, em janeiro de 1855, ele planejou escrever um livro sobre o tema da liberdade, enquanto subia as escadas do Capitólio, em Roma. O livro só seria concluído, no entanto, após sua saída da East India Company. No inverno de 1858/59, foram dados os toques finais ao manuscrito. *On Liberty*, como é chamado o original em inglês, é mais do que um ensaio filosófico: é um memorial a Harriet Taylor, que morreu antes da publicação do livro e a quem ele é dedicado.

Mill deixa claro, já no início do livro, que não abordará a forma de liberdade chamada pelos filósofos de "livre-arbítrio", que consiste na capacidade de romper a cadeia das leis naturais de causa e efeito por meio das próprias decisões. Essa liberdade é um tema tradicional da metafísica. Mill trata, antes, da liberdade civil e social, portanto da liberdade que é tema da filosofia política e da teoria social. Refere-se ao campo de ação do indivíduo em relação à sociedade. *Sobre a liberdade* é a tomada de posição de Mill a respeito da eterna luta entre indivíduo e sociedade, entre liberdade e autoridade.

Logo no capítulo introdutório, Mill retoma a tese da "tirania da maioria", de Tocqueville, que coincide com sua própria experiência na sociedade vitoriana. Segundo Mill, os defensores da liberdade haviam se voltado, no passado, contra a opressão da maioria por meio de um injustificado domínio sobre a minoria, sempre em nome do povo. Entretanto, com o domínio que, durante o Iluminismo, havia se legitimado pela vontade da maioria, surgia em sua época um novo perigo: o de que a opressão se fizesse em nome da maioria. Mill faz alusão, aqui, à teoria da soberania do povo, que Jean-Jacques Rousseau havia desenvolvido em seu *Contrato social*. Assim, o Estado, formado a partir desse contrato, representa a "vontade geral", que jamais pode ser injusta, pois, por sua vez, representa a vontade do povo. Por outro lado, Mill adverte que "o povo que exerce o poder nem sempre é o mesmo povo sobre o qual o poder é exercido". Um governo do povo pode, igualmente, empregar a violência e fazer uso da opressão. Também aqui há minorias e dissidentes, contra os quais uma nova "tirania da maioria" se volta.

Essa nova tirania serve-se não apenas da violência, mas também da pressão social, que Mill considera uma ameaça maior. Pois essa pressão intervém na vida privada do indivíduo, impede que ele a organize e o obriga a viver segundo o modelo da maioria. Como Tocqueville, também Mill vê na moderna sociedade de massas o risco de que seja aumentada a possibilidade de vigilância e controle sociais, em detrimento da individualidade do cidadão.

Por isso, segundo Mill, uma sociedade livre é marcada não somente pela influência da maioria, mas também pela proteção daqueles que se afastam dessa mesma maioria. No centro dessa proteção está a liberdade do indivíduo, e apenas com sua concretização a "tirania da maioria" pode verdadeiramente ser evitada. Eis por que Mill formulou um princípio de liberdade que estabelece ao redor do indivíduo a maior barreira protetora possível. O princípio diz: "A única razão que autoriza a humanidade, como indivíduo ou em grupo, a intervir na liberdade de ação de um de seus membros é a proteção de si mesma. O único propósito para o qual a coerção pode ser legitimamente exercida sobre qualquer membro de uma sociedade civilizada e contra a sua vontade é o de evitar danos aos demais." O campo de ação de um indivíduo em relação à sociedade só pode ser delimitado pelo campo de ação do outro. Para Mill, "só merece ser chamada de independência aquela que nos permite obter nosso bem-estar segundo nossos próprios meios, desde que não tentemos privar o outro de seu bem". Em outras palavras: é permitido aquilo que não prejudica o outro.

Mill também nega à sociedade um direito que, em sistemas políticos autoritários e semiautoritários, ela menciona para justificar suas "medidas de proteção": agir contra a vontade do indivíduo para o bem dele. Trata-se de uma pressão particularmente infame, justificada pelo fato de servir aos "verdadeiros" interesses do indivíduo e ser exercida para seu "bem". Na tradição do Iluminismo, Mill insiste na autonomia do cidadão. O indivíduo é o que mais sabe o que é bom para si.

Mas poderia essa ampla liberdade individual servir ao bem comum? Mill respondeu afirmativamente a essa questão. Quanto mais livre o cidadão, mais a sociedade acabará por se beneficiar. Mill distingue três tipos de liberdade: a de opinião e expressão; a de escolher sua própria forma de vida; e a de associação, a que o cidadão recorre para fazer valer sua influência política. Os dois primeiros tipos de liberdade estão no centro da obra de Mill.

A liberdade de opinião, ou "liberdade de pensamento e discussão" ("liberty of thought and discussion"), como ele a chama, compreende não apenas a "liberdade interna" para formar as próprias convicções e manifestá-las livremente em um círculo restrito. Ainda mais importante para Mill são as formas públicas de manifestação dessa liberdade, por exemplo, em debates jornalísticos ou científicos. Um dos benefícios essenciais da liberdade de expressão, segundo Mill, consiste no fato de que uma cultura de debate público serve para a averiguação da verdade e, com isso, solucionar problemas.

Mill fundamenta essa tese em três argumentos. Inicialmente, vamos supor que uma opinião contrária seja falsa. Nesse caso, ela deveria ser manifestada, pois assim nos obrigaria a encontrar argumentos melhores para a nossa própria opinião e nos permitiria consolidar publicamente nossa pretensão à verdade. Imaginemos, agora, que uma opinião contrária seja verdadeira. Ela merece mais ainda ser ouvida, pois nos desvia do erro. Admitamos, em terceiro lugar, que diversas opiniões contrárias sejam parcialmente verdadeiras e parcialmente falsas. Nessa circunstância, a tentativa de encontrar a verdade acontecerá por meio da discussão pública dos argumentos, em cada caso.

Por trás disso está a convicção de Mill de que não apreendemos definitivamente a verdade, mas somente podemos esperar que determinadas convicções sejam comprovadas como falsas evidências. Ele representa, portanto, um "falibilismo", segundo o qual não é a comprovação da verdade, e sim a demonstração da falsidade, ou seja, a investigação do erro, a base do progresso do nosso conhecimento. Assim, em nossa busca pela verdade, só avançaremos se admitirmos, sem restrições, uma discussão pública em que todas as convicções sejam colocadas à prova. A liberdade de opinião é, para Mill, a base de uma busca interminável pela verdade e, com isso, também para que uma sociedade possa aproveitar o conhecimento mais avançado. As experiências com sociedades totalitárias, em que os conhecimentos e os resultados de pesquisas são reprimidos por razões ideológicas, atrasando reformas urgentes, confirmam as ideias de Mill.

A liberdade de conduzir a própria vida e desenvolver livremente sua individualidade, ainda que isso seja considerado, aos olhos da sociedade, "impróprio" ou "excêntrico": essa preocupação de Harriet Taylor foi assumida por Mill de modo acentuado. Ainda no espírito do Iluminismo, Immanuel Kant havia desafiado: "Ouse servir-te de teu próprio entendimento." Por conseguinte, Mill trata não somente da emancipação teórica, mas também da autorrealização cotidiana. Sempre que os interesses alheios – dos indivíduos ou da sociedade – não forem afetados, o indivíduo deverá ter a possibilidade do livre desenvolvimento.

O conceito de "personalidade" em Mill recebeu influência não apenas de Goethe, mas também dos escritos de seu contemporâneo inglês Thomas Carlyle, que, com competência extraordinária, destacou o valor das grandes personalidades e a importância dos indivíduos. Para Mill, o indivíduo – e não o Estado ou a sociedade – é igualmente o lugar da criatividade. Por isso, também deve ser interesse primordial da sociedade permitir e estimular o desenvolvimento de personalidades distintas. Sociedades livres encorajam cidadãos ativos e autoconscientes; já o despotismo, ao contrário, faz surgir a passividade e a covardia. Para Mill, um exemplo admoestador e desanimador é a sociedade chinesa, que se fundamenta na conformidade.

A sociedade deve, portanto, criar um espaço em que os mais diversos indivíduos possam desenvolver sua criatividade. Em outras palavras, ela deve ser pluralista, isto é, facilitar a coexistência de formas diferentes de vida. Em vez da uniformidade, da harmonia ou da conformidade, Mill defende a maior diversidade possível. À rotina Mill opõe a espontaneidade; à cópia, a originalidade; e à estagnação, a experiência. Para Mill, o maior número possível de "experiments of living", isto é, experiências de vida, é a precondição para que a sociedade avance. Aqueles que vivem de modo diferente não são perturbadores da paz, e sim o fermento de uma sociedade viva. Ele recusa qualquer censura social a projetos pessoais de vida. Em relação ao corpo e ao espírito, segundo Mill, o indivíduo tem soberania.

Isso também valia para as mulheres, que fora do casamento não tinham proteção e, dentro dele, nenhum direito, e podiam ser tratadas pelo marido como uma propriedade. Mill considerava escandalosa essa situação e reclamava a igualdade total entre homens e mulheres – uma posição que ele ainda iria discutir em sua obra posterior, *A sujeição das mulheres* (1869), e com a qual se tornaria um dos precursores da emancipação feminina.

Também em relação à adoção da ideia de "deveres para consigo próprio", como Kant havia estabelecido em sua obra *Fundamentação da metafísica dos costumes*, Mill demonstrou objeções. Enquanto as atitudes do indivíduo não forem contrárias aos interesses da sociedade e não violarem o campo de ação do outro, ele deve ser deixado em paz. Portanto, se uma pessoa sozinha, com situação financeira estável, descuidar do próprio corpo e começar a beber, ela não terá violado nenhum dever, nem a sociedade estará autorizada a intervir. No entanto, se um pai de família revelar comportamento semelhante e, por essa razão, negligenciar a educação dos filhos ou utilizar benefícios sociais, terá prevaricado, o que permitirá à comunidade reagir com medidas sociais ou legais.

O próprio Mill estava ciente de que, nesse caso, a dificuldade está nos detalhes e de que nem sempre é fácil chegar a um acordo quanto às consequências para a sociedade. Por essa razão, ao final do ensaio, ele discute inúmeras aplicações de sua teoria. Também faz algumas restrições em relação àqueles que podem exigir o direito da autorrealização individual. Isso valeria somente para os seres com "faculdades completamente maduras". Assim, são excluídos os menores de idade, mas também as pessoas com nível educacional muito baixo. Segundo Mill, educação e conquistas civilizatórias são condições para que a liberdade possa ser o adubo do progresso social. Mesmo o teórico revolucionário da liberdade não foi capaz de ir contra a própria natureza, ou seja, a de um cidadão burguês culto da era vitoriana. No entanto, sempre se manteve fiel à sua convicção de que "o valor do Estado é, a longo prazo, o valor dos indivíduos que o compõem". E esse valor é pago na moeda de liberdade.

*Sobre a liberdade* foi publicado na primavera de 1859 pelo editor londrino John W. Parker. Mill considerava esses escritos o legado teórico de Harriet Taylor, mas também, entre as suas obras, aquela que prometia causar o maior efeito. Depois da publicação, ele encerrou seu isolamento e retiro na privacidade. Engajou-se na política, ocupou por pouco tempo uma cadeira de deputado na Câmara dos Comuns, fez nome como reformador e, especialmente, como defensor dos direitos femininos.

Como Mill esperava, *Sobre a liberdade* foi sua obra que mais chamou a atenção. Ela agitou a opinião pública inglesa, atraiu polêmicas raivosas, mas também exerceu grande influência em toda uma geração de jovens intelectuais. O texto se tornou manifesto e ato constitutivo do liberalismo moderno, fazendo de Mill um dos filósofos mais influentes do mundo anglo-saxão do século XIX.

Como defensor da liberdade individual, Mill tornou-se o mentor dos críticos do totalitarismo moderno no século XX. Depois de Mill, liberais como Friedrich A. Hayek e Karl R. Popper enfatizaram que o homem não deve ser reduzido a uma ferramenta do Estado e que a dignidade humana é inseparável da liberdade. O racionalismo crítico de Popper defende não somente uma "sociedade aberta", em que as reivindicações dos indivíduos são respeitadas, mas, assim como Mill, também acredita na importância do debate livre e da redução dos erros em prol da busca da verdade. Porém, mesmo um crítico de Popper como Paul Feyerabend, que, em vez de um método uniforme, estimulou o pluralismo das interpretações do mundo e de formas de vida, podia ser visto na tradição de Mill.

*Sobre a liberdade* defende o que de mais valioso existe na democracia: o direito de poder ser diferente. Precisamente ao lidar com as formas "alternativas" de vida que surgem a cada geração, confirma-se a opinião de Mill de que uma sociedade é tão livre quanto suas minorias e seus *outsiders*.

**Edição:**

John Stuart Mill: Über die Freiheit. Traduzido para o alemão por Bruno Lemke. Com apêndice e posfácio editados por Manfred Schlenke. Stuttgart, Reclam, 1974 (com apêndice bibliográfico, 1988). [Trad. bras. *A liberdade/utilitarismo*, São Paulo, Martins Fontes, 2000.]

## Visão panorâmica da história universal

OSWALD SPENGLER: *A decadência do Ocidente* (1918-1923)

Que os profetas não tenham valor em seus próprios países é uma das meias verdades que geralmente se aplicam, mas também sempre devem ser colocadas em dúvida. Tome-se como exemplo Cassandra, que previu a queda de sua cidade natal, Troia, e, como muitos de seus seguidores, teve a sina de ser marginalizada pela sociedade, caluniada e evitada. Mas Oswald Spengler, o profeta mais famoso da filosofia moderna, ao lado de Nietzsche, inesperadamente recebeu muitos aplausos quando previu que a civilização ocidental havia entrado em sua última etapa e perderia completamente seu espírito criativo nos próximos duzentos anos. Dessa vez, o mensageiro não foi punido pela má notícia. Ao contrário: com sua filosofia da história e da civilização marcada pelo pessimismo, Spengler atingiu, na República de Weimar, uma popularidade inimaginável. Entre as duas guerras mundiais, sua obra volumosa, *A decadência do Ocidente*, tornou-se um *best-seller*.

Mas as análises de Spengler vão muito além de um fenômeno da moda. Elas contêm mais do que um inventário histórico da cultura ocidental. Spengler foi o primeiro grande filósofo ocidental da história a não enxergar na Europa o centro da história universal. Para ele, a civilização ocidental era uma civilização avançada entre outras – um episódio com duração limitada no fluxo infinito do tempo. *A decadência do Ocidente* ousa estabelecer uma comparação cultural histórica e, dessa forma, permite uma visão panorâmica da história universal, que ultrapassa os limites da "civilização relativa à Europa Ocidental e aos Estados Unidos", como define Spengler.

Se, por um lado, Spengler pode ser compreendido como um pensador global, por outro, ele foi um homem solitário e isolado. Como estudioso autônomo, viveu e escreveu seus textos, mantendo-se distante do mundo acadêmico e da mídia. Em fotos, um rosto fechado e amargo olha na direção do espectador, feição que parece combinar com seu pessimismo. Spengler nasceu em 1880, no início do modernismo clássico – época que ele, ao contrário de seus contemporâneos, considerava superficial e decadente.

Era o oposto de uma pessoa alegre: sofria com o ambiente familiar, que era intelectual e culturalmente distante, com a atmosfera de mediocridade intelectual com que deparou na escola e na universidade, e com seu ganha-pão como professor de ginásio, profissão que, às vezes, teve de exercer. Como filho de um funcionário dos correios que foi transferido diversas vezes, frequentou a escola em Blankenburg, no distrito de Harz, em Soest, na Vestefália, e, finalmente, em Halle an der Saale. Muito sonhador e pouco prático para as coisas da vida, o jovem Spengler se dedicou à filosofia pessimista de Schopenhauer e Nietzsche e teve suas fantasias estimuladas pelas grandes figuras da história: era fascinado por Napoleão, bem como pelos dramas de reis escritos por Shakespeare. Deleitava-se com visões da grande Alemanha e, aos 17 anos, concluiu um drama sobre o imperador asteca Montezuma.

Os interesses intelectuais de Spengler eram amplos. Considerando a utilidade das disciplinas, decidiu estudar matemática e ciências naturais, que iniciou em 1899, em Halle, e o levou também para Munique e Berlim. Mas procurava igualmente se informar sobre história, história da arte e filosofia. Spengler nunca seguiu corretamente um curso e, durante toda a vida, foi em parte um autodidata que procurava seu próprio caminho no cenário educacional e tinha familiaridade com as ciências naturais e humanas. Isso lhe possibilitou, mais tarde, estabelecer comparações entre as duas áreas.

Em Heráclito, filósofo da Grécia antiga, sobre quem Spengler escreveu a dissertação que lhe garantiu o cargo de professor em escolas superiores, ele encontrou, conforme ele próprio exprimiu, "o espírito mais versátil e abrangente entre os gregos", um filósofo que compreendeu a realidade como o processo de ciclos que se repetem. Em Heráclito também lhe atraiu a atitude do pensador solitário que desprezava o mundo.

Para garantir seu sustento, Spengler seguiu, inicialmente, para Hamburgo, como professor de ginásio. Em 1910, porém, abandonou a atividade, de que não gostava, ao receber uma pequena herança após a morte da mãe. O ano de 1911 marcou o grande corte na vida de Spengler. Ele se licenciou do trabalho na escola e alugou uma casa em Munique. Foi quando se iniciou sua carreira de pensador solitário, mas bem-sucedido. A partir de então, passou a levar uma vida de autor e estudioso autônomo.

Até então, Spengler havia publicado somente alguns ensaios esparsos, mas, depois da mudança, ocupou-se dos primeiros projetos para a edição de um livro, estimulado pela chamada "segunda crise marroquina". Em um dos muitos conflitos entre as potências imperialistas no período anterior à Primeira Guerra Mundial, em 1911, o Reich alemão enviou uma canhoneira para Agadir, no Marrocos, para reforçar suas próprias demandas territoriais em relação à França. Já se sentia no ar a grande tensão política que eclodiria na Primeira Guerra Mundial.

Sempre aberto a interpretar os acontecimentos políticos significativos como "inevitáveis", Spengler aproveitou essa oportunidade, como mais tarde escreveria na Introdução de *A decadência do Ocidente*, para "reunir alguma coisa sobre certos fenômenos políticos do presente e as possíveis lições que eles deixarão para o futuro a partir de um horizonte mais amplo". Pensou, inicialmente, em organizar sua própria época sob uma perspectiva histórica. Somente ao longo do trabalho percebeu que o "horizonte mais amplo" se expandiria, nos próximos anos, até chegar a uma filosofia cultural e histórica abrangente.

Em 1912, Spengler deparou com uma obra, exposta em uma vitrine, que o inspirou para dar nome ao seu próprio trabalho: *História do declínio do mundo antigo*, de Otto Seeck, filólogo clássico de Münster, que, no entanto, jamais é citado por Spengler em seu livro.

Splenger não fez parte de nenhuma corrente filosófica de seu tempo, mas diversas influências estão reunidas em sua obra. Tal como os representantes do historicismo do fim do século XIX, ele foi adversário da filosofia da história de Georg Wilhelm Friedrich Hegel, em que a história era compreendida como um avanço contínuo e regular. O historiador Leopold von Ranke, um dos mais importantes historicistas, se opõe à opinião hegeliana de que toda civilização está igualmente perto e distante de Deus. Spengler, que frequentemente se referia a Ranke, compartilhava dessa visão. Para ele, todas as grandes civilizações eram equivalentes.

Também foi observada, muitas vezes, a proximidade de Spengler com a filosofia da vida. Essa orientação, fundada pelo filósofo francês Henri Bergson e influenciada por Schopenhauer e Nietzsche, opunha à concepção racional e conceitual do mundo uma forma intuitiva de conhecimento. Apenas ela poderia conceber a "vida", isto é, o fundamento irracional e criativo da realidade. A filosofia da vida teve grande repercussão também na Alemanha, onde a aversão à moderna e mecanizada sociedade de massas se propagou, especialmente entre os intelectuais. Com Ludwig Klages, a crítica elaborada pela filosofia da vida ao racionalismo tomou a forma de uma crítica à civilização. Em 1913, Klages já falava, em seu artigo *Homem e terra*, a respeito do "declínio da alma" como resultado de uma civilização mecanizada. A perda da "alma" e da "vida" na era atual também desempenhou papel importante na análise de Spengler. E, como os filósofos da vida, ele decidiu apoiar-se em um ponto de vista não racional para desenvolver sua interpretação da história.

A exemplo dos pensadores que mais o influenciaram, o próprio Spengler se refere a Goethe e Nietzsche. Deste, Spengler adotou o questionamento; de Goethe, o método. Segundo Spengler, Nietzsche havia compreendido sua própria época como o fim de um período decadente, de mudanças radicais, e falado a respeito de uma "transformação de valores".

Em seus estudos de filosofia natural, Goethe, por sua vez, havia estabelecido a oposição entre seu conceito de uma "natureza viva" e a interpretação da natureza desenvolvida por Newton, que a compreendia como um processo sujeito à lei da pressão e do impacto, matematicamente perceptível. Para Goethe, a natureza era uma relação orgânica em que determinadas formas e figuras se desenvolviam conforme um princípio evolutivo que lhes era intrínseco. Assim, Goethe acreditava ter descoberto a forma da planta primordial, a partir da qual derivavam as formas de todas as outras plantas.

A morfologia de Goethe, ou seja, sua teoria da forma (*Gestalttheorie*) da natureza, tornou-se para Spengler o modelo de sua interpretação morfológica da história. As "formas", para ele, eram as grandes civilizações.

Com o desenvolvimento de seu trabalho, Spengler percebeu que as características de sua própria época podiam ser observadas em civilizações anteriores. Ele acreditava estar no caminho das leis históricas gerais ou do "segredo da história universal", como expressou com entusiasmo. Isso parecia tornar possível prever o futuro da própria civilização. Assim, teve origem o projeto de uma "morfologia da história universal", como diz o subtítulo de seu livro.

Em uma primeira parte, intitulada *Figura e realidade*, ele explica sua abordagem filosófica adotada e investiga as formas de linguagem das grandes civilizações, em que é expresso seu respectivo "sentimento do mundo". Esse primeiro volume foi concluído como manuscrito em 1914, depois de um trabalho de três anos. A eclosão da Primeira Guerra Mundial atrasou sua publicação, que aconteceria somente em 1918.

No segundo volume, *Perspectivas da história universal*, Spengler estabelece uma relação histórica entre as grandes civilizações e obtém, assim, as condições para um prognóstico do futuro. Esse volume foi publicado em 1922. Um ano mais tarde, Spengler reapresentou a primeira parte substancialmente revisada, disponibilizando ao público a versão final da obra em 1923.

O título *A decadência do Ocidente* é apropriado para despertar no leitor falsas associações. O livro não trata de um cenário de catástrofe nem se lamenta sobre o fim da civilização ocidental. Spengler simplesmente apresenta, sem nenhum traço de sentimentalismo, o local onde a civilização ocidental se encontra em um sistema de coordenadas da história universal, sistema que ele próprio construiu para esse fim. Nesse sentido, ele havia planejado, inicialmente, um título um pouco mais apropriado, "Conclusão do Ocidente".

Segundo Spengler, a civilização ocidental entrou no último estágio de seu desenvolvimento característico – para ele, uma constatação menos lamentável do que uma árvore que perde suas folhas no curso natural de sua evolução. Uma vez que do curso desse desenvolvimento e de uma comparação com outras civilizações podem ser tiradas conclusões para o futuro, Spengler qualifica seu projeto como uma tentativa de "apresentar uma filosofia não filosófica do futuro".

Em Spengler, a rejeição a Hegel estava ligada àquela em relação à concepção da história influenciada pelo cristianismo e predominante na filosofia ocidental, segundo a qual o sentido da história está em uma realização que se dá por um movimento linear progressivo. Ao final desse movimento estão o cumprimento da história e a salvação do homem. Santo Agostinho, o mentor do cristianismo primitivo, havia introduzido na filosofia essa interpretação histórico-salvífica. Pelas mãos dos iluministas, o progresso espiritual e cristão se tornou temporal, e a ideia da redenção foi substituída pela autolibertação da razão.

Para Spengler, ao contrário, a humanidade "não tem um fim, nem uma ideia, nem um plano, do mesmo modo como não têm um fim a espécie das borboletas ou a das orquídeas. (...) No lugar daquele quadro enfadonho da história universal linear (...), vejo o espetáculo da pluralidade de civilizações poderosas". Não existe, para Spengler, uma história universal uniforme, determinada por um único sentido.

Spengler identifica dois caminhos fundamentais para a compreensão do mundo: um deles é orientado pelo espaço; o outro, pelo tempo. A "lógica do espaço", como ele vê a abordagem tradicional das ciências, tenta fixar a relação entre as coisas como uma relação de causalidade, uma relação de causa e efeito. Suas leis respondem às perguntas "onde?" e "por quê?" e determinam quais eventos são *possíveis.*

Segundo Spengler, essa "lógica do espaço" deve ser complementada por uma "lógica do tempo", que responde às questões "quando?" e "como?". Ele próprio faz uso da "lógica do tempo" em suas pesquisas. Trata-se, aqui, da "vida como forma", de acontecimentos únicos, temporalmente orientados, que não são racionalmente "reconhecidos", mas "sentidos" por meio da intuição. Também não se trata de constatar – conforme uma regularidade causal – o que é *possível*, e sim o que *deve* acontecer em determinado momento. A esse respeito, Spengler introduz um tipo próprio e novo de causa, que ele chama de "destino". O "destino", como uma espécie de base profunda para determinados decursos, processos e acontecimentos, é um dos conceitos-chave de

Spengler. Segundo ele, é "a palavra para uma certeza interior indescritível". Assim, o surgimento de César ou de Napoleão em determinado momento da história é a expressão de uma necessidade fatídica.

A rejeição de Spengler a uma observação histórica fundamentada nas ciências empíricas o leva ao uso de uma linguagem metafórica bastante inusitada, que tem seu modelo na arte e na religião. Particularmente comuns são as imagens do campo da natureza orgânica. Também a oposição conceitual "orgânico – metafísico" é onipresente na obra de Spengler. Inspirando-se na "natureza viva" de Goethe, ele considera os processos históricos processos "orgânicos", que escapam a uma explicação mecânica. Para Spengler, o "segredo da história universal" é, exatamente, o de que a história é uma "unidade orgânica de estrutura regular".

As grandes civilizações também são, para ele, organismos vivos, com determinada "fisionomia" e um percurso próprio, que Spengler considera sua tarefa delinear. Cada civilização tem, também, seu próprio "sentimento do mundo", que se manifesta tanto na linguagem da arte quanto nas instituições sociais e políticas. Ao mesmo tempo, Spengler estava completamente consciente do problema de comunicação entre civilizações tão díspares.

O acesso intuitivo a uma civilização foi chamado por ele de "tato fisiognomônico". Por meio dele, é possível a interpretação simbólica de aspectos culturais como "forma" e, portanto, como "expressão" de uma camada mais profunda da realidade, uma camada que Spengler chamou de "alma" e não é alcançada pela imagem científica do mundo. Cada civilização é, para ele, "corpo" de uma determinada "alma". A essência dessa alma e, com ela, do sentimento de mundo de uma civilização é chamada por Spengler de "símbolo primordial", que não se concretiza em uma forma particular, mas é perceptível na totalidade de manifestações de uma civilização.

Spengler faz distinção entre povos anteriores, no interior de uma civilização, e posteriores a ela. Os primeiros são os chamados "povos primitivos"; os últimos, os "felás", que, como os egípcios de hoje, já deixaram para trás seu apogeu. Para Spengler, os povos primitivos e os felás não são povos em sentido estrito, mas populações que não vivenciaram uma identidade. Eles não fazem história nem deixam marca cultural. Somente os povos históricos, que vivem em uma civilização, transformam e influenciam a história por meio de seu trabalho criativo.

Spengler pressupõe a existência na história de oito civilizações avançadas, que se formaram em defasagem: as civilizações babilônica e egípcia, que datam de cerca de 3000 a.C.; as civilizações chinesa, indiana e antiga, que se formaram por volta de 1500 a.C.; as civilizações mais jovens, como a árabe e a "mexicana" (isto é, indígeno-asteca); e, finalmente, a civilização americana e da Europa Ocidental.

A civilização árabe foi criada, segundo Spengler, entre os rios Tigre e Nilo, bem como entre o mar Negro e o sul da Arábia, por volta do nascimento de Jesus. A ela pertenceriam diversos fenômenos culturais, que normalmente são atribuídos às civilizações da Antiguidade tardia, sobretudo à cristã primitiva, entre eles a arquitetura bizantina do Oriente e a filosofia helenístico-cristã de Orígenes e Santo Agostinho. A civilização mexicana tem início cerca de duzentos anos após o surgimento da cultura árabe; a ocidental, cerca de novecentos anos depois. Spengler não considera, portanto, as civilizações antiga e ocidental uma unidade, e sim duas civilizações completamente diferentes. Para ele, a civilização ocidental tem início somente no período que chamamos de Alta Idade Média. Seu surgimento coincide, em termos de história do pensamento, com o gótico e a escolástica medieval.

Para Spengler, não apenas a data de início das civilizações avançadas pode ser determinada, mas também a do seu fim. Seu tempo de vida médio é de cerca de mil anos. Uma exceção foi a civilização mexicana, bruscamente interrompida e aniquilada em seu desenvolvimento pelos conquistadores europeus.

Nenhuma civilização pode, segundo Spengler, reivindicar uma posição central, tampouco estabelecer padrões a serem seguidos pelas demais. *A decadência do Ocidente* une uma visão policêntrica da história a um relativismo cultural.

Spengler considera inadequado para explicações o tradicional esquema ocidental "Antiguidade – Idade Média – Modernidade", ainda vinculado a uma visão linear da história. Ao contrário, como organismos vivos, as civilizações avançadas se desenvolvem ciclicamente, ao ritmo das estações do ano – uma visão já encontrada no início do século XVIII no precursor italiano do Iluminismo Giambattista Vico. Em sua obra *Ciência nova*, Vico distingue três eras: a divina, a heroica e a humana, presentes em todas as civilizações, em cuja sequência sempre se espelham "a ascensão, o desenvolvimento, o apogeu, a decadência e o fim".

Spengler explica sua tese sobre o desenvolvimento orgânico das civilizações por meio de três grandes quadros, em que compara as épocas espiritual (filosofia, religião), estética (arte) e política (política e sociedade) entre as civilizações avançadas.

Em relação à época espiritual, Spengler faz distinção entre primavera (alma que desperta), verão (consciência amadurecida), outono (ponto alto da força intelectual criativa) e inverno (extinção da força intelectual criativa). Quanto às épocas da civilização e da política, seu início é precedido de um período "pré-histórico", que a própria civilização segue com período inicial e período final, que, do ponto de vista temporal, correspondem à primavera, ao verão e ao outono. Por fim, temos a "civilização", identificada por Spengler com o inverno.

Portanto, "civilização" não é, para Spengler, um conceito neutro, e sim depreciativo, que descreve uma decadência cultural. A civilização é o destino de uma cultura, no sentido de que toda cultura inevitavelmente se consolida em uma civilização. Com Spengler, afirmou-se, sobretudo na Alemanha, a oposição entre "cultura" e "civilização", incomum nos demais países da Europa Ocidental. Por isso, em alemão frequentemente se chama de "cultura" aquilo que, em outras línguas, como inglês ou francês, chama-se de "civilização".

Todas as civilizações avançadas têm, portanto, a mesma "estrutura", isto é, em sua linguagem formal, os estágios de desenvolvimento podem ser comparados. Assim, por exemplo, na filosofia de todas as civilizações avançadas que se encontram no auge de seu desenvolvimento, existe o tempo dos "grandes sistemas finais", que, para Spengler, aparecem na civilização antiga, com Platão e Aristóteles, e na civilização ocidental – na visão tipicamente centrada na intelectualidade alemã –, com Goethe, Kant e o idealismo alemão de Fichte, Schelling e Hegel. Em sua fase civilizatória, a filosofia desenvolve, em todas as culturas, uma visão de mundo prática, materialista e utilitarista, como a escola filosófica helenista da Antiguidade e a filosofia do utilitarismo e do socialismo do século XIX europeu. O pensamento abstrato é sufocado por uma "filosofia de cátedra" acadêmica.

O modo como uma civilização avançada preenche as fases de seu desenvolvimento com formas culturais é, no entanto, diferente e depende de seu sentimento do mundo, que se cristaliza no símbolo primordial. Assim, Spengler descreveu o sentimento do mundo da civilização ocidental como "fáustico" – segundo a figura de Fausto, ícone cultural da história do pensamento na Alemanha e que encontrou sua forma literária mais famosa no poema épico homônimo, escrito por Goethe. Fausto representa a ânsia, jamais satisfeita, por um conhecimento abrangente. Para Spengler, ele é uma figura que simboliza a busca do infinito. Nesse sentido, o símbolo primordial do sentimento fáustico do mundo é o espaço ilimitado, tal como ele se manifesta nas catedrais góticas e na literatura ocidental, em que um tema recorrente é o desamparo do indivíduo em relação a um universo estranho e sem fim. Essa inclinação para o ilimitado é, também, a razão para que a civilização ocidental seja a única com tendência para se expandir globalmente. Por toda parte, nos campos econômico, político e cultural, ela busca conquistar novos espaços. Assim, Spengler tornou-se, *avant la lettre*, um profeta da globalização.

Portanto, a civilização ocidental distingue-se fundamentalmente da antiga, com seu "sentimento de mundo apolíneo", cujo símbolo primordial é o "corpo individual e sensível". Por toda parte na civilização antiga Spengler encontra a inclinação à limitação, a uma aderência ao presente e ao sensível. O termo "apolíneo" foi emprestado da obra de Nietzsche *O nascimento da tragédia no espírito da música*, em que os dois princípios da arte, o apolíneo e o dionisíaco, são usados para descrever a face dupla da arte grega entre a bela aparência e a vivência extática.

Spengler ganhou fama de pessimista por conta, sobretudo, da análise que desenvolveu de sua própria época, a fase de civilização da cultura ocidental, cujo início ele estabeleceu no ano de 1800. Para ele, a fase da civilização caracteriza-se pelo fato de que a força criadora de uma cultura, em termos estéticos e teóricos, volta-se para uma orientação mais prática nas questões de organização, política, economia e técnica. Surgem as metrópoles e, do ponto de vista político, as grandes unidades imperiais, como o Império Romano, na Antiguidade. A identidade das nações é dissolvida pelo cosmopolitismo e pelo surgimento de sociedades de massa pluralistas. As grandes realizações de uma cultura na fase de civilização consistem em conquistas políticas, bem como técnicas e econômicas, culminando no domínio do dinheiro como símbolo de um pensamento calculista e puramente quantitativo. Na civilização, esgota-se a vitalidade interna de uma cultura, a sua "vida"; em seu lugar, entram em cena competências logísticas e de organização.

É o predomínio do espírito inglês que Spengler apresenta, de forma particular, em conexão com a fase de civilização ocidental. País de origem da economia nacional moderna, nação pioneira do capitalismo, pátria do utilitarismo filosófico e principal potência imperial da Europa no século XIX, a Inglaterra é, para Spengler, a protagonista no palco em que se dá o declínio do Ocidente. Tivesse Spengler vivenciado os progressos do fim do século XX, a união dos Estados ocidentais sob o teto de uma superpotência americana, a globalização e o surgimento de sociedades multiculturais, ele certamente teria visto confirmadas as suas previsões.

Mas, naturalmente, o leitor de Spengler também espera da "filosofia do futuro" informações sobre o que acontece depois da "decadência do Ocidente". Haveria uma nova civilização avançada em vista para suceder a ocidental? As explicações de Spengler são escassas, mas, pelo menos, ele cita um nome crucial: a Rússia, cuja sociedade se encontra, no século XIX, em uma etapa semelhante à do reino dos francos em tempos remotos da civilização ocidental. As influências ocidentais, introduzidas a partir de Pedro, o Grande, deturparam, na opinião de Spengler, o verdadeiro caráter do país, que ele considerava mais bem personificado no sentimento religioso de mundo presente nos romances de Dostoiévski. "O cristianismo de Dostoiévski", diz Spengler, "é o do próximo milênio."

A roda da história continua a girar e ninguém pode escapar dela. Spengler não apenas é pessimista, mas também fatalista: ao homem resta a escolha entre colocar-se a serviço da história ou fracassar. Já não podem surgir grandes obras musicais na era da civilização, mas certamente oleodutos e computadores. "Não temos liberdade para conseguir isto ou aquilo", escreve Spengler ao fim de seu livro, "mas para fazer o necessário ou não fazer nada."

Quando o primeiro volume de sua obra monumental foi publicado, em 1918, Spengler o iniciava com a observação de que ele continha "a formulação irrefutável de um pensamento, que não será contestada, uma vez apresentada". Nem todos os leitores reagiram como Spengler desejava; por isso, em uma edição posterior, ele acrescentou: "[...] uma vez compreendida".

Se a conservadora burguesia alemã que, depois da Primeira Guerra Mundial, escolheu Spengler como seu filósofo realmente o entendeu, essa é uma questão que permanece aberta. O comprometimento de Spengler com direitos antidemocráticos também contribuiu consideravelmente para que sua filosofia da história e da cultura fosse associada a convicções políticas contrárias à democracia.

Nesse caso, no entanto, ninguém deveria sucumbir à tentação de deduzir as limitações de uma pessoa a partir das limitações de sua obra. Com sua visão panorâmica, Spengler ofereceu à autoconcepção europeia uma perspectiva global, que iria prevalecer na filosofia apenas no fim do século XX, na discussão acerca da universalidade das normas culturais e morais.

Não por acaso, *A decadência do Ocidente* atingiu repercussão internacional. Ortega y Gasset traduziu Spengler para o espanhol e utilizou sua crítica da civilização em sua principal obra, *A rebelião das massas*. André Malreaux foi um admirador de Spengler, assim como Thomas Mann. Até mesmo Theodor W. Adorno, um dos principais nomes da Escola neomarxista de Frankfurt, elogiou a análise do presente desenvolvida por Spengler e encontrou semelhanças com seu próprio pessimismo em relação à civilização.

Mas, acima de tudo, os grandes pensadores da história do século XX receberam de Spengler estímulos decisivos. A obra *Um estudo da história*, de Arnold Toynbee, foi marcada pela leitura de Spengler, e o mesmo pode ser notado em *O choque das civilizações*, de Samuel Huntington.

E Spengler leva justamente aquele leitor que confunde sua própria civilização com a civilização universal a uma dolorosa compreensão: no âmbito global, toda civilização é um acontecimento finito, periférico e simultaneamente único – mas, talvez, por isso mesmo seja fascinante e atraente, como o planeta azul que os astronautas observam do espaço.

**Edição:**

OSWALD SPENGLER: *Der Untergang des Abendlandes. Umrisse einer Morphologie der Weltgeschichte.* Munique, Deutscher Taschenbuch Verlag, 1997 (reedição). [Trad. bras. *A decadência do Ocidente*, São Paulo, Forense Universitária, 2013.]

## As Sagradas Escrituras do existencialismo

JEAN-PAUL SARTRE: *O ser e o nada* (1943)

Metrópoles como Londres, Paris ou Nova York sempre serão um ponto de encontro para artistas, escritores e músicos vanguardistas, que moldam uma nova noção do tempo e um novo estilo de vida, não somente por meio de suas obras, mas também por suas aparições públicas. A filosofia também pode ser parte de tal "cena", mas é raro que se torne o foco intelectual de uma vanguarda urbana.

Isso foi exatamente o que aconteceu após o fim da Segunda Guerra Mundial no bairro da intelectualidade parisiense, situado à margem esquerda do rio Sena. No êxtase da libertação e do despertar intelectual, a filosofia do existencialismo dominava as conversas nos cafés de Paris. As moças, que seguiam o estilo de Juliette Greco, vestidas de preto e com a piteira inclinada na boca, haviam sido infectadas pelo vírus existencialista, assim como todos aqueles que se inspiravam no violão de Django Reinhardt ou pelo trompete de Boris Vian nos clubes de jazz parisienses. Surgia uma nova literatura rebelde: Albert Camus havia chegado de Oran, na Argélia, Emile Cioran, de Bucareste, enquanto Jean Genet, o *poète maudit* da cena, já tinha atrás de si uma de suas muitas prisões.

O existencialismo de Saint-Germain-des-Prés conquistou editoras, cafeterias e universidades do mundo ocidental. Seu pensador-chefe e sumo sacerdote era Jean-Paul Sartre, um fumante inveterado, baixo e estrábico, que, com sua namorada, Simone de Beauvoir, mantinha sua corte no Café de Flore. Sartre havia conseguido não apenas saltar de professor provinciano de filosofia a guru intelectual de Paris. Durante a guerra, ele já havia produzido uma obra filosófica de mais de mil páginas, que se tornou a bíblia do existencialismo: *O ser e o nada*, um texto que se move nas alturas de uma reflexão filosófica linguisticamente complexa, mas também sempre mergulha nos vales da vida cotidiana.

Foi um livro que expôs abertamente a liberdade do homem e, ao mesmo tempo, seu desamparo em um universo sem sentido. O apelo de Sartre para que o homem assumisse a responsabilidade pela própria vida e superasse a falta de sentido elaborando o próprio sentido atraiu muitas pessoas que se afastavam das ideologias totalitárias mas não encontravam espaço na interpretação cristã do mundo. *O ser e o nada* desenvolveu uma religião do mundo terreno em um mundo sem Deus.

Ninguém havia previsto o extraordinário impacto de Sartre no público, pois o jovem Jean-Paul, como ele próprio detalhou em sua autobiografia *As palavras*, era um solitário que se apropriou do mundo por intermédio da literatura. Ao contrário de muitos outros filósofos, cuja primeira fase da vida foi tempestuosa, opondo-se à segunda, mais calma e dedicada ao trabalho, o jovem Sartre viveu retirado e mergulhado em seus livros. Somente ao atingir a meia-idade ele se tornou célebre e, ao mesmo tempo, uma figura pública controversa.

Nascido em 1905, Sartre perdeu o pai aos 2 anos e cresceu na casa dos avós, em La Rochelle, na costa atlântica. Seu verdadeiro educador foi o avô, Charles Schweitzer, um dos tios de Albert Schweitzer. Como professor de alemão em uma escola e proprietário de uma extensa biblioteca, ele conseguiu que seu neto penetrasse rapidamente no mundo intelectual. Socialmente tímido, mas intelectualmente precoce, Jean-Paul fez suas primeiras tentativas na literatura quando tinha 7 anos. Aos 12, já havia se afastado da fé cristã. Filho único e órfão de pai, sentia-se estranho e solitário em sua própria família. O jovem Sartre também se viu expulso de seu ambiente, criticado e ameaçado, experiência que, mais tarde, teve influência em sua análise da relação do homem com seus semelhantes, os "outros".

O sentimento de Sartre de ser um *outsider* não o impediu de se destacar na escola e nos estudos. Aos 19 anos, foi admitido pela renomada École Normale Supérieure, onde se graduou como o primeiro da classe. Nela também conheceu sua futura companheira, Simone de Beauvoir.

O pensamento filosófico de Sartre se desenvolveu quando ele passou um ano no Institut Français de Berlim, depois de dois anos de serviço militar e um curto período como professor de filosofia em Le Havre. Ele se mudou para a Alemanha em 1933, exatamente no ano em que Hitler assumiu o poder e aboliu as liberdades civis. Mas a atenção de Sartre estava menos voltada para a situação política do que para a filosofia alemã. Ele se dedicou ao estudo de Edmund Husserl, fundador da fenomenologia, que ele já havia conhecido por meio de traduções francesas e de quem se ocuparia nos anos seguintes.

Husserl já não buscava a essência das coisas nas próprias coisas, e sim em seus fenômenos, no jeito como essas coisas se apresentam a nós. Desse modo, ele estava ligado a René Descartes, fundador do racionalismo moderno. Descartes havia feito do ato "eu penso" ("cogito") o ponto de partida para toda certeza de conhecimento e para a autoconsciência do ser humano. Husserl seguiu o mesmo caminho em relação à consciência e à atividade intelectual; porém, para ele, essa consciência não se limitava ao "eu penso". Pelo contrário, era sempre uma "consciência de", isto é, uma consciência voltada para um objeto de conhecimento. Para ele não havia um sujeito do conhecimento que fosse puro, sem referência a um objeto do conhecimento. Esse típico questionamento cartesiano sobre a forma como se chega ao autoconhecimento e ao conhecimento do mundo através da consciência do sujeito também ocupava o jovem Sartre.

Quando retornou à França, ocupou-se de diversos trabalhos de Husserl. Sartre queria abandonar a concepção do "eu" como ponto de partida, o conteúdo inicial da consciência. É verdade que, como Husserl, ele acreditava que nossa consciência seria sempre uma "consciência de", portanto direcionada a objetos, mas nessa "consciência de" proposta por Husserl ainda parecia, segundo ele, estar incluída a ideia de um "eu".

Em vez disso, Sartre desenvolveu a ideia de uma consciência vazia, uma "consciência primária", ainda não consciente de um conteúdo específico. Nem a concepção de um "eu" nem a diferença entre sujeito e objeto estão nela contidas. Ela é impessoal, vazia e espontânea, sendo consciente apenas de sua existência. Em *O ser e o nada*, Sartre denomina essa consciência primária "plenitude da existência", um campo de possibilidades que a concepção de um "eu" ainda deve adquirir.

Nessa espontaneidade e nesse vazio da consciência original encontra-se o germe da concepção sartriana de liberdade. Não se trata, no entanto, da liberdade política, que se expressa nos direitos civis, como a liberdade de opinião, e sim de uma liberdade semelhante à do artista que pode criar seus personagens livremente. Nesse sentido, a liberdade de Sartre é a liberdade criativa do homem de se transformar, de forma independente, em figura atuante no mundo. Da análise de Husserl sobre a consciência humana, foi desenvolvida a teoria de que o homem deve, por meio de suas ações, dar à sua vida uma feição própria.

Sartre foi, desde o princípio, não somente um filósofo, mas ainda um autor literário. Romances e peças também prepararam o caminho para sua obra-prima, e são precisamente eles que justificam seu reconhecimento pelo público. O sucesso literário só teve início quando, em 1936, Sartre conseguiu dar as costas para a província e ser contratado pelo ginásio Liceu Pasteur, em Paris.

Dois de seus primeiros trabalhos literários tiveram uma ligação particularmente estreita com sua filosofia: *A náusea*, romance publicado em 1938; e a peça teatral *As moscas*, publicada em 1943, mesmo ano de publicação de *O ser e o nada.*

Em *A náusea*, o personagem principal, Roquentin, passa pela experiência de perder suas relações habituais e as coisas tornarem-se estranhas para ele. A sensação nauseante surge na medida em que ele observa as coisas e sente que a realidade se impõe repentinamente a ele, com todo seu absurdo. Segundo Sartre exprimiria mais tarde, o mundo das coisas é "contingente", um conceito da filosofia medieval que designa o aspecto ocasional e circunstancial, em oposição ao aspecto essencial e necessário. O homem não encontra no mundo um sentido pré-fabricado; cabe a ele próprio criar o que faz sentido.

Como isso pode ser levado a efeito é o tema do drama *As moscas.* A peça retoma o mito grego de Agamêmnon, que, ao retornar da guerra de Troia, é assassinado por sua mulher, Clitemnestra, e pelo amante dela, Egisto, sendo substituído pelo casal na condução de seu reino. Nessa obra de Sartre, o ponto central é o filho de Agamêmnon, Orestes, que decide eliminar a tirania de Egisto e, com isso, torna-se o símbolo do homem que se apropria de sua liberdade e assume a responsabilidade em relação à própria vida.

A consciência humana, vazia e ainda indeterminada, a contingência da existência humana e seu reverso positivo, a liberdade do homem – todos esses temas formam uma estrutura teórica abrangente em *O ser e o nada.*

*O ser e o nada* surge em meio à Segunda Guerra Mundial, em circunstâncias anormais. Poucos meses depois da eclosão da guerra, Sartre é levado pelos alemães para um campo de concentração, nas proximidades de Trier. No local, ele tem à disposição apenas poucos livros, todos em língua alemã. Entre eles, um particularmente lhe interessa: *Ser e tempo*, obra-prima de Martin Heidegger, publicada em 1927. Heidegger também foi um aluno de Husserl que havia tentado destacar o papel especial do homem no mundo. Para ele, o homem é a única criatura a possuir uma "compreensão do ser", isto é, que pode agir de forma consciente em relação a si próprio e à realidade em que vive. Com base em uma análise marcada pelas convenções da vida cotidiana – que ele chamou de "inautenticidade" –, Heidegger desenvolveu uma teoria da autorrealização humana, em que é dada ao homem a tarefa de manifestar sua liberdade por intermédio de uma escolha existencial. Somente desse modo ele atinge o nível da "autenticidade" e honra seu papel especial.

Depois de Husserl e Heidegger, é a vez de Sartre desenvolver sua teoria da existência humana. Em carta escrita para Simone de Beauvoir, datada de 22 de julho de 1940, ele conta ter iniciado a redação de *O ser e o nada*. Em março de 1941, consegue ser libertado do campo de concentração e retornar à sua escola, em Paris. A partir de então, seu trabalho é desenvolvido em um ritmo mais acelerado. Sartre aproveita todos os minutos de que dispõe para, no primeiro andar do Café de Flore, trabalhar no manuscrito, que é entregue à editora parisiense Gallimard já em outubro de 1942.

Nesse meio-tempo, havia se estabelecido uma parceria com Simone de Beauvoir, em que a afinidade pessoal e a troca de ideias filosóficas se complementavam. As obras de ambos foram produzidas paralelamente, e eles se tornaram o par mais famoso da filosofia do século XX. Eles chamavam um ao outro de "Castor" e "Pólux". No livro *O ser e o nada* há uma dedicatória "Ao Castor".

Já a partir do título *O ser e o nada: ensaio de ontologia fenomenológica*, Sartre se orienta pela difícil retórica da filosofia alemã, na tradição de Hegel, Husserl e Heidegger. O "ser" é um conceito que havia desempenhado um papel importante já na Antiguidade, como o conceito mais amplo e fundamental da metafísica, sendo retomado especialmente por Georg Wilhelm Friedrich Hegel, principal representante do idealismo alemão, e, mais tarde, por Heidegger. Com "ser", Sartre se refere ao campo total da realidade, incluindo o ser humano.

De Hegel e Heidegger, Sartre também recebeu o conceito do "nada", que, no entanto, passou a assumir um caráter especial. A língua francesa tem para o "nada" dois termos diferentes: "néant" e "rien". O "néant" utilizado por Sartre descreve alguma coisa que falta, um espaço vazio, mas que pode ser preenchido. "Néant", ao contrário de "rien", abre-se a uma realização, apontando para uma realidade ainda inexistente, mas possível.

O uso da palavra "fenomenológica" indica que Sartre compreende sua obra como um desenvolvimento da fenomenologia de Edmund Husserl. O realce dado ao conceito "ser" confirma que se trata de uma "ontologia", de um estudo dos fundamentos e princípios da realidade, mas há restrições: para Sartre, como para Heidegger, trata-se, sobretudo, do homem, de sua liberdade e sua autorrealização.

*O ser e o nada* tem, linguisticamente, duas faces completamente distintas: de um lado, Sartre utiliza uma linguagem artística altamente abstrata, mas, de outro, revela seu talento literário ao examinar suas teses de uma forma quase literária, por meio de cenas e situações concretas. E são precisamente essas passagens as sempre citadas e as que tornaram famoso o livro.

Sartre estabelece a distinção entre dois tipos fundamentais do "ser": o "ser-em-si" e o "ser-para-si". Ambos os conceitos são derivados de Hegel, mas Sartre lhes confere um significado autônomo. Com "ser-em-si", ele se refere ao mundo das coisas, que não possuem consciência e são definidas por suas características essenciais. O outro "ser", que possui consciência e pode estabelecer uma relação independente com a realidade, é chamado por Sartre de "ser-para-si". Simplificando: o "ser-para-si" é o homem, já o "ser-em-si" é o mundo ao seu redor.

Para descrever a estrutura interna do livro, pode ser estabelecida uma analogia com um romance: Sartre expõe ao leitor como o ser-para-si, uma entidade inicialmente desconhecida, aparece a partir da ordem do ser-em-si, como toma forma progressivamente e, por fim, cria seu próprio espaço na ordem da realidade.

No universo do ser são descobertos, em primeiro lugar, buracos negros, ou seja, um ser sobre o qual não se pode dizer, a princípio, o que ele verdadeiramente é. Ainda assim, algo se revela nesse vazio: o "nada". Ele não pode ser derivado do ser-em-si, portanto das coisas que nos são conhecidas por intermédio de suas propriedades. O nada está, antes, ligado a outro ser, o ser humano. É um ser que não se define por suas propriedades. Nele se revela algo em aberto, algo que ainda não sabemos o que se tornará.

O ser humano possui uma característica única, a de também *não* ser algo determinado, isto é, ele também pode se comportar de forma negativa em relação à realidade. Como Heidegger, Sartre acreditava que o homem é consciente de seu próprio "ser", que pode se decidir por alguma coisa e ele próprio transformar esse ser. Ele sempre pode dizer "não".

Mas o homem pode se comportar negativamente também em relação a si mesmo, e não apenas em relação ao mundo. Ele pode avaliar e negar a possibilidade de ser outro, possibilidade essa que o distingue das coisas. Essa atitude foi chamada por Sartre de "mauvaise foi", um conceito que se mostrou um desafio para todos os tradutores e, com frequência, tem sido traduzido para o alemão como "deslealdade" e até mesmo "má consciência". Sartre, porém, não envolveu nenhum julgamento moral na elaboração desse conceito. "Mauvaise foi" (literalmente, "má-fé") tem aquele que, no fundo, sabe que pode ou deve fazer alguma coisa, mas não quer, então alega que não lhe foi possível fazê-la. Para Sartre, "mauvaise foi" é a forma de ilusão que o homem utiliza para mentir em relação à sua própria essência. Ele age como um ser-em-si, embora seja um ser-para-si. É o equivalente sartriano ao estado de "inautenticidade" de Heidegger, em que o homem se recusa a concretizar as possibilidades nele reunidas.

Um exemplo conhecido de "mauvaise foi" que Sartre fornece é o do garçom que se identifica completamente com seu papel profissional. Ao automatizar os procedimentos de sua atividade, ele lhes confere o caráter da inevitabilidade. Ele se esforça, segundo Sartre, "para encadear seus movimentos como se fossem mecanismos regidos uns pelos outros; sua mímica e até mesmo sua voz parecem mecanismos". O garçom age como se fosse um ser-em-si, como se o "ser-garçom" fosse, sempre, uma essência determinada. Mas, na verdade, ele apenas desempenha um papel. Como todas as pessoas, ele também poderia desempenhar outro papel, distanciar-se daquilo que é e faz no momento e alterar sua situação. Negar isso a si próprio é a "mauvaise foi".

Portanto, o surgimento do nada na ordem do ser nos leva, segundo Sartre, ao ser-para-si, à consciência humana, que escapa de nossas definições. O modo como o nada e o ser interagem para essa consciência foi assim resumido por Sartre: "A consciência não é o que é e é o que não é." Uma afirmação inicialmente muito confusa, que só é compreendida quando se reconhece que Sartre empregou a palavra "é" de maneiras diferentes a cada vez. "A consciência não é o que é" significa: a consciência não pode ser comprometida com seu estado atual. A característica decisiva, a essência da consciência está, antes, no fato de que ela "é o que não é", portanto sempre pode ir além do que é, pode superar-se. E é exatamente nesse sentido, o da superação, em latim "transcendere", que Sartre emprega o termo "transcendência", termo entendido aqui não como o mundo sobrenatural que escapa à nossa experiência, mas como algo tipicamente humano: a capacidade de fazer de si mesmo alguma coisa diferente.

A frase de Sartre também pode ser traduzida como segue: a consciência destaca-se pelo fato de nunca poder ser definida, permanecendo sempre aberta a novas possibilidades de autoconcepção.

A partir da análise do nada, Sartre chega à noção de uma consciência humana como a origem da liberdade humana. É o que distingue o homem das coisas, do ser-em-si. Sartre está entre os filósofos que particularmente ressaltam o papel especial do homem em relação aos outros fenômenos da realidade e se recusam a definir esse homem com base nas influências externas, como hereditariedade, educação ou posição social.

Sartre se refere às discussões da filosofia medieval quando diz que, entre os homens, diferentemente do que ocorre entre as coisas, a "existência" precede a "essência". Em que medida, por exemplo, na essência, isto é, na definição geral de "homem" ou de "cavalo", a existência de um homem ou de um cavalo é algo previamente caracterizado e se esse "geral" chega a ter uma existência independente eram questões controversas na Idade Média. Em todo caso, para Sartre, a existência humana não é caracterizada antecipadamente. Ele considera que o homem é, primeiro, como uma página em branco e cultiva aquilo que somente ao longo da vida realmente o constitui. A situação é diferente com o ser-em-si, com o mundo das coisas: estas têm suas características essenciais definidas de antemão.

Em outro aspecto, o ser-para-si oferece ao homem uma posição única na realidade: ele pode se tornar o centro de seu mundo e relacionar a si mesmo as coisas à sua volta. Há, no entanto, uma dificuldade crucial: o homem não está sozinho no mundo, não há um único ser-para-si, mas muitos. Heidegger havia designado o vínculo social do homem com outros homens através do "ser-com". Para Sartre, porém, esse ser-com tem caráter de antagonismo, de ameaça. O outro é alguém que está no caminho e com quem é preciso constantemente se confrontar. Em relação a esse ponto de vista, Sartre foi inspirado pela famosa seção "O senhor e o escravo", da obra hegeliana *Fenomenologia do espírito*, em que Hegel, empregando uma linguagem figurativa, descreve como a autoconsciência humana chega ao reconhecimento mútuo depois de lutar com outra autoconsciência.

Tal conflito é apresentado por Sartre em "O olhar", capítulo central e talvez mais famoso do livro. O outro questiona a minha liberdade, a possibilidade de eu escolher meu lugar no mundo, quando me vê como um objeto, um ser-em-si. Como no caso da náusea, que me faz ter consciência da presença de um mundo sem sentido, é um sentimento básico que me torna consciente de uma realidade que me é estranha, da presença do outro. É o sentimento de vergonha. Sartre ilustra esse sentimento com uma situação em que alguém observa uma cena pelo buraco de uma fechadura e, absorvido pela contemplação, de repente sente, ele próprio, o olhar do outro sobre si. Ao ser observado, ele sente que o outro é o sujeito e ele próprio, o objeto. Ele sente como se tivesse sido "arremessado" no mundo das coisas. Esse ser-objeto provoca vergonha, mas também a consciência de ser um eu. Somente na confrontação com o outro surgem simultaneamente, da consciência originariamente vazia, a consciência de um eu e a consciência da existência do outro. Ao desenvolver uma consciência própria do eu, também sou capaz de superar minha alienação como objeto e, como diz Sartre, "constituir como objeto" o outro, isto é, virar o jogo.

A relação do homem com o outro é sempre, segundo Sartre, uma relação de conflitos e limitações. Não acontece um entendimento mútuo, uma relação igualitária de sujeito para sujeito. O outro continua a ser uma ameaça potencial à minha subjetividade. Em sua curta peça de teatro *Entre quatro paredes*, publicada depois de *O ser e o nada*, Sartre expressou essa ideia na famosa frase: "O inferno são os outros."

*O ser e o nada* permanece concentrado no indivíduo e em sua autorrealização. Nele, a análise dos processos da consciência e do conhecimento é somente o ponto de partida. Sartre é um filósofo que coloca o homem no centro do mundo e lhe pede que responda ao desafio de um universo sem sentido e à realidade de "estar jogado" com um esboço de sua própria existência. A filosofia da liberdade de Sartre é também uma filosofia do comprometimento. O homem não pode negar essa liberdade, pois, do contrário, irá sucumbir à "mauvaise foi", ao autoengano. Conforme uma das afirmações mais conhecidas de Sartre, estamos "condenados à liberdade".

Assim, não é por acaso que a ação seja o foco da última parte do livro. Com a liberdade, devemos também assumir a responsabilidade por nossa existência. Isso significa nos envolvermos nas circunstâncias que encontrarmos. Nascemos com determinada configuração genética, vivemos em certo local, por determinado tempo. Sartre chama de "facticidades" essas circunstâncias ligadas à nossa vida. Facticidade e transcendência, vinculação e capacidade de superação são os dois polos entre os quais nossas ações ocorrem.

A posição entre esses dois polos foi chamada por Sartre de "situação". Nela, o homem deve assumir a responsabilidade pelas circunstâncias em que vive e compreendê-las como parte de sua própria escolha. De certa forma, elas são o material que minha liberdade utiliza para construir sua própria casa. A princípio, não são limitações, e sim o ponto de partida, a chance e a oportunidade. Ser jogado no mundo significa ver a si próprio como um corredor que, na linha de largada, está para aceitar a competição da vida: "Estou *jogado* no mundo", diz Sartre, "não no sentido de estar abandonado e passivo em um universo hostil, como a tábua que flutua sobre a água, mas, ao contrário, no sentido de que, de repente, me encontro sozinho e sem ajuda, comprometido em um mundo pelo qual sou inteiramente responsável (...)."

*O ser e o nada* esboça o retrato de um mundo em que cada indivíduo, que inicialmente nos aparecera como um objeto desconhecido na ordem do universo, é chamado a se identificar por intermédio de suas ações e a carregar sua própria porção de significado nesse mesmo universo. Todos têm essa responsabilidade, e cada um deve exercê-la à sua maneira.

*O ser e o nada* foi publicado em 1943, em Paris, época em que a cidade ainda não havia se libertado da ocupação alemã; por isso, inicialmente, o livro não teve repercussão. Mas para o público filosófico do pós-guerra a obra caiu como uma bomba. Para alguns, ela se tornou o equivalente filosófico da *Résistance*, um ato de libertação das ideologias totalitárias da primeira metade do século, que haviam transformado o indivíduo em um coadjuvante da história universal. Para outros, foi um escândalo: a Igreja criticou a ausência de Deus; os comunistas franceses, muito influentes na época, reclamaram da falta de solidariedade e do papel social do homem, uma objeção que Sartre tentou refutar em sua segunda grande obra, *Crítica da razão dialética*. Embora nos anos seguintes ele tenha se envolvido intensamente com o marxismo e quisesse se estabelecer como um filósofo social, suas realizações na área filosófica permaneceram associadas, principalmente, à fase existencialista.

As teses formuladas em *O ser e o nada* influenciaram toda a literatura e a arte contemporâneas, do teatro do absurdo de Samuel Beckett e Eugène Ionesco às esculturas de Alberto Giacometti. Também serviram de inspiração para Simone de Beauvoir em sua monumental obra *O segundo sexo*, um registro do feminismo moderno, que, com a análise do papel da mulher, deu um novo sentido à categoria do "outro".

*O ser e o nada* destaca o papel singular do homem no mundo e mostra que nosso discurso sobre dignidade, responsabilidade e criatividade humanas apenas tem sentido se olharmos para além do indivíduo, que, com liberdade, pode construir sua própria vida. É mérito de Sartre ter dado a essa liberdade uma base filosófica.

**Edição:**

JEAN-PAUL SARTRE: *Das Sein und das Nichts. Versuch einer phänomenologischen Ontologie.* Editado por Traugott König. Traduzido para o alemão por Hans Schöneberg e Traugott König. Reinbek, Rowohlt, 1993. [Trad. bras. *O ser e o nada*, Petrópolis, Vozes, 17ª ed., 2009.]

# A falência do progresso

MAX HORKHEIMER/THEODOR ADORNO:
*Dialética do esclarecimento* (1944)

Entre os mitos indestrutíveis da humanidade está o do "paraíso perdido, narrado, segundo a tradição judaico-cristã, no Primeiro Livro do Antigo Testamento. O Deus severo e consciente de seu poder, presente no Antigo Testamento, expulsa Adão e Eva do Jardim do Éden porque comeram da árvore proibida do conhecimento. Esse pecado original marca o fim de sua inocência. Pode-se dizer que o homem se desprendeu da naturalidade do comportamento instintivo e tomou consciência de uma ferramenta explosiva: a razão. Natureza e razão se separam. Já não é possível retornar ao estado antigo. Anjos com espadas flamejantes guardam o paraíso, que, a partir de então, é proibido aos homens.

Filósofos têm se dedicado continuamente a estudar o pecado original, sobretudo aqueles que levantaram a questão: em que se transformou a humanidade a partir de então? Como as pessoas têm usado a razão? A *Dialética do esclarecimento*, de Max Horkheimer e Theodor W. Adorno, dá uma resposta desconcertante: em vez de se reconciliar com a natureza, a razão traiu a si própria e se tornou instrumento de opressão dos homens e de violação da natureza. No pior sentido da palavra, o homem "subjugou" a natureza. Razão, esclarecimento, progresso: aquilo que deveria servir para a felicidade da humanidade tornou-se ferramenta de seu infortúnio. A *Dialética do esclarecimento* contém a falência do progresso. Seu balanço é devastador: "A terra completamente esclarecida", consta do início do livro, "resplandece sob o signo da calamidade triunfal."

Horkheimer e Adorno desenvolvem a teoria sobre uma tese que Walter Benjamin, seu companheiro de filosofia, havia criado, pouco tempo antes, depois de observar o quadro *Angelus Novus*, de Paul Klee. O anjo de Klee é, para Benjamin, "o anjo da história", aquele que examina as consequências do pecado original do homem. "Seu rosto", diz Benjamin, "está dirigido para o passado. Onde nós vemos uma cadeia de acontecimentos, ele vê uma catástrofe única, que acumula incansavelmente ruína sobre ruína e as dispersa a seus pés. Ele gostaria de deter-se para acordar os mortos e juntar os fragmentos. Mas uma tempestade sopra do paraíso e prende-se em suas asas com tanta força que ele já não consegue fechá-las. Essa tempestade o impele irresistivelmente para o futuro, ao qual ele vira as costas, enquanto o amontoado de ruínas à sua frente cresce até o céu. Essa tempestade é o que chamamos progresso."

Como o "Angelus Novus", Horkheimer e Adorno observam as ruínas que a tempestade do progresso deixou atrás de si. Com base na crítica do capitalismo desenvolvida por Karl Marx, eles descrevem o homem como um ser explorado e oprimido, que decaiu à condição de mercadoria. Por essa razão, muitos veem, até hoje, na *Dialética do esclarecimento* a mais brilhante forma de crítica social marxista que o século XX produziu.

Mas esse marxismo contém alguns ingredientes não marxistas. No espírito de Benjamin, mas em oposição à crença no progresso dos pais fundadores do marxismo, Marx, Engels e Lênin, o livro representa uma filosofia pessimista da história, acompanhada de tons religiosos. Não por acaso, Horkheimer e Adorno fazem alusão repetidas vezes ao tema antigo do pecado original e do paraíso perdido. O verdadeiro pecado original, a partir do qual teve início a força destrutiva do progresso, ocorreu, para eles, antes do mau passo de Adão e Eva. Pois já a figura de um deus que, com a ajuda de seu anjo, exerce a dominação e proíbe ao homem determinado comportamento no paraíso é, para eles, sintoma de uma civilização construída com base na submissão e organizada contra a natureza: "O anjo que, com a espada flamejante, conduziu o homem para fora do paraíso no caminho do progresso tecnológico é, ele próprio, o símbolo de tal progresso."

Esse progresso equivocado também não está sendo conduzido segundo as reivindicações do Iluminismo de tornar o homem responsável.

Ao contrário: o programa iluminista, segundo a tese do livro, deu origem a um novo tipo de servidão. O Iluminismo havia se transformado no "total engano das massas". Ele não falhou por conta da resistência de seus oponentes, mas pelas tendências nele presentes. É precisamente isto que os autores querem dizer com "dialética": um movimento que, a partir de si próprio, produz forças e evoluções totalmente opostas à direção original desse mesmo movimento. O homem foi levado a se libertar dos grilhões das forças da natureza e das interpretações míticas do mundo: segundo Horkheimer e Adorno, desde o princípio, havia alguma coisa errada nesse projeto. O homem queria se tornar o senhor das coisas, mas, como resultado, tornou-se ele próprio uma coisa dominada.

A *Dialética do esclarecimento* é, portanto, mais do que uma análise e uma crítica da sociedade: é uma crítica abrangente da civilização. Por essa razão, Horkheimer e Adorno enfatizam aspectos diferentes daqueles apresentados por Marx. Enquanto este havia colocado a exploração do homem no centro da análise, Horkheimer e Adorno deram especial atenção às manifestações culturais da sociedade.

De qualquer forma, Horkheimer e Adorno estavam muito mais familiarizados com o mundo da cultura, pois provinham do ambiente burguês de famílias judaico-alemãs abastadas. Horkheimer, nascido em 1895, deveria, originalmente, assumir a fábrica de algodão de seu pai, em Stuttgart-Zuffenhausen; Adorno, oito anos mais jovem, cresceu como filho de um comerciante de vinhos de Frankfurt e de uma famosa cantora de ópera, que já se apresentara na corte imperial.

Ambos receberam sua formação filosófica na Universidade de Frankfurt. "Teddy" Adorno, como era chamado pelos amigos, tinha um talento duplo. Durante muito tempo, vislumbrou seu futuro na música. Destacou-se como um pianista brilhante e um compositor talentoso. Na metade dos anos 1920, depois de seu doutoramento em filosofia, estudou piano e composição em Viena, mas, sobretudo, fez nome, ainda muito cedo, como crítico de música. Sua preferência era a música de vanguarda de Arnold Schönberg e Alban Berg.

O pensamento e a escrita de Adorno foram influenciados, durante toda a sua vida, por experiências e ideias que adquiriu com a análise da música moderna. Sua predileção pela nova música moderna "progressista", que havia se libertado das antigas formas, também o levou ao marxismo, pois, como muitos intelectuais, ele o via como a filosofia "progressista" da modernidade. Dividido entre a filosofia e a música, ele definitivamente escolheu a filosofia, no fim dos anos 1920, como sua principal ocupação. Depois de obter a habilitação, em 1931, lecionou na Universidade de Frankfurt até que, dois anos mais tarde, teve sua permissão para lecionar revogada pelos nazistas.

Nessa época, Horkheimer já era diretor do famoso Instituto de Pesquisa Social de Frankfurt, fundado em 1924 e financiado por uma instituição privada, porém vinculado à Universidade de Frankfurt. Os colaboradores do Instituto haviam sido ideologicamente influenciados pelo marxismo. Buscavam uma teoria da sociedade burguesa e capitalista que estivesse cientificamente atualizada e incluísse os últimos resultados de diferentes ciências, como a sociologia, a filosofia, a economia e a psicologia. Devido à orientação interdisciplinar do Instituto, deveriam ser superados tanto a divisão entre as ciências quanto o direcionamento unilateral do marxismo para as relações econômicas. Com isso, a psicanálise de Sigmund Freud teve papel importante no trabalho do Instituto, embora sempre recebesse um olhar de reprovação dos marxistas ortodoxos. O objetivo era desenvolver uma "teoria crítica" que fosse tanto a análise quanto a crítica da sociedade, bem como a explicação teórica e parte da luta política contra a exploração capitalista. Com a *Revista de Pesquisa Social*, criaram seu próprio fórum e jornal. O Instituto de Pesquisa Social de Frankfurt tornou-se o berço para a Escola de Frankfurt, de corrente neomarxista.

Horkheimer foi eleito diretor do Instituto já em 1930, pouco depois de sua nomeação para a cátedra de filosofia social na Universidade de Frankfurt. Enquanto Adorno era um esteta pouco prático, Horkheimer foi, durante toda a vida, o "homem de ação" dominante no Instituto, um organizador influente, o mandachuva – inclusive entre os colaboradores. Walter Benjamin, Ernst Bloch e Herbert Marcuse – que, mais tarde, se tornariam nomes famosos – faziam parte do Instituto.

O Instituto de Pesquisa Social foi fechado em 1933 pelos novos governantes, mas, sabiamente, a instituição já havia investido capital no exterior, de maneira que as atividades puderam continuar fora da Alemanha. O único país a oferecer ao Instituto generosas oportunidades de trabalho e instalações foram os Estados Unidos, o baluarte do capitalismo, tão criticado por Horkheimer e Adorno. Em 1934, o Instituto foi transferido para sua nova casa, no *campus* da Universidade de Columbia, em Nova York. Adorno mudou-se para os Estados Unidos somente em 1938, depois de um período na Universidade de Oxford, e já no mesmo ano foi oficialmente incorporado por Horkheimer ao Instituto. A partir desse momento, os dois trabalharam em conjunto.

Horkheimer e Adorno, dois clássicos intelectuais europeus, com aparência professoral e consciência de si próprios, tiveram dificuldades no país anfitrião. Foram contratados para desenvolver pesquisas, mas, nos Estados Unidos, estas estavam muito mais ligadas a interesses comerciais do que na Europa. E os norte-americanos compreendiam a pesquisa sociológica, sobretudo, como uma pesquisa de campo empírica, sem nenhuma especulação teórica – uma concepção que causava estranheza a Horkheimer e Adorno, pois ambos se consideravam teóricos da sociedade. No entanto, do trabalho sociológico empírico resultou, durante esse exílio, o estudo *A personalidade autoritária*, que, mais tarde, teria grande repercussão na Alemanha do pós-guerra.

Em um ensaio de 1937, *Teoria tradicional e crítica*, Horkheimer esclarece o que, segundo seu entendimento, deveria ser uma teoria social. Ele considera um traço essencial da teoria crítica o fato de que ela não descreve simplesmente seu objeto, a sociedade, mas *interpreta* suas estruturas também no sentido de uma libertação do homem em relação à exploração. São estruturas fabricadas pelo homem e, assim, permanecem mutáveis. "O reconhecimento crítico das categorias dominantes na vida social", escreve Horkheimer, "constitui, ao mesmo tempo, a sua condenação." Logo, a teoria crítica é mais do que um levantamento estatístico de dados: ela é a crítica da sociedade. Diferentemente do marxismo tradicional, ela já não considera que a libertação da opressão esteja vinculada à ação de determinado grupo ou de alguma classe social. Portanto, ao contrário de Karl Marx, a teoria crítica já não acredita na missão histórica da classe trabalhadora.

Os cenários norte-americanos do entretenimento e da mídia tampouco tinham algum significado para os dois velhos europeus. Adorno, em particular, com sua compreensão rigorosa da arte, não conseguia se habituar ao cinema, ao jazz nem aos shows de variedades. Ele os considerava espetáculos que levavam à estupidificação das massas. Já em 1936, em seu ensaio *Sobre o jazz*, ele havia caracterizado o ritmo como pré-fabricado, cuja aparente espontaneidade segue, na verdade, padrões estereotipados. Por meio dessas experiências e percepções, foi cunhado o termo "indústria cultural", que, na *Dialética do esclarecimento*, iria desempenhar um papel muito importante.

Em 1940, Horkheimer se muda de Nova York para a Califórnia. Pouco tempo depois, Adorno o segue. Para ambos, o presente não oferecia nenhum motivo para otimismo. A Segunda Guerra Mundial estava no auge e espalhava um rastro de destruição pela Europa. Por toda parte, a liberdade, a democracia e a autodeterminação política estavam na defensiva: os sistemas políticos totalitários do fascismo e do estalinismo elevaram as ações de opressão popular a um novo patamar.

Nesse contexto, a partir de 1941, o manuscrito da *Dialética do esclarecimento*, uma das poucas obras da história da filosofia, cuja autoria pode ser reivindicada, com igualdade de direitos, por dois autores, começou a ser produzido no exílio californiano. Alguns trechos foram ditados por ambos, conjuntamente, linha por linha, enquanto outros foram escritos separadamente, por Adorno ou Horkheimer. Em 1944, o manuscrito estava finalmente concluído.

O subtítulo, "Fragmentos filosóficos", indica que os autores não têm a pretensão de apresentar um sistema filosófico acabado. Porém, rigorosamente, o termo "fragmentos" vale apenas para a última parte da obra, em que, sob o título "Notas e esboços", estão reunidas pequenas prosas sobre diferentes aspectos da arte, da sociedade e da filosofia. De resto, há cinco longos ensaios que analisam o desenvolvimento negativo da civilização humana sob diferentes perspectivas.

As mais diversas abordagens teóricas convergem na *Dialética do esclarecimento*. Nela, inúmeros conceitos e uma linguagem frequentemente intrincada, herança da tradição filosófica hegeliana e também marcada por Marx. Dele é retomada, sobretudo, a tese de que na sociedade capitalista moderna todas as relações, tanto entre homens quanto entre homens e coisas, deterioraram-se em puras relações mercantis e estão sob a lei do valor de troca. A análise marxista é complementada pelas descobertas da psicanálise de Sigmund Freud, que analisara as formas em que a racionalidade humana é usada para reprimir e controlar as pulsões. Mas Horkheimer e Adorno também adotaram algumas teses do sociólogo Max Weber, que havia descrito o desenvolvimento das sociedades ocidentais como um "racionalismo" crescente, um processo de "desencantamento do mundo", no qual as formas pictóricas ou místicas de interpretação do mundo foram substituídas por modelos explicativos mais abstratos.

Além disso, Horkheimer havia conhecido cedo a filosofia de Arthur Schopenhauer e sido influenciado por seu pessimismo e ceticismo em relação ao papel da razão. Paralelamente à *Dialética do esclarecimento*, em 1947 foi publicada, com o título em inglês *Eclipse of Reason*, a obra *Eclipse da razão*, em que esse ceticismo assume uma forma radical. "No momento de sua realização", escreve Horkheimer, "a razão tornou-se irracional e estúpida." Essa formulação também contém uma das principais teses da *Dialética do esclarecimento*, a de que o emprego dessa razão "estúpida" colocou o homem em um "contexto geral de ofuscamento". A humanidade aparentemente esclarecida é, na verdade, ignorante: ela desconhece seu verdadeiro papel social.

A *Dialética do esclarecimento* faria frente a esse ofuscamento como uma "crítica ideológica", isto é, como uma tentativa de expor a verdadeira função das interpretações da razão, que também repercutem em teorias filosóficas ou científicas. Há um sentido superficial das teorias, decorrente de suas próprias formulações e pretensões. No entanto, sua verdadeira função "ideológica", que deriva de seu papel social objetivo, de sua importância para a emancipação do homem, frequentemente se torna contrária a isso. Dessa forma, a ciência aparentemente objetiva torna-se "ideologia", um instrumento teórico de dominação. A tese mais importante do livro, segundo a qual a chamada "razão esclarecida" teria, na verdade, promovido o alheamento e a opressão do homem, é, portanto, uma teoria crítica da ideologia. Para Horkheimer e

Adorno, a razão esclarecida é, de fato, uma "razão instrumental", uma ferramenta de garantia da dominação.

Também a ideologia presente na relação com a linguagem é observada criticamente por Horkheimer e Adorno. Assim, não são acidentais as dificuldades linguísticas que a *Dialética do esclarecimento* apresenta ao leitor. Pois Adorno e Horkheimer desconfiam de uma linguagem clara e direta, que lhes é suspeita de ser "inculcada" e "desgastada" e, com isso, estar a serviço da razão instrumental. Ela se torna, assim, um recurso ideológico de obscurecimento. "A falsa clareza", escrevem Adorno e Horkheimer no Prefácio, "é apenas outra expressão do mito." A linguagem difícil, por vezes metafórica, indica uma oposição à "instrumentalização" dessa linguagem por parte dos detentores do poder. Pelas mesmas razões, ambos valorizam a arte, sobretudo a difícil arte de vanguarda, pois, ao se opor a interpretações fáceis e à manipulação, ela também demonstra ter um potencial de resistência.

O primeiro ensaio do livro, "Conceito de esclarecimento", reinterpreta e amplia o conceito de "esclarecimento", característico da obra. O Iluminismo, como época e programa, normalmente se refere ao movimento filosófico que teve origem na Europa Ocidental do fim do século XVII e no XVIII, que exigia a emancipação e a maturidade do homem, o abandono da escuridão das superstições e a virada em direção à luz da razão. Esse movimento se voltou contra o domínio temporal do absolutismo e, ao mesmo tempo, contra o domínio espiritual da Igreja. Filósofos como Voltaire, Lessing e Kant naturalmente consideravam a razão um meio de libertação.

Para Adorno e Horkheimer, porém, o Esclarecimento do século XVIII é somente parte de uma evolução que levou um século, na qual o homem queria se libertar da dependência da natureza, da magia, do feitiço e de seu destino inescapável – mas o bebê foi jogado fora com sua banheira. Ele certamente se libertou do domínio da natureza, mas, no fim das contas, acabou por transformá-la, bem como a si próprio, em um objeto disponível. Além disso, não é possível manter a diferença entre esclarecimento racional e mito irracional. Os primeiros mitos já eram um "esclarecimento", uma vez que proporcionavam "explicações" sobre a natureza e o mundo e, com isso, transformavam-nos em objeto. Por outro lado, o esclarecimento permanece mitologia pelo fato de que coloca o homem sob uma nova forma de coerção fatídica, transformando a razão em um novo instrumento de dominação. "Assim como os mitos já levam a cabo o esclarecimento", diz o livro, "também o esclarecimento fica cada vez mais enredado na mitologia, a cada passo que dá."

As ciências naturais modernas, às quais já se dedicavam os poetas e pensadores antigos, representam para Adorno e Horkheimer parte de um processo em que a compreensão do mundo vem acompanhada de um crescente "domínio nivelador do abstrato" e de uma perda da humanidade. Tudo é reduzido a algo que pode ser calculado. A partir de então, o que Max Weber chamava de "desencantamento do mundo" é, sem exceção, interpretado de forma negativa e descrito como "reificação". Tudo se torna objeto sob o controle de uma razão calculista. O ápice desse desenvolvimento é a moderna sociedade capitalista de mercadorias, em que a racionalidade tem somente a função de encontrar os meios mais eficazes para a valorização de produtos e a geração de lucros. Isso corresponde a uma ciência que é reduzida somente ao conhecimento factual.

A razão como racionalidade instrumental, isto é, como um cálculo, um meio para encontrar um fim predeterminado torna-se, no final, serva de um "mundo administrativo", manipulador da existência humana. Na conclusão da crítica ideológica dos dois autores, a essência da razão, tal como ela se desenvolveu na história, é a "dominação", e o chamado "esclarecimento" é, portanto, "totalitário".

Nos ensaios "Ulisses ou mito e esclarecimento" e "Juliette ou esclarecimento e moral", descritos como "excursos", exemplos de literatura e da filosofia ilustram a tese dos autores de que tanto esclarecimento e mito quanto razão e natureza se interpenetram constantemente.

Assim, embora o poema épico de Homero, *Odisseia*, apresente acontecimentos mitológicos relacionados ao tema, eles são tratados de forma racional. Seu personagem principal, Ulisses, é o símbolo do homem que afirma sua identidade na resistência às forças irracionais da natureza. As andanças e as aventuras são, segundo essa interpretação, tentações com as quais Ulisses deve lidar no encanto da magia da natureza. Ao resistir a essas forças, ele constrói uma autoconsciência, começa a compreender a si próprio como um sujeito independente que se opõe à natureza. Horkheimer e Adorno interpretam Ulisses com os recursos conceituais que Hegel havia destacado 130 anos antes, em sua *Fenomenologia do espírito*: como exemplo de como a mente humana aprende a conhecer a si própria no decorrer da história cultural e intelectual.

Por outro lado, o Iluminismo do século XVIII, que havia feito da razão a sua bandeira, produziu um autor, Sade, que enaltecia os instintos naturais. Do mesmo modo que Nietzsche, Horkheimer e Adorno veem nisso uma reação à lei moral abstrata, como foi instituída no Iluminismo, sobretudo por Kant. O chamado "imperativo categórico" de Kant – "Aja apenas segundo a máxima que você gostaria de ver transformada em lei universal" – não diz ao homem o que, em termos concretos, deve ser feito, mas lhe fornece apenas um critério abstrato de julgamento moral. Nessa filosofia moral, o mundo da sensualidade e da natureza se colocou totalmente sob o domínio da razão disciplinadora. A partir de então, com Sade, segundo a interpretação de Horkheimer e Adorno, a sensualidade se liberta do jugo da razão e toma em suas mãos as rédeas da situação. Ocorre uma inversão de papéis: a moral passa a servir os instintos naturais, fundindo-se com a natureza.

Os instrumentos de manipulação de um mundo planejado se apresentam no mundo moderno no âmbito dos meios de comunicação e da arte. Hoje falamos com grande naturalidade da "indústria da música e do entretenimento" e, com isso, seguimos os passos da *Dialética do esclarecimento.* No quarto ensaio do livro, "Indústria cultural: o esclarecimento como mistificação das massas", em que Horkheimer e Adorno empregaram o conceito de "indústria cultural", este ainda era novo e pouco comum. Ele significa que a arte e a cultura têm apenas uma função publicitária. Elas se adaptam ao gosto das massas e sempre se degeneram à condição de produtos acabados para o consumo. Dessa forma, as pretensões artísticas são niveladas. Esse desenvolvimento se manifestou nos meios modernos de comunicação, particularmente em filmes e na música de entretenimento – que, de qualquer modo, não agradavam a Horkheimer nem a Adorno. O resultado é um gosto massificado em um nível muito baixo, uma "atrofia da imaginação e da espontaneidade do consumidor cultural". O homem torna-se um receptor passivo de estímulos – para Horkheimer e Adorno, um reflexo de sua impotência política e social.

No último dos grandes ensaios, "Elementos do antissemitismo", os autores abordam um tema particularmente atual naquele período, marcado pelo fascismo. Como Marx, em seu ensaio *Sobre a questão judaica*, publicado em 1843, também Horkheimer e Adorno acreditavam que o antissemitismo fosse um fenômeno social que, no fundo, só seria resolvido quando as relações de dominação e de poder na sociedade fossem rompidas: "Somente com a libertação do pensamento em relação à dominação e com a eliminação da violência poderia se concretizar a ideia de que o judeu é um ser humano."

Na análise das causas do antissemitismo, Horkheimer e Adorno combinam uma interpretação marxista a outra psicanalítica. O ódio aos judeus é um ódio redirecionado a si mesmo. O antissemitismo é uma projeção coletiva em que os agressores, eles próprios vítimas de um mundo totalitário e administrado, dirigem o ódio que sentem por si próprios e que está enraizado em necessidades e desejos reprimidos a outro grupo social. Como em toda parte do mundo administrado, também aqui a percepção da realidade é reduzida a estereótipos. O resultado é uma caricatura do "judeu", que deve servir como bode expiatório. Envolvidos no "contexto social de ofuscamento", os antissemitas tornam-se cúmplices daqueles que os oprimem.

A *Dialética do esclarecimento* é um livro sombrio e melancólico. Se os marxistas acreditaram, como seu pai fundador Marx, que a história necessariamente levaria a uma sociedade sem classes, a Horkheimer e Adorno faltou completamente essa crença. No entanto, há um termo contrário ao "contexto de ofuscamento" e à alienação do mundo administrado. É a "verdade". Diferentemente do que representa para muitos filósofos orientados pela lógica e pela análise, a verdade, para Adorno e Horkheimer, não tem, em primeiro lugar, a característica de princípios e teorias, mas é uma forma determinada, que aceita a realidade. É o estado em que o verdadeiro esclarecimento se concretiza, em que razão e natureza se reconciliam.

A tênue esperança de realização da verdade, que ocasionalmente transparece no livro, aproxima-se levemente da "teologia negativa", que aceita a existência de um deus, mas não se pronuncia a esse respeito. Como Yahweh, o Deus do Antigo Testamento, que não pode ser descrito nem representado, também a verdade é, no livro, uma possibilidade indescritível, que se revela somente de forma "negativa", portanto por aquilo que ela *não* é. No "excesso" de "contrassenso" das relações sociais, dizem Horkheimer e Adorno no fim do ensaio sobre o antissemitismo, "a verdade aparece negativamente, mas de maneira tangível".

Também encontramos no livro evidências de que a arte é um meio potencial, quando não exemplar, para a verdade. Como músico, Adorno estava muito próximo dessa visão. Para ele, poderia prosperar na arte algo que o pensamento conceitual filosófico não conseguiu desenvolver: uma reunificação do conceito e da imagem, a criação da unidade entre homem e natureza e, com isso, uma perspectiva que torne clara a superação da dominação unilateral da razão e da alienação humana.

Quando, em 1947, a *Dialética do esclarecimento* foi publicada, em Amsterdam, ela quase não foi notada. Mesmo os seguidores do marxismo estavam mais animados pelo espírito do recomeço do que pela crítica pessimista. Georg Lukács, um rival neomarxista da Escola de Frankfurt, zombou de Adorno, ao afirmar que este havia se acostumado ao conforto do "Hotel Abgrund"*.

Mas quando a geração de 1968, crítica à sociedade, buscou uma crítica ao capitalismo que fosse adaptada à situação ocidental e diversa das teorias marxistas ortodoxas e fossilizadas, a *Dialética do esclarecimento* celebrou sua ressurreição. A crítica à racionalidade instrumental das relações sociais e, sobretudo, a análise da indústria cultural finalmente tocaram no ponto nevrálgico dos marxistas. Ironicamente, o apocalipse do progresso tornou-se o estímulo para um pensamento novo e progressista. Ao lado de *O homem unidimensional*, de Herbert Marcuse, a *Dialética do esclarecimento* torna-se o livro de filosofia cul-

* Literalmente, "Hotel Abismo". (N. da T.)

tuado do período de 1968. Ele continua a ser, até hoje, a principal obra da Escola de Frankfurt e uma das principais do neomarxismo ocidental.

Nesse meio-tempo, Horkheimer e Adorno haviam retornado a Frankfurt e restabelecido o Instituto de Pesquisa Social. Passaram a ser considerados, de forma incontestável, os pais da teoria crítica. O livro *Filosofia da nova música* (1949), de Adorno, descrito por ele próprio como um "excurso" à *Dialética do esclarecimento*, deu-lhe a fama como um dos principais filósofos da música de seu tempo. E a Escola de Frankfurt gerou o filósofo alemão mais influente da segunda metade do século XX: Jürgen Habermas, que fora assistente de Adorno e deu prosseguimento ao projeto de uma teoria crítica da sociedade.

Mas a *Dialética do esclarecimento* aponta para muito além do âmbito do marxismo e não perdeu sua atualidade no século XXI. A crítica ao papel destrutivo da razão, praticada por Horkheimer e Adorno, foi adotada por representantes do pós-modernismo, como Michel Foucault e Jacques Derrida, mas também por antigos racionalistas, como Paul Feyerabend. Ecologistas e ativistas antiglobalização ressaltam o preço que pagamos por saber tanto, poder construir tanto e controlar tanto.

Se uma das tarefas da filosofia é examinar a fundo o mundo em que o homem vive e seus valores, então a *Dialética do esclarecimento* fez uma radiografia, em que as sombras escuras de uma longa história da humanidade tornam-se visíveis.

**Edição:**

Max Horkheimer/Theodor W. Adorno: *Dialektik der Aufklärung. Philosophische Fragmente.* Frankfurt/Main, Fischer Taschenbuch Verlag, 1988. [Trad. bras. *Dialética do esclarecimento*, Rio de Janeiro, Zahar, 2006.]

## Um guia para a leitura do mundo

HANS-GEORG GADAMER: *Verdade e método* (1960)

Para os homens da Idade Média, o mundo tinha a assinatura de Deus. Com base nas Sagradas Escrituras, os estudiosos se referiam ao "Livro da Vida", cuja leitura significava aprender a compreender a Criação divina e, portanto, o próprio Deus. Os naturalistas modernos pensaram ter decifrado esse livro, e Galileo Galilei, um de seus principais representantes, afirmou que o Livro da Natureza havia sido escrito na linguagem matemática. O resultado parece lhe ter dado razão. A nova concepção de mundo, definida pelas ciências naturais e pela matemática, proporcionou ao homem um papel preponderante na natureza, e o mundo parecia ter sido espetacularmente decifrado.

Mas a pretensão das ciências empíricas de oferecer a verdadeira e definitiva interpretação do mundo sempre foi questionada. Teólogos e filólogos, em especial, advertiam que, na tradição linguística e nos textos da cultura, há uma verdade a ser encontrada e que permanece oculta à apreensão técnico-científica. Eles viam a si próprios na tradição do antigo deus Hermes, mensageiro e intérprete de seu pai, Zeus. Hermes é aquele que explica aos homens a vontade dos deuses. Pode-se dizer que ele é o deus da interpretação e, como tal, é considerado o pai da hermenêutica, a disciplina que tradicionalmente se dedica à compreensão, à interpretação e ao emprego de textos.

Hans-Georg Gadamer é o filósofo do século XX que deu à hermenêutica uma nova legitimação filosófica. Ele também acreditava que havia uma forma de compreender o mundo que fosse mais profunda do que as explicações científicas. Com sua principal obra, *Verdade e método*, ele ampliou as pretensões da hermenêutica e a transformou em uma das disciplinas fundamentais da filosofia. *Verdade e método* contém um esboço de uma nova forma de epistemologia, que trata, como ele escreveu, de uma "experiência da verdade que ultrapassa o âmbito de controle da metodologia científica".

Essa experiência da verdade fundamenta-se na linguagem, pois, para Gadamer, toda compreensão da realidade é mediada pela linguagem. Segundo ele, na compreensão revela-se ao homem "a totalidade de sua experiência de mundo", na qual a comunicação, a tradição, o intercâmbio, os julgamentos e as experiências de outros homens estão em primeiro plano. À explicação científica do mundo, ele opõe um modelo que compreende o mundo segundo o exemplo de uma obra literária como um texto transmitido. Desse modo, *Verdade e método* é um novo guia para a leitura do mundo, mas também um esclarecimento sobre a forma como as diferentes interpretações do mundo podem se comunicar umas com as outras.

Com seu distanciamento em relação às ciências naturais e com sua inclinação à arte e à filosofia, o jovem Gadamer logo entrou em conflito com o pai, professor de química que observava as ciências humanas e culturais com grande desconfiança e as descrevia pejorativamente como "ciências do palavreado". Porém, o futuro filósofo aproveitou as vantagens que a vida em uma família burguesa e acadêmica haviam trazido para sua formação. Em 1902, dois anos depois do nascimento de Gadamer, em Marburg, a família se mudou para Breslávia, na Silésia, onde seu pai fora nomeado, em primeiro lugar, para a cátedra de professor na universidade. Em Breslávia, Gadamer frequentou a escola e o primeiro ano na universidade. Em 1919, seu pai teve a chance de retornar a Marburg, e o filho acompanhou os pais.

Seus estudos voltavam-se às ciências humanas, mas de forma ampla. Linguística, literatura e estética ocupavam um espaço no mínimo tão grande quanto a filosofia. Lidar com a arte e a literatura moldou sua formação e a ideia de si próprio: entre os filósofos mais importantes do século XX, Gadamer é o grande esteta que, mesmo em idade avançada, era capaz de declamar poesias, confiando apenas em sua memória, e sempre acreditou que as grandes verdades do mundo se ocultavam nas obras de arte.

O meio acadêmico sempre foi o seu *habitat* social. Durante toda a vida, Gadamer foi um homem da universidade, um clássico erudito da Europa Central. O mundo das cidades universitárias alemãs, distante da política, que cultivava sua própria hierarquia e considerava a formação e a cultura um valor em si, tornou-se o ponto central de sua vida.

Gadamer teve a sorte de sua formação ter-se dado em local e momento decisivos para a filosofia. No início do século XX, Marburg era, ao lado de Cambridge, Paris e Viena, uma das mais importantes usinas de ideias da filosofia moderna, um lugar para onde afluíam estudantes de todas as partes. Para estudar filosofia em Marburg, chegaram Boris Pasternak e Ortega y Gasset, antes da Primeira Guerra Mundial, bem como a jovem Hannah Arendt, alguns anos depois da guerra.

A Escola de Marburg do neokantismo, com seus dois principais representantes, Hermann Cohen e Paul Natorp, tentou unir novamente a filosofia às ciências empíricas, que estavam em rápido desenvolvimento. Também Gadamer aprendeu filosofia, a princípio do ponto de vista neokantiano, com seu primeiro professor em Breslávia, Richard Hönigswald, e, mais tarde, com o então sexagenário Paul Natorp, com quem concluiu o doutorado.

Com base em Kant, os neokantianos tentavam trabalhar com os conceitos fundamentais instalados na consciência humana, que nos auxiliaram a vivenciar o mundo somente como uma unidade. Como dizem os kantianos, essa questão "filosófico-transcendental" acerca das condições epistemológicas que permitem nossa experiência de mundo permanecia decisiva também para Gadamer. Mas ele se distanciou cada vez mais da ideia de que essas condições pudessem ser encontradas na consciência pura e independente dos objetos. Gadamer buscava uma filosofia mundana, baseada em fatos e, portanto, que se ocupasse da concretude e da plenitude da experiência de mundo.

Essa busca foi encorajada de forma decisiva por dois professores em Marburg, igualmente críticos do neokantismo. O primeiro era Nicolai Hartmann, que obteve sua habilitação para o ensino com Paul Natorp e tinha Gadamer como um de seus alunos prediletos. Para Hartmann, o mundo não era um constructo epistemológico do homem.

Como realista epistemológico, ele insistiu na existência de um mundo externo que independe de um sujeito do conhecimento.

Para decepção de Hartmann, o jovem Gadamer logo se voltou, como muitos outros estudantes de Marburg, para a nova estrela da cena filosófica alemã, Martin Heidegger. Apenas 11 anos mais velho do que Gadamer, Heidegger era aluno de Edmund Husserl, fundador da fenomenologia. Seu lema, "Ir às próprias coisas!", foi interpretado por Heidegger de forma bastante obstinada, com a criação de uma "hermenêutica da existência", em cujo ponto central estão o homem e sua tentativa de dar um sentido à vida por meio de um projeto de existência.

Gadamer entrou em contato com o pensamento de Heidegger quando este, em 1922, enviou, de Freiburg para Marburg, um manuscrito com interpretações de Aristóteles, com o propósito de enfatizar sua candidatura ao cargo de professor-associado na universidade. O manuscrito recebeu uma introdução, intitulada "Indicação da situação hermenêutica", e nesse novo entendimento da hermenêutica já não se tratava, como na hermenêutica clássica, da compreensão de textos, e sim da autocompreensão humana. A posição em que o homem se encontra em relação ao mundo deve ser tornada "transparente". A "situação da interpretação" a que Heidegger aqui se refere aponta para uma "interpretação da vida". A "compreensão" equivale a um modo de vida fundamentado em um projeto consciente de existência. A hermenêutica de Heidegger é a base de sua filosofia existencial.

Com isso, o termo "hermenêutica" passou por uma mudança fundamental em seu significado. Originalmente, foram juristas e teólogos, em particular, que utilizaram a hermenêutica como uma técnica que lhes auxiliava a empregar normas e textos legislativos em situações concretas. No início do século XIX, o teólogo Friedrich Schleiermacher tornou a hermenêutica uma disciplina universal de interpretação de textos clássicos.

Foram os historicistas que, na segunda metade do século XIX, reconheceram na hermenêutica uma ferramenta para ressaltar as especificidades das ciências humanas em relação às ciências naturais. Em sua concepção, as ciências humanas nada tinham a ver com regularidades universais, e sim com acontecimentos que deviam ser "sentidos" em sua singularidade histórica. Assim, o eminente historicista Wilhelm Dilthey opõe, em sua famosa obra *Introdução às ciências humanas*, de 1883, a "explicação" das ciências naturais ao método das ciências humanas da "compreensão". Para Dilthey, essa "compreensão" tem uma estrutura peculiar, introduzida pelo conceito de "círculo hermenêutico": para se compreender o todo, deve-se partir do conhecimento preliminar das partes. Por outro lado, essas partes só podem ser corretamente ordenadas quando já há um entendimento do todo.

Heidegger havia aplicado o conceito de "compreensão" de Dilthey no processo em que o indivíduo se ocupa do mundo. Ao mesmo tempo, ele também adotou algo importante do pensamento de Dilthey: a percepção de que a compreensão deve sempre se dar a partir da consciência de uma situação historicamente concreta. Para o jovem Gadamer, foi essa percepção que, finalmente, o libertou das limitações da filosofia neokantiana da consciência.

Quando o estudante Gadamer recebeu de Paul Natorp uma cópia do manuscrito heideggeriano, foi para ele, como mais tarde escreveria, "como se tivesse sido atingido por uma descarga elétrica", e partiu imediatamente para Freiburg, para ouvir Heidegger. Quando este foi chamado a Marburg para lecionar, Gadamer o acompanhou.

É certo que Gadamer permaneceu como aluno de Heidegger, mas, entre os estudantes, ele era um *outsider*. Embora Gadamer o tivesse acompanhado no desenvolvimento de sua "hermenêutica da existência", publicada na obra *Ser e tempo*, Heidegger não confiou, inicialmente, na formação conservadora e burguesa daquele jovem rapaz. Por essa razão, Gadamer se doutorou com Paul Natorp, e não com Heidegger, em 1925, e até mesmo decidiu seguir imediatamente um curso de filologia clássica. A avaliação com reservas que Heidegger fez de sua pessoa o deixou em dúvida se deveria fazer da filosofia sua profissão.

No entanto, quando Heidegger retornou a Freiburg, em 1928, sua postura em relação a Gadamer havia se alterado positivamente, e lhe fez a proposta de continuar sua carreira científica ao seu lado. Com um trabalho sobre Platão, Gadamer recebeu, em 1929, a habilitação para lecionar em universidades com o então famoso Heidegger.

Tanto Dilthey quanto Heidegger eram, para Gadamer, mestres de grande importância. Mas levou tempo até que ele surgisse com as suas novas bases para a hermenêutica. Inicialmente, esteve ocupado com sua carreira acadêmica, cujo início coincidiu com os primeiros anos do domínio nazista. Gadamer nunca foi um nazista atuante, ao contrário de seu mestre Heidegger, mas evitava qualquer conflito com a ditadura. Em 10 de novembro de 1933, quando um grupo de professores alemães publicou um manifesto em apoio a Adolf Hitler para o exterior, seu nome estava entre os signatários. Em 1937, foi professor-adjunto em Marburg e, em 1939, obteve sua primeira cadeira em Leipzig, que ocupou até 1947. Em seguida, lecionou em Frankfurt am Main e, finalmente, em Heidelberg, a partir de 1949, até se tornar professor emérito.

O pensamento de Gadamer se desenvolveu longe da atenção do público, já que ele quase não publicou, com exceção de alguns poucos ensaios. Com o fim da Segunda Guerra Mundial, foi constantemente pressionado por amigos e alunos a finalmente publicar um livro com suas próprias teses. Mas Gadamer preferiu desenvolver suas ideias por meio de diálogos, pois a forma escrita lhe era penosa. O fato de o conhecimento filosófico se desenvolver a partir de trocas dialógicas era uma de suas principais convicções filosóficas.

Inspirado por um ensaio do teólogo Rudolf Bultmann, de 1950, "O problema da hermenêutica", Gadamer começou a trabalhar, a partir de 1951, em sua própria "teoria da hermenêutica". Ele trata da "compreensão", que – partindo de Dilthey e Heidegger – considera o que já influenciou o homem do ponto de vista histórico e leva a um conceito de verdade mais significativo do que a mera combinação de uma situação com um fato. O conceito de verdade de Gadamer tinha reminiscências metafísicas e, em parte, teológicas, e mirava uma profunda dimensão da realidade. Assim, a hermenêutica seguiu na direção de uma ontologia, uma disciplina dos princípios fundamentais do ser. Ela recebeu um caráter "universal": sua utilização foi expandida da experiência textual para a experiência de mundo.

A ponte para essa experiência de mundo já não era a natureza, e sim a tradição cultural. Gadamer se baseou, como ele próprio escreveria mais tarde em uma carta para Bultmann, na "experiência dos clássicos filosóficos da arte e da tradição humanista", portanto no mundo da experiência humanística. A compreensão estética e humanística é, para Gadamer, o modelo de compreensão.

Em diversas conferências, como em "A verdade nas ciências humanas", de 1953, e "O que é verdade?", de 1955, Gadamer preparou sua teoria e desenvolveu uma concepção que considerava fundamental: a compreensão da verdade é um processo que pode ser comparado ao processo de comunicação em um diálogo.

O trabalho em sua principal obra custou a Gadamer quase uma década. Conseguiu concluir o manuscrito apenas no semestre de inverno de 1958/59, quando esteve licenciado da universidade. O título originalmente previsto, "Elementos fundamentais de uma hermenêutica filosófica", foi aceito pelo editor somente como subtítulo, pois o termo "hermenêutica" não parecia ser vendável. "Verdade e método", ao contrário, era uma sugestão de título que apresentava duas vantagens: em primeiro lugar, não por acaso, lembrava a autobiografia de Goethe, *Poesia e verdade*, e, em segundo, resumia a pretensão da obra de forma clara e marcante, pois se tratava de uma verdade que se manifestava em um processo de compreensão, não acessível a um método cientificamente orientado.

Para Gadamer, essa compreensão é um ato fundamental, desde o início intrínseco ao homem e anterior a qualquer tentativa de interpretação científica do mundo. Como Heidegger, Gadamer une à sua hermenêutica, portanto, uma pretensão universal, que ultrapassa o propósito da interpretação textual. Ela deveria fundar uma nova forma de ontologia e de epistemologia, ou seja, fazer afirmações essenciais sobre o mundo e a realidade. Ao contrário de Heidegger, no entanto, Gadamer não coloca o foco de sua análise no projeto de vida, mas na "experiência de mundo" humana, mediada pela linguagem. Em vez de um ponto central antropológico, ele é epistemológico. A questão neokantiana sobre os conceitos fundamentais "puros" que garantem a nossa experiência de mundo é substituída pela questão hermenêutica da "compreensão", isto é, da relação fundamental do homem com um mundo marcadamente linguístico.

As três grandes partes do livro tentam esclarecer, de forma gradual e cada vez mais fundamental, o conceito de "compreensão". Gadamer inicia com a compreensão da arte como uma alternativa às explicações científicas e racionais. Na segunda parte do livro, os elementos do conceito de compreensão aqui produzidos são ampliados e se concretizam na terceira, "Virada ontológica da hermenêutica", isto é, a compreensão se torna simplesmente a experiência fundamental que o homem tem do mundo.

Com as duas primeiras partes, Gadamer reconstrói a história da hermenêutica, que havia se desenvolvido de uma teoria de interpretação textual para uma metodologia das ciências humanas. Na terceira, ele acrescenta seu próprio e novo entendimento: a hermenêutica como uma teoria para o conhecimento do mundo.

Desde o princípio trata-se, para Gadamer, de expor tanto o ideal de conhecimento conceitual e racional do mundo quanto aquele das ciências naturais como uma forma reduzida de conhecimento, contrapondo-lhe uma alternativa. Gadamer considera ingênua a crença em um chamado conhecimento "objetivo", que se realiza quando o homem elimina os fatores subjetivos com as ferramentas corretas, isto é, com o método científico adequado para se ocupar mais intensamente do mundo e, com o auxílio desse instrumento, extrai a verdade objetiva. Para ele não há conhecimento puramente objetivo, do qual o sujeito cognoscente possa manter-se fora.

Por essa razão, ele valoriza as formas alternativas de conhecimento, em que ocorre um novo modelo de relação entre sujeito e objeto do conhecimento. Para ele, o ponto de partida histórico é a tradição do humanismo desde o Renascimento. Nele se desenvolve um ideal de formação em cujo centro está uma capacidade sensível e intuitiva de julgamento, um discernimento que parte mais do "coração" do que do "intelecto". Pode se tratar de uma capacidade prática de julgamento como o "sensus communis", o "senso comum", que descreve uma virtude social que possibilita ao homem interpretar corretamente as situações sociais concretas e agir de forma adequada a elas. Mas também pode ser a capacidade de percepção estética pela qual temos acesso a uma obra de arte. Nos dois casos, trata-se de uma forma de "tato", adquirido não por intermédio de teorias, mas por abordagens práticas e pela educação da personalidade. Em alemão, o termo "gosto" compreende tanto o aspecto social quanto o estético dessa capacidade de julgamento.

Para Gadamer, é sobretudo na relação com a arte do lugar que esse "gosto" se expressa. Assim, ele se volta contra uma tendência evidente da filosofia da arte, a de transformar o conhecimento estético em uma forma própria e "autônoma" de conhecimento, dissociando-a das demais formas. Conhecimento estético é, para Gadamer, um conhecimento tal qual aquele transmitido por intermédio de teorias.

Ao observar a Antiguidade, em que a arte era um acontecimento social, um jogo ritualístico em relação estreita com a religião, Gadamer enfatiza que a arte é uma forma de representação da verdade e não pode ser reduzida a uma "apreciação da arte" ou a uma percepção estética subjetiva. Para Gadamer, a arte é uma forma de conhecimento, porém jamais completo e no qual o sujeito e o objeto do conhecimento se encontram de um modo sempre novo. O sujeito cognoscente é parte de um processo ao qual ele se adapta, porém para o qual ele leva suas próprias experiências históricas. Esse "tomar parte" na arte, como diz Gadamer, é "um encontro com um acontecimento inacabado, sendo ele próprio parte desse acontecimento". A estreita relação entre arte e jogo, ressaltada por Gadamer, pode esclarecer o caráter dessa experiência: encontramos acesso ao jogo quando nos juntamos aos jogadores, portanto ao tomarmos parte no jogo.

Na opinião de Gadamer, esse processo da experiência inacabada da verdade, como acontece na arte, tem um caráter paradigmático e é um modelo para o tipo de compreensão que encontramos por toda parte nas ciências humanas. Há que se fazer o mesmo com textos linguísticos que surgiram em determinada situação histórica, mas, simultaneamente, são muito importantes para alguém que, muito mais tarde, irá conhecê-los em uma situação histórica completamente diferente.

A "consciência histórica" do sujeito compreendente e a "historicidade da compreensão", como Dilthey já havia enfatizado, formam para Gadamer o ponto de partida de sua crítica ao Iluminismo. O Iluminismo do século XVIII cuidou de promover o conhecimento racional livre de preconceitos. No entanto, para Gadamer, nenhuma compreensão é possível na ausência de preconceitos; por isso, ele ressalta sua função positiva. Determinados preconceitos são condição necessária para toda compreensão histórica. Se já não tivéssemos um conceito preliminar de determinada coisa, portanto um "pré-conceito", não poderíamos abordá-la. Por essa razão, o círculo hermenêutico significa, para Gadamer, não uma restrição, mas um momento estrutural necessário e produtivo do processo de compreensão. A partir de certa perspectiva histórica, antecipamos o sentido da coisa a ser compreendida. Recebemos indicações de compreensão que, por sua vez, reagem às modificações de nosso "pré-conceito". A compreensão torna-se, assim, um processo interminável, que conta com a intermediação da familiaridade e da estranheza.

Gadamer qualifica esse processo de intermediação sempre como uma forma de comunicação, como um "diálogo" ou uma "conversa" entre aquele que compreende e o texto. Para compreender um texto, é necessário fazer a pergunta apropriada, deve-se descobrir para qual questão ele é a resposta. No entanto, isso é algo que, no início, desconhecemos, pois fazemos as perguntas a partir de um "horizonte de questão" historicamente limitado, enquanto o texto é definido por um horizonte de questão muito diverso. Ao contrário de Dilthey, Gadamer não acredita que a compreensão seja possível como entendimento fundamentado em uma reconstrução histórica. Jamais podemos reconstruir com precisão o horizonte do texto, mas podemos colocar inúmeras questões, até que o horizonte da obra se una ao nosso próprio horizonte.

O que geralmente conhecemos por apropriação ou interpretação produtiva de textos é chamado por Gadamer, em uma expressão famosa, de "fusão de horizontes que se dá na compreensão". Abrimos mão da pretensão de querer explicar em detalhes alguma coisa e nos submetemos à conclusão de que a fusão de horizontes é um processo aberto, inacabado, realizado por todo sujeito compreendente, sempre de maneira renovada. Nessa fusão de horizontes, também são combinados os aspectos da compreensão, da interpretação e da aplicação, separados pela hermenêutica tradicional. A fusão de horizontes significa, portanto, que o texto me é acessível em um novo horizonte e, por isso, é aplicável à minha situação.

Mas a compreensão que se realiza na fusão de horizontes não é, de modo algum, arbitrária. O texto não pode ser atualizado aleatoriamente nem relacionado à minha situação. Embora ressalte repetidas vezes que os textos podem ser compreendidos e apropriados sempre de formas diferentes, Gadamer tende a dar um grande peso à tradição. Por isso, no seu entender, as possibilidades de uma relação crítica com a tradição permanecem limitadas. Ele caracteriza o processo de compreensão como uma "inserção no acontecimento da tradição" e, com isso, quer deixar claro que o sujeito compreendente deve se esforçar para compreender o significado potencial da tradição. Em resumo, Gadamer exigia reverência e respeito à tradição. Nela se oculta o que sempre desejamos vivenciar como "verdade".

Ao longo do livro, Gadamer tenta persuadir o leitor de que a compreensão de textos é um modelo para a compreensão do mundo. Por isso, a compreensão como uma fusão de horizontes não se limita, segundo ele, àquilo que normalmente chamamos de "texto"; ao contrário, ela é "o caráter ontológico primordial da própria vida". O objetivo de Gadamer de tornar a hermenêutica uma disciplina filosófica universal está ligado à pretensão de provar que a "compreensão" é o fundamento da experiência de mundo, o que somente pode ocorrer se o mundo apresentar as características básicas que um texto também possui.

Nesse sentido, Gadamer concebe uma tese peculiarmente próxima à "linguistic turn", à "virada linguística" da filosofia analítica, em relação à qual, de resto, sua teoria está muito distante. Também para ele o mundo e a linguagem estão estreitamente ligados. Nosso mundo é concebido linguisticamente, e só o experimentamos através da linguagem. "É a partir do centro da linguagem", diz Gadamer, "que se desenvolve toda a nossa experiência de mundo e, em particular, a experiência hermenêutica." Uma vez que o mundo é vivenciado somente por intermédio da linguagem, ele deve ser tratado como um texto e é acessível ao mesmo processo de compreensão como a tradição. E considerando que a fusão de horizontes é, para Gadamer, o ponto central da compreensão de textos e a verdadeira realização da linguagem, ela também é o centro da experiência de mundo.

A tese de Gadamer de que toda linguagem transmite uma visão particular de mundo já havia sido defendida por Ludwig Wittgenstein, um dos fundadores da tradição analítica da linguagem, em sua obra *Investigações filosóficas*, de 1951. Wittgenstein acreditava que todo sistema linguístico de referência, todo "jogo de linguagem", definia uma "forma de vida". Gadamer diz que toda linguagem "esfuma" o mundo de determinada maneira.

Ao contrário de muitos analistas, Gadamer não considera a linguagem um sistema de sinais artificialmente determinado. Ela é o meio pelo qual o homem, com sua capacidade cognitiva limitada, pode entrar em contato com a verdade. Essa "verdade" não é claramente definida por Gadamer em nenhum trecho da obra. Ela tem o caráter de um "evento", do qual o homem participa e no qual está envolvido. Ao "acontecimento da tradição" corresponde, segundo Gadamer, o "acontecimento da verdade". Como complemento à imagem do questionador, que se volta para a tradição, Gadamer utiliza aqui, com frequência, a imagem da audição, para esclarecer que o homem deve tomar uma posição em relação à linguagem e ao "acontecimento da verdade". Não somos nós a usar a linguagem como uma simples ferramenta de compreensão, mas é ela que "fala conosco" e que devemos ouvir. A arte, que Gadamer já havia introduzido no início do livro como representação da verdade, oferece o modelo para a experiência da verdade por meio da linguagem.

Não por acaso, também aqui são evidentes as reminiscências das origens teológicas da hermenêutica. A "experiência da verdade", de que Gadamer fala, tem sua raiz no "acontecimento salvífico" e na experiência de Deus, tal como ela se torna acessível ao ouvinte da revelação religiosa. No livro *Verdade e método*, de Gadamer, o leitor se sente como se estivesse em uma igreja convertida em uma sala de concertos. Embora se saiba que ela já não serve a uma finalidade religiosa, sua configuração espacial lembra sua destinação religiosa original. O antigo Deus insondável passa a esconder-se no texto do mundo. Segundo Gadamer, dedicar-se à leitura desse texto é o destino do homem. A obra *Verdade e método* contém o comentário sobre essa leitura.

Publicado em 1960, *Verdade e método*, simplesmente chamado de "WuM"* pelos seguidores de Gadamer, foi o presente que o autor deu a si próprio, em seu 60º aniversário. Não havia muitos indícios de que, um dia, esse livro seria considerado um dos clássicos da filosofia do século XX. Em 1961, foram vendidos 697 exemplares do livro; em 1962, 749; e em 1963, não mais do que 647. Representantes da teoria da ciência e do racionalismo crítico reprovaram a oposição de Gadamer entre a compreensão da verdade e o procedimento metódico das ciências, considerando-a insustentável, pois as ciências também partem de pré-conceitos e de hipóteses. Também se chamou a atenção para a consequência do relativismo resultante do fato de que, em Gadamer, já não há ensejo para distinguir as tradições boas das ruins. Por essa razão, representantes da Escola de Frankfurt, neomarxista, criticaram o que consideraram ser a manifestação, em *Verdade e método*, de uma relação conservadora e acrítica no tocante à tradição.

O livro logo teve efeito nos estudos literários e das artes. *Verdade e método* exerceu grande influência sobre a chamada "estética da recepção", em que a obra é explorada a partir da situação de comunicação em que ela se encontra com o leitor e o espectador.

Com o conceito de "fusão de horizontes", *Verdade e método* finalmente encontrou seu reconhecimento na filosofia como uma teoria da comunicação entre diferentes disciplinas, mas, sobretudo, entre diferentes concepções de mundo e "discursos". Mesmo Jürgen Habermas, um dos primeiros críticos do livro, oriundos da Escola de Frankfurt, em sua principal obra, *Teoria da ação comunicativa*, seguiu a esteira de Gadamer e fez da linguagem e da comunicação a base para uma teoria social que tem como foco o entendimento e o consenso entre os cidadãos.

A compreensão da arte como modelo para a compreensão também no âmbito da filosofia foi retomada no pós-modernismo por Jacques Derrida e Richard Rorty. Em sua "hermenêutica pragmática", baseada em Gadamer, Rorty questionou a alegação de universalidade da filosofia e a substituiu pela ideia de diálogo entre as diferentes abordagens filosóficas.

---

* Em alemão, abreviação de *Wahrheit und Methode*, título original da obra. (N. da T.)

Com sua tese de que toda compreensão baseia-se na interação entre perguntas e respostas, em que estabeleço a relação entre meu próprio horizonte e com o de meu oponente, *Verdade e método* não somente é uma prevenção filosófica contra qualquer dogmatismo; ela também contém a mais importante proposta de procedimento da filosofia feita até agora: levar as diferentes escolas de pensamento a dialogar e contrapor ao "choque de civilizações" um diálogo entre culturas.

**Edição:**

HANS-GEORG GADAMER: *Wahrheit und Methode. Grundzüge einer philosophischen Hermeneutik.* Tübingen, Mohr (Paul Siebeck), 1975. [Trad. bras. *Verdade e método*, Petrópolis, Vozes, 12ª ed., 2012.]

## Dada Goes Philosophy

PAUL FEYERABEND: *Contra o método* (1975)

Onde há tradições, regras ou leis, também há sempre pessoas que se afastam delas, que põem em dúvida sua legitimidade ou às vezes até lutam contra ela. Rebeldes e dissidentes também apareceram na filosofia. Os antigos cínicos, por exemplo, entre eles o famoso Diógenes em seu tonel, refutavam toda teoria e demonstravam suas convicções através de uma prática de vida nada convencional. Max Stirner, um dos pais filosóficos do anarquismo moderno, rebelou-se no século XIX contra toda sorte de usurpação do indivíduo por parte de autoridades sociais, religiosas ou políticas.

Dentre os rebeldes filosóficos do século XX, Paul Feyerabend é o mais radical. Com seu livro *Contra o método*, ele não apenas questionou convicções filosóficas e científicas dominantes, como também se voltou contra toda a tradição do esforço racional em prol do conhecimento, que determinara a filosofia e a ciência ocidentais desde a Antiguidade. Feyerabend acusava essa tradição de ter se tornado uma nova ortodoxia, que transformava em tabus e reprimia todas as outras formas de conhecimento do mundo. Com o subtítulo "Esboço de uma epistemologia anarquista", ele retomava conscientemente uma postura da tradição anarquista de crítica às autoridades.

Segundo as próprias palavras de Feyerabend, mais ainda do que com o antigo anarquismo político, esse anarquismo epistemológico tinha a ver com a tendência artística do dadaísmo, que não possui programa nem aceita regras. Ele utiliza a história da arte como uma pedreira, da qual extrai componentes, que combina com a ajuda de colagens. Ele mina toda intenção de estabelecer nosso conceito de arte de alguma forma.

Feyerabend adota essa postura subversiva em relação à teoria da ciência. Com sua afirmação de que haveria um método com o qual o progresso do conhecimento das ciências pode ser assegurado, essa teoria se mostraria como uma "forma até então desconhecida da alienação mental". Com seu ensaio "Rumo a uma epistemologia dadaísta", no qual resume algumas de suas ideias fundamentais, ele estabelece como lema uma citação do dadaísta Hans Arp: "O dadaísta faz o teórico da ciência sentir confusão e um tremor distante, mas violento, de maneira que seus sinos começam a zunir; suas teorias, a franzir a testa; e suas honras acadêmicas, a manchar-se."

Dada Goes Philosophy: com a obra *Contra o método*, Paul Feyerabend escreveu o manifesto dadaísta da filosofia moderna. A ciência deve ser deposta do trono no qual foi colocada como suposta guardiã da verdade. No lugar de uma teoria da ciência aprovada pelas autoridades e de uma área solidamente demarcada, relativa ao "método científico", deveria surgir um parque de aventuras para os mais diferentes esforços dedicados ao conhecimento, que também recebessem sua inspiração da arte, da religião e do mito. A parede divisória entre "racionalidade" e "irracionalidade" deveria ser derrubada, e os truques falaciosos das ciências que, supostamente, procedem de forma tão racional, deveriam ser revelados. Com o livro *Contra o método*, Feyerabend inscreveu-se na história da filosofia moderna como o mais importante e influente inconformista.

Entretanto, sua tendência a deixar o *mainstream* não lhe veio de nascença. Tendo crescido em meio à pequena burguesia vienense e, como ele próprio sempre ressaltava, dotado de uma "verve loquaz", o jovem Feyerabend sobressaiu mais por seu comportamento extrovertido e seu grande talento do que por rebeldia. Embora tivesse sido gravemente ferido durante a Segunda Guerra Mundial, quando era um jovem oficial no exército alemão, não demonstrava uma postura de crítica à sociedade nem às autoridades. Seus estudos universitários na Viena do pós-guerra concentraram-se nas ciências naturais, sobretudo na física e na astronomia, mas também incluíam muitas outras áreas do conhecimento, como historiografia e filosofia. Feyerabend era um multitalento com vários interesses.

Uma de suas predileções continuou sendo a música. Nos anos da juventude, estudou canto e durante toda a vida frequentou com entusiasmo apresentações de ópera e teatro. Segundo ele, a arte e seu modo de conceber o mundo permaneceram um modelo também para a filosofia.

A tradição filosófica que inicialmente o marcou foi a do empirismo, portanto a concepção influenciada por John Locke e David Hume na época do Iluminismo, segundo a qual todo conhecimento tem sua origem na experiência. No início do século XX, formou-se em Viena o chamado "Círculo de Viena", um grupo casual de filósofos e cientistas que queria fundar um empirismo moderno, tentando libertar a filosofia da especulação metafísica e anexá-la metodicamente às ciências naturais e à matemática. Seus representantes, como Moritz Schlick e Rudolf Carnap, difundiam que todo conhecimento teria seu fundamento necessariamente na lógica ou na observação. A partir dos chamados "princípios de protocolo ou de base", as regularidades científicas deveriam ser concluídas "indutivamente", ou seja, por uma generalização de cada observação.

Feyerabend se tornou um empirista crítico, que nunca deixava de pensar na questão sobre o que é realmente "científico" na ciência. Em sua dissertação *Sobre a teoria dos princípios de base*, com a qual, em 1951, concluiu seu doutorado sob a orientação de Victor Kraft, ex-membro do Círculo de Viena, ele já se ocupou criticamente da tese segundo a qual os princípios de base seriam o sólido fundamento da ciência, assegurado por intermédio da experiência. Logo após seu doutoramento, obteve uma bolsa de estudos do British Council e mudou-se para a Inglaterra, onde se colocou sob a proteção do vienense Karl Popper, que ensinava na London School of Economics. Popper tornou-se uma figura decisiva para Feyerabend em sua trajetória filosófica – inicialmente como professor e, mais tarde, como opositor filosófico.

Nos anos 1920, Popper era um estudante universitário em meio ao Círculo de Viena, mas logo se tornou um de seus mais severos críticos. Em sua obra inicial, *A lógica da pesquisa científica* (1935), ele se voltou não apenas contra a teoria dos princípios de base, mas também contra a concepção de que as leis científicas seriam adquiridas por indução. O racionalismo crítico por ele fundado defendia certo "falibilismo": as teorias científicas só se distinguem das não científicas pelo fato de que são "contestáveis", ou seja, é possível refutá-las através da experiência. Em contrapartida, elas nunca podem ser comprovadas. São esboços criativos do espírito humano, e não derivações da experiência. Segundo Popper, o método científico racional consiste no fato de que se parte de um problema epistemológico concreto, esboça-se uma hipótese para sua solução e, em seguida, submete-se essa hipótese ao teste da experiência.

Para Popper, o progresso científico do conhecimento se realiza como um processo constante e racional: uma antiga teoria entra em dificuldade quando surgem cada vez mais experiências e descobertas que ela já não dá conta de explicar. Se essas experiências se acumulam, a teoria passa a ser considerada refutável. Inicia-se uma nova teoria, a princípio com "suposições" inteligentes para esclarecer os novos fenômenos. Em seguida, ela suplanta a anterior quando consegue esclarecer não apenas os novos fenômenos, mas também tudo o que antes fora satisfatoriamente esclarecido pela antiga teoria. Em termos metafóricos, a nova teoria constrói-se sobre a antiga: seu conteúdo abrange todo aquele da anterior e vai além dele.

Por conseguinte, a história da ciência é um processo de reforma que se corrige constantemente, e em cuja evolução as teorias se tornam cada vez mais "próximas da realidade". Um exemplo significativo a respeito é a substituição da imagem ptolemaica de mundo, que colocava a Terra no centro do universo, por aquela heliocêntrica de Copérnico, mais apropriada para esclarecer os movimentos dos planetas observados.

Essa visão de uma história da ciência que progride de refutação em refutação e, desse modo, acumula cada vez mais verdades tornou-se um ponto crucial na crítica de Feyerabend a Popper, que, no entanto, desenvolveu-se apenas lentamente. Até os anos 1960, Feyerabend permaneceu um defensor de Popper, assim como muitos de seus amigos e mais importantes interlocutores. Popper promoveu a carreira do jovem conterrâneo vienense. Em 1953, Feyerabend traduziu para o alemão a obra social-filosófica de Popper, *A sociedade aberta e seus inimigos*. Contudo, recusou a oferta de ser assistente de Popper. Em 1958, quando finalmente obteve uma cadeira na Universidade de Berkeley, na Califórnia, começou a distanciar-se cada vez mais de Popper no que se referia à filosofia.

A discussão crítica dos popperianos com seu mestre iniciou-se com a publicação, em 1962, do livro *A estrutura das revoluções científicas*, do americano Thomas Samuel Kuhn. Este, que ouvira Popper em 1950, por ocasião de uma palestra que o filósofo austríaco fora convidado a dar na Universidade de Harvard, contestou que a mudança de uma teoria científica antiga para outra nova se desse de maneira racional. Segundo Kuhn, na história da ciência quase não existe um único caso sequer em que uma antiga teoria tenha sido suplantada por ter sido refutada por outra nova. Antes, seria necessário distinguir dois tipos de ciência: uma "normal", que por muito tempo ainda costuma conservar um "paradigma", uma orientação teórica de base, quando é questionada em decorrência de novas observações, descobertas e "anomalias"; e uma ciência "extraordinária", uma ciência em tempos de crise, nos quais as anomalias se acumulam a ponto de gerar uma revolução do pensamento científico e uma substituição do antigo paradigma por outro novo. No entanto, essa "mudança de paradigma" não ocorre de modo racional nem é resultado de um processo constante e gradual de reforma, mas se realiza à maneira de um golpe de Estado revolucionário. Com frequência, um novo paradigma também se impõe quando a nova teoria não possui, absolutamente, um conteúdo maior do que a antiga. Para Kuhn, não são os argumentos nem os fatos, e sim a tática e a propaganda que desempenham um papel importante nesse processo.

Depois que Popper esclareceu novamente sua concepção sobre o avanço do conhecimento na ciência, em seu livro *Conjecturas e refutações*, publicado em 1963, Imre Lakatos, seu assistente de longa data e amigo próximo de Feyerabend, organizou em 1965, em Londres, um congresso sobre as teses de Kuhn e Popper. Na época, Lakatos também se distanciou de Popper, mas ainda manteve a ideia de um avanço racional do conhecimento. Porém, em sua opinião, esse avanço já não surgia através da refutação de teorias individuais, e sim através da mudança dos chamados "programas de pesquisa". Um programa de pesquisa é um feixe de teorias, ligadas umas às outras por um "núcleo duro" de suposições comuns.

Feyerabend foi quem fez o corte mais radical em relação a Popper. Tal como Kuhn, ele acreditava que a substituição de teorias ocorresse de maneira racional. No entanto, suspeitava cada vez mais do fato de que a ciência reclamasse uma prerrogativa de interpretação através da razão, do conhecimento e da verdade. Ao mesmo tempo, havia sido inspirado sobretudo por dois pensadores: John Stuart Mill, com sua teoria da liberdade; e Ludwig Wittgenstein, com sua ideia dos "jogos de linguagem".

Em seu ensaio programático *Sobre a liberdade*, de 1859, John Stuart Mill, pai do liberalismo moderno inglês, defendia um pluralismo de formas individuais de vida, que deveriam existir de maneira paralela e igualitária e permanecer livres da intervenção de autoridades estatais. Em sua obra tardia, *Investigações filosóficas*, publicada em 1951, Wittgenstein, por sua vez, formulou a tese de que o significado de expressões linguísticas depende do uso e, em última instância, é transmitido por intermédio do âmbito cultural de um jogo de linguagem. Feyerabend transferiu essa tese não apenas para as relações entre as teorias científicas, mas também para a relação entre a ciência e outras formas não racionais de esclarecer o mundo. Nesse sentido, a ciência também é apenas um entre muitos jogos de linguagem, que, em relação a outros, como a arte e a religião, não merece ser privilegiado. A partir da leitura de Mill e Wittgenstein, Feyerabend desenvolveu sua própria forma radical de pluralismo filosófico.

Estimulado pelo movimento de 1968, que teve em Berkeley um de seus pontos de partida, Feyerabend, que gostava de teatro e de barulho, incorporou cada vez mais o papel do provocador que queria zombar das atividades acadêmicas. Leu Mao Tsé-tung e Lênin e apareceu em banquetes oficiais com um antigo sobretudo militar. Para irritação da administração universitária, suas palestras eram realizadas fora da universidade, em edifícios públicos, onde Feyerabend passava a palavra aos estudantes e assumia apenas a função de moderador. Ele fazia de suas apresentações acadêmicas e, principalmente, de si próprio um acontecimento.

Com Imre Lakatos desenvolveu-se, a partir de então, uma estreita relação de discussão. No final dos anos 1960, Lakatos e Feyerabend trocaram suas posições opostas em inúmeras cartas, até Lakatos finalmente incentivá-lo a colocar por escrito suas concepções. Surgiu o projeto de um livro, que deveria documentar a discussão entre ambos. A Lakatos foi destinado o papel de "racionalista", enquanto Feyerabend deveria desempenhar o papel de "irracionalista", que sempre descobria contrassensos na história da ciência. Planejou-se publicar uma revista, uma espécie de discussão pessoal, mas também, seguindo a tradição dadaísta, uma colagem não sistemática e argumentos e exemplos de casos. O título original em inglês, *Against Method*, foi escolhido por Feyerabend com base no famoso ensaio, publicado em 1964, *Against Interpretation*, da escritora americana Susan Sonntag, que se voltava contra a ira acadêmica de interpretação e defendia que se deixassem as obras de arte falar por si próprias.

Em 1970 foi publicado *Against Method* como ensaio maior em uma revista americana especializada. Revisto e ampliado várias vezes, a versão em livro deveria conter também as réplicas de Lakatos, o que não aconteceu, pois ele morreu repentinamente em 1974. Assim, *Contra o método* inicia-se com um necrológio ao amigo e um olhar retrospectivo à história caótica da publicação, típico de Feyerabend: "O manuscrito da minha parte foi concluído em 1972, e o enviei a Londres, onde ele desapareceu de maneira enigmática. Imre Lakatos, que amava gestos dramáticos, informou a Interpol, que acabou encontrando meu manuscrito e o enviou de volta a mim. Reli-o e reescrevi grande parte dele. Em fevereiro de 1974, apenas algumas semanas depois de eu ter encerrado minha revisão, Imre Lakatos morreu. Então, publiquei minha parte sem sua resposta."

Feyerabend torna a deixar claro para seus leitores que seus argumentos têm, sobretudo, um caráter estratégico. Por isso, ele se autonomeia "agente secreto", a quem cabe não apenas anunciar a verdade, mas também minar a posição do antigo racionalismo – que ele atribui a uma longa série de filósofos, desde René Descartes, no século XVII, até Popper e Lakatos.

Assim como Kuhn, Feyerabend acredita que as teorias científicas não são suplantadas quando refutadas. Não há uma única teoria que coincida com todos os fatos em sua área. E, com frequência, muitas teorias "antigas" e descartadas ainda conteriam pensamentos fecundos, que poderiam ser reativados. Segundo Feyerabend, a história da ciência não mostra uma evolução linear, e sim um processo extremamente complicado, no qual podem ocorrer ganhos e perdas. Portanto, como é possível condenar uma teoria por ela estar esgotada e aceitar outra por ser nova e melhor?

Feyerabend se aprofunda no exemplo que Popper já havia discutido: a substituição da imagem de mundo ptolemaica por aquela copernicana nos séculos XV e XVI. Como foi possível que a teoria da Terra imóvel e do Sol que circula ao seu redor fosse abandonada em prol daquela segundo a qual o Sol é o centro de um sistema em que os planetas se movimentam? Como se sabe, as observações e os escritos do italiano Galileo Galilei desempenharam papel decisivo para isso. O *Diálogo sobre os dois principais sistemas do mundo*, de Galilei, publicado em 1632, serviu a Feyerabend como fundamento para provar que Galilei apresentava ao homem a nova imagem de mundo não de maneira racional, e sim com truques questionáveis de argumentação.

De fato, Galilei tinha justamente contra si o que serviria a um cientista como base para sua teoria: a observação dos fatos. Se a Terra realmente se move – objetaram-lhe seus opositores –, ao cair de uma torre, uma pedra não deveria percorrer uma trajetória em linha reta, e sim traçar uma curva. O fato de a pedra cair em linha reta pode ser visto por qualquer um. Por isso, a Terra não pode se mover.

Segundo Feyerabend, os opositores de Galilei seguem aqui determinada compreensão do que é movimento. Para eles, movimento é sempre o que é visível diante de um pano de fundo estável: a pedra que cai diante do pano de fundo que é a torre em repouso ou as corças que correm diante do pano de fundo que é a floresta.

Entretanto, Galilei introduz furtivamente outra compreensão do movimento, aquela do movimento relativo. Imaginemos que estamos sentados em um trem que está parado em uma estação. Se olharmos para a esquerda, pela janela, veremos uma plataforma. Se olharmos para a direita, outro trem parado. Supondo que ambos os trens partam ao mesmo tempo, com igual velocidade, só conseguiremos ver o movimento de nosso trem se olharmos pela janela esquerda. Se olharmos para a direita, nosso trem parecerá em repouso. E, no entanto, ele se move.

Segundo Galilei, o movimento relativo é apenas "operacional", ou seja, visível como processo. Portanto, não podemos perceber nenhum movimento dos quais os objetos participam na mesma medida. Essa nova compreensão do movimento serviu-lhe para interpretar a pedra em queda. A trajetória curva da pedra não é visível para nós porque ela se realiza diante do pano de fundo de outro movimento, a saber, aquele da torre, suscitado pelo da Terra. Feyerabend, que adorava exageros, chamou essa alteração da base de interpretação, feita por Galilei, de "intrigas propagandísticas", segundo o lema: embora se tenha observado corretamente, a questão precisa ser vista em outro contexto de observação.

Feyerabend acrescentou outro exemplo sobre o modo como Galilei impôs a teoria copernicana com o auxílio de truques duvidosos. Segundo os opositores de Galilei, se planetas como Vênus e Marte giram em torno do Sol, então, quando passam diante dele, deveriam nos parecer cerca de quarenta vezes maiores e, por conseguinte, mais iluminados do que quando passam atrás dele. Porém, quando observamos o céu, eles parecem ter sempre o mesmo tamanho e a mesma iluminação.

A esse respeito, Galilei também não contesta a observação em si, mas muda sua base. Ele exorta seus opositores a observar os planetas com um novo instrumento, o telescópio. No entanto, a superioridade das observações através do telescópio em relação à percepção normal através dos sentidos não era incontestável. Segundo Feyerabend, "no telescópio se mostram fenômenos artificiais e contraditórios, e o resultado de algumas observações podem ser refutados por uma simples análise a olhos desarmados". Para Galilei, o telescópio tinha a inestimável vantagem de permitir que se reconhecesse a alteração de tamanho de Marte e Vênus e se confirmasse a teoria de Copérnico. Portanto, sua defesa em favor do telescópio como nova base de observação era de natureza tática.

Segundo Feyerabend, além de ser típico da ciência, esse procedimento tático e "não racional" é inevitável para ela. Se Galilei tivesse se apegado às regras racionais de procedimento, nunca teria avançado. Não há regra que, em algum momento, não tenha sido violada. Muitas vezes, a aparência está do lado da ortodoxia científica, enquanto os inovadores chegam a seus conhecimentos corretos por um caminho "contraindutivo". Ao contrário do caminho indutivo, em que se parte de dados seguros e se chega a regularidades gerais, no contraindutivo se apoia a posição aparentemente mais fraca, lançando à discussão uma hipótese que contradiz os fatos conhecidos. Segundo Feyerabend, somente à luz de novas teorias não ortodoxas é possível descobrir novos fatos. Muitas vezes, esse modo contraindutivo de proceder só se confirma *a posteriori*. Para Feyerabend, o procedimento de Galilei é produtivo também pelo fato de ter sido contraindutivo, ou seja, porque não seguiu os fatos aparentemente claros, e sim produziu novos dados através de um novo modo de observação, como no caso de Marte e Vênus.

Muitas vezes, novas teorias são "incomensuráveis" em relação às antigas, ou seja, incompatíveis no sentido de que coexistem sem que seja possível uma comparação entre a proximidade de suas verdades. Para Feyerabend, esse caso é regra, e não exceção, na história da ciência. Há teorias que apenas aparentemente falam a mesma língua. Se a física de Newton trata de "energia", esse tema é abordado de maneira totalmente diferente do que na teoria da relatividade de Einstein. Qual critério ainda poderia haver para o maior teor de verdade de uma teoria?

Desse modo, com frequência as teorias científicas comportam-se umas em relação às outras como línguas diferentes. Portanto, ninguém pode afirmar que a língua inglesa concebe melhor o mundo do que a holandesa ou a sueca. Ela simplesmente o concebe de forma *diferente*. Foi exatamente nesse sentido que Wittgenstein discorreu sobre "jogos de linguagem" diferentes e coexistentes.

Por conseguinte, à diferença do que Popper havia afirmado, o teor de esclarecimento de uma nova teoria não abrange, necessariamente, o da antiga. Ao contrário, somente através da concorrência de teorias, que talvez também se excluam, é que podemos ampliar nosso olhar para o mundo. A substituição de teorias antigas por novas não ocorre, como pensava Popper, mediante um processo de conjectura e refutação, mas é o resultado de estratégias criativas e imaginativas.

Feyerabend defende uma concorrência de métodos e teorias que também o faz passar por Kuhn. Pois este, apesar de tudo, ainda se ateve ao fato de que algo como o progresso do conhecimento nas ciências continua a existir mesmo quando não se dá de modo racional. No entanto, quando as teorias são "incomensuráveis" e seu teor de verdade já não pode ser comparado, a história da ciência se torna um "mar sempre crescente de alternativas incompatíveis entre si", que podem até ajudar a ampliar nossa consciência, mas não nos aproximam de uma "teoria ideal".

Contudo, caso se negue a existência de um método válido para todas as ciências e se abandone a verdade como meta da pesquisa científica, também já não será possível vislumbrar com que direito a ciência poderá preferir outras interpretações de mundo, como os mitos, os contos de fadas ou as interpretações religiosas. Por conseguinte, a reivindicação da ciência de ser uma representante única nada mais é do que ideologia.

Seguindo a esteira de Wittgenstein e Mill, Feyerabend chega a um pluralismo dos mais diferentes esforços epistemológicos e das mais diversas interpretações de mundo. Deve-se conceder a todo indivíduo o direito de escolher a interpretação que pretende seguir. Como não há nenhum argumento racional que explique por que uma interpretação de mundo deveria ser preferida a outra, esse pluralismo também é um relativismo. Segundo Feyerabend, quem alguma vez já desistiu da "busca pela certeza espiritual em forma de clareza, precisão, 'objetividade' e 'verdade' entenderá que existe apenas *um* princípio que pode ser defendido em *todas* as circunstâncias e em todos os estágios da evolução humana. Este princípio é: *anything goes*".

"Anything goes" – "tudo é possível" ou, como traduziu Feyerabend arbitrariamente: "Faça o que quiser!" Segundo ele enfatizou categoricamente, esse princípio não é seu. Ao contrário, é o resultado da desconstrução da teoria racionalista da ciência, da desintegração sistemática de todas as suas certezas. Esse princípio exprime a ideia de que o racionalista fracassado tem de se curvar. O próprio Feyerabend já não quer formular princípios nem regras novas. Ele anuncia o adeus a todo método válido em geral.

Ao final do livro, Feyerabend alude às consequências sociopolíticas de sua posição. Se a ciência perdeu seu monopólio do método, ela também já não pode exigir ser privilegiada pelo Estado. Assim como a Igreja e o Estado foram separados, o mesmo deve ocorrer entre a ciência e o Estado. Os chamados "especialistas acadêmicos" têm de perder seu poder e ser submetidos a um controle democrático. As instituições educacionais precisam abrir-se para todos os métodos e interpretações de mundo possíveis, seja a medicina chinesa, sejam os mitos dos índios hopis. Segundo Feyerabend, "se compreendermos a natureza e quisermos dominar nosso ambiente material, precisaremos utilizar *todas* as ideias e *todos* os métodos, não apenas um pequeno recorte deles".

Embora muitas editoras universitárias tenham tentado comprar o manuscrito, Feyerabend publicou o livro em 1975 por uma pequena editora alternativa de esquerda, a *New Left Books*. E isso não foi por acaso. Pois, como nenhuma outra obra filosófica, esta respira o não conformismo variado de 1968, embora não seja um manuscrito marxista do capitalismo, mas contenha uma crítica radical à ciência e à razão.

Para alegria do editor, *Contra o método* tornou-se um evento com apelo público e caiu como uma bomba fétida na cena filosófica estabelecida. Alguns dos filósofos que Feyerabend conhecera e estimara nos anos anteriores passaram a vê-lo como um charlatão e se afastaram dele. Outros advertiram que Feyerabend teria passado para o campo do contraesclarecimento. Porém, na verdade, Feyerabend usava a pose do contraesclarecimento apenas como provocação. Ele era, antes, um liberal radical, que expandira a desconfiança liberal primitiva contra o Estado até a instituição da ciência, até então inatacável.

No século XX, sua crítica à ciência encontra-se ao lado de inúmeras outras tentativas de chamar a atenção para as fronteiras e os déficits do racionalismo tradicional. Há semelhanças com a crítica ideológica da Escola de Frankfurt, mas também com a crítica da razão dos pós-modernos. No sentido de uma abertura dos limites científicos e culturais, sua defesa do método pluralista promoveu não apenas a discussão dentro da filosofia, mas também nas ciências individuais, como a etnologia.

O acerto de contas de Feyerabend com a tradição racional do pensamento ocidental não necessariamente enfraqueceu esse pensamento. Ao contrário: *Contra o método* pode ser lido como uma legitimação da sinceridade dessa tradição e de sua capacidade de se renovar por meio de uma autocrítica radical. Usando de intensa provocação, *Contra o método* relembrou que na filosofia não pode haver nenhuma vaca sagrada.

**Edição:**

PAUL FEYERABEND. *Wider den Methodenzwang*. Frankfurt am Main, Suhrkamp, 1986. [Trad. bras. *Contra o método*, São Paulo, Unesp, 2ª ed., 2011.]